RCEP与中国农产品贸易:

区域条件、贸易变化与前景展望

王 月 李辉尚◎著

RCEP AND CHINA'S AGRICULTURAL PRODUCT TRADE:
REGIONAL CONDITIONS, TRADE CHANGES, AND FUTURE OUTLOOK

经济管理出版社
ECONOMY & MANAGEMENT PUBLISHING HOUSE

图书在版编目（CIP）数据

RCEP与中国农产品贸易 ：区域条件、贸易变化与前景展望 / 王月，李辉尚著. -- 北京 ：经济管理出版社，2024. -- ISBN 978-7-5096-9910-2

Ⅰ. F752.652；F753.065.2

中国国家版本馆 CIP 数据核字第 2024ZT0600 号

组稿编辑：曹　靖
责任编辑：董杉珊
责任印制：张莉琼
责任校对：陈　颖

出版发行：经济管理出版社
　　　　　（北京市海淀区北蜂窝 8 号中雅大厦 A 座 11 层　100038）
网　　址：www. E-mp. com. cn
电　　话：(010) 51915602
印　　刷：唐山玺诚印务有限公司
经　　销：新华书店
开　　本：720mm×1000mm/16
印　　张：19.75
字　　数：304 千字
版　　次：2025 年 2 月第 1 版　　2025 年 2 月第 1 次印刷
书　　号：ISBN 978-7-5096-9910-2
定　　价：88.00 元

前　言

在全球化浪潮中，区域经济一体化已成为推动经济增长和促进多边合作的重要力量。《区域全面经济伙伴关系协定》（RCEP）的签订标志着世界上人口最多、成员结构最复杂、发展潜力最大的自贸区的诞生，其签署与实施对其成员的农产品贸易产生了深远影响。本书分为三个部分，依次分析 RCEP 区域农产品贸易的基础、RCEP 生效对中国农产品贸易的影响，以及 RCEP 代表成员农产品自由贸易策略。通过定量分析与定性分析相结合的方法，考察 RCEP 在区域贸易特别是对中国农产品贸易方面的全面影响。本书不仅为理解 RCEP 对中国农产品贸易的影响提供了全面视角，也为其他国家和地区参与区域经济一体化提供借鉴。

本书的第一部分为 RCEP 与区域农产品贸易基础性分析，共包含四章内容，着重分析 RCEP 成员农产品贸易的政策基础、农业要素禀赋、贸易关系以及协定生效后对成员农产品贸易的影响。文中具体介绍了 RCEP 生效前成员农产品贸易政策的特点，包括不同成员的政策及已签署贸易协定情况；分析了 RCEP 农产品贸易条款，如提升农产品货物流动性、市场便利化以及深度保障规则；探讨了各成员农业要素禀赋、经济发展状况、农产品出口情况及竞争力；讨论了 RCEP 协定生效后对区域农产品贸易的影响，包括贸易额、增长率和产品类别影响等。

关税是农产品贸易的关键因素之一，RCEP 协定的实施对中国农产品贸易的影响尤为突出。本书的第二部分为 RCEP 生效对中国农产品贸易的影响，包含五章内容，分析了中国与 RCEP 成员农产品的进出口情况、主要成员的特点；基于贸易强度和贸易互补性，分析了中国与 RCEP 成员农产品贸易的发展潜力；利用随机前沿引力模型评估中国农产品出口效率，分析了 RCEP 协定下中国农产品关税的变化及其影响；通过对 RCEP 关税承诺的分析，研究了 RCEP 生效后中国代表性农产品的关税变化情况。利用 GTAP 数据库构建了农产品关税冲击模型，预测了 RCEP 对中国农产品贸易的长期影响，结合实际贸易数据，分析了 RCEP 生效后不同阶段中国向 RCEP 各成员农产品出口的变动情况，并提供了贸易预测的主要结论。

在 RCEP 背景下，各成员农产品市场的自由贸易策略呈现多样化发展趋势，政府积极寻求通过自由贸易协定（FTA）拓展国际市场提升农产品竞争力，同时政府也面临着保护国内农业、维护农民利益的压力。如何在自由贸易与农业保护之间找到平衡，成为这些成员共同面临的挑战。本书的第三部分聚焦于 RCEP 代表成员日本、韩国、泰国的农产品市场自由贸易策略，揭示了它们在贸易自由化与保护主义之间的博弈，探讨了在农业领域采取的具体政策和措施。针对日本，探讨了其贸易自由化思维、农业谈判定位，分析了其在贸易自由化中坚持农业保护政策的多维动因，评估了日本农业保护政策在贸易自由化进程中的变化，并介绍了日本学者对于参与自由贸易协定对农业影响的观点，以及日本对农业自由贸易协定的期待和未来改革方向。针对韩国，用数据描述了韩国的贸易自由化进展，分析了韩国农业贸易自由化的历程，强调了在自由贸易框架下韩国农业发展的重点和措施。针对泰国，讨论了泰国农业生产的地理位置条件和管理制度，分析了泰国推动农产品出口的相关案例，并介绍了在自由贸易环境下泰国"农业 4.0"发展战略。这些研究为了解 RCEP 影响下各成员农产品市场发展的路线提供了重要参考。

在全球化大背景下，各国和地区争相推动自由贸易协定的签署，RCEP 的实施不仅是区域一体化的重要里程碑，也是构建开放经济体系、促进共同发展的关键一环。随着 RCEP 的逐步深入落实，其成员的农产品贸易有望进一步拓展，为促进区域经济繁荣和农业发展带来积极影响，然而，仍需关注潜在的挑战，如贸易不平衡、竞争力差异等问题，并积极寻求解决策略。

目 录

第一篇 RCEP 成员农产品贸易基础性分析

第二篇 RCEP 生效对中国农产品贸易的影响

第三篇　RCEP 代表性国家农产品自由贸易策略篇

第一篇

RCEP 成员农产品贸易基础性分析

1 RCEP 成员农产品贸易政策基础

1.1 RCEP 生效前各成员农产品贸易政策

1.1.1 RCEP 生效前各成员农产品贸易政策特点

RCEP 的目标是促进区域一体化和经济合作,但各成员对外开放的基调不同造成了 RCEP 区域国家对外贸易政策具有差异性。一方面,RCEP 成员的经济发展水平和产业结构存在差异。一些国家拥有发达的制造业和出口导向型经济,贸易政策更加开放,倾向于自由贸易,而一些经济相对较弱的国家更倾向于保护性贸易政策,以维护本国产业和农民的利益。另一方面,一些成员的经济以农业为主导,农产品贸易对其经济增长和就业的价值更为重要,这些国家更倾向于采取保护性的贸易政策,而一些国家有更迫切的农产品需求,更倾向于开放性贸易政策,以确保本国市场的供应充足。此外,各成员在制定相关的农产品贸易政策时,需要考虑到本国的政治因素。一些国家受到地区或国际政治关系的影响,采取限制性的贸易政策,以保护国家安全或实施外交压力。同时,政府调整其贸易政策时可能会受到来自农民、产业和相关利益集团的压力和影响。

RCEP 区域对外贸易政策的不同，源自于政策目标、经济结构、政治和地缘政治因素、国内利益和压力等多个因素的差异。了解这些差异有助于更好地理解和应对国家间的贸易壁垒，推动区域经济合作和互利共赢。

1.1.1.1　中国、日本、韩国、泰国农产品关税大幅高于非农产品

中国、日本、韩国、泰国等国家的农产品关税远远高于非农产品关税税率。在这些国家，农业是重要的经济部门之一，政府通过高关税阻止进口农产品对本国农产品的竞争，保护本国农业市场和农民的利益。同时，这些国家通常在国内保持较高的粮食自给率，具有很强的粮食安全意识。根据世界贸易组织（WTO）的相关资料，本书总结了四个国家商品关税特别是农产品关税的相关特点，如表 1-1 所示。

表 1-1　中国、日本、韩国、泰国关税政策特点

国家	关税政策特点
中国	（1）中国进口关税呈现逐步下降的态势。农产品的平均关税税率较高，为 13.8%；非农产品则为 6.5% （2）中国进口货物须满足检验流程
日本	（1）日本非农产品关税低，农产品关税高。非农产品的平均关税税率约为 2.5%；农产品的关税税率较高，为 14.9% （2）服务业开放竞争 （3）进入医疗行业受资格和语言要求的限制
韩国	（1）韩国将关税视为最重要的贸易政策工具之一。非农产品的关税税率平均为 6.6%，某些农产品的关税税率超过 100% （2）进口产品还需缴纳增值税（VAT）
泰国	（1）泰国在东盟区域内逐步降低关税，但全球平均税率仍在高位。农产品平均关税税率为 31.2%，非农产品平均税率为 8.4% （2）泰国的许可要求和进口要求等非关税壁垒仍然是市场准入的障碍

资料来源：根据相关资料整理。

中国进口关税呈现逐步下降的态势。根据 WTO 的资料，中国的平均最惠国税率从 2001 年的 15.3% 逐步下降至 2020 年的 7.5%。农产品的平均关税税率较高，为 13.8%；非农产品则为 6.5%。中国海关货物进出口流程执行"先报检，后报关"的通关方式，对进出口货物进行严格的检

疫检验。进口的药物、食品、动植物产品、机械及电子产品等，必须获得安全许可证以及符合其他监管要求。

日本的非农产品关税低，农产品关税高。日本自1955年9月10日起成为关税及贸易总协定（GATT）的成员，日本的关税分为五种适用税率：一般、WTO、普惠制（GSP）、最不发达国家和临时。自1995年1月1日起成为世界贸易组织（WTO）的成员。从世贸组织公布的资料来看，日本关税税率处于全球较低水平，非农产品平均关税税率为2.5%左右。然而，农产品的关税税率仍然较高，为14.9%。除进口限制制度涵盖的某些物品（如化学产品和武器）外，大多数商品无需进口许可证即可自由进口。某些鱼类产品受进口配额限制，该配额基于国内供求关系。

韩国自1967年4月14日成为关税及贸易总协定（GATT）的成员后，于1995年1月1日成为世界贸易组织（WTO）的成员。2021年，商品和服务出口总额占该国GDP 42%左右。早期，韩国的贸易政策倾向重视进口控制和促进出口增长，如今，韩国政府已将其贸易政策修改为更加中立的立场，其中包括与其他国家签订自由贸易协定（FTA）。但是，值得注意的是，许多贸易壁垒仍然存在。韩国将关税视为最重要的贸易政策工具之一。2020年，韩国非农产品的最惠国（MFN）关税税率平均为6.6%，政府维持部分产品保障机制，通过该机制对某些产品征收高关税，例如，自2015年以来，政府对每年40余万吨配额的进口大米征收513%的关税，以支持国内大米生产。

泰国在东盟区域内逐步降低关税，但全球平均税率仍在高位。1995年1月1日，泰国正式加入WTO，于2015年正式匹配世贸关税协定方案进行税率调整。在东盟货物贸易协定（ATIGA）下，泰国进一步实现贸易自由化，到2019年，超过98%的东盟内部贸易进口关税已被取消。尽管泰国取消了大部分关税，但仍有部分产品关税较高，如农产品平均最惠国税率为31.2%。此外，泰国非关税壁垒仍然是市场准入的障碍。

1.1.1.2 印度尼西亚、马来西亚、菲律宾、柬埔寨、老挝、越南、缅甸农产品关税略高于非农产品

印度尼西亚、马来西亚、菲律宾、柬埔寨、老挝、越南、缅甸的农产品关税略高于非农产品，差距不大。这些国家多根据国际承诺或贸易协定的要求，逐步降低农产品关税，并不区分农产品与非农产品。在农产品逐步消除关税差别中，促进本国农业结构调整、提供多样化的农产品供应。根据世贸组织的相关资料，本书总结了这些国家商品关税特别是农产品关税的相关特点，如表1-2所示。

表1-2 印度尼西亚、马来西亚、菲律宾、柬埔寨、
老挝、越南、缅甸的关税政策特点

国家	关税政策特点
印度尼西亚	（1）印度尼西亚对世贸组织农产品和非农产品适用的最惠国关税税率分别为8.7%和8.0%；非关税壁垒，包括对货物进出口的进口禁令、许可证和许可协议要求 （2）印度尼西亚对商品和服务征收增值税
马来西亚	（1）马来西亚农产品关税税率略高于非农产品关税税率，农产品关税税率为7.9%，非农产品关税税率为5.2% （2）马来西亚对国内重点需求品采取进口关税豁免及征收出口税的措施 （3）马来西亚通过关税手段保护本国工业
菲律宾	（1）菲律宾通过关税手段保护当地农业和制造业：农产品关税税率较高，为9.9%；非农产品为5.5% （2）菲律宾对进口商品普遍采用增值税；食品和农业投入免征增值税 （3）菲律宾积极推动产品认证标志
柬埔寨	（1）柬埔寨作为不发达国家享有出口优惠 （2）柬埔寨设定的关税水平高。2021年，农产品平均最惠国税率为12.6%，非农产品平均税率为9.8%
老挝	（1）老挝作为不发达国家享受贸易优惠 （2）老挝的关税水平较高。农产品平均最惠国税率为11.2%，非农产品平均税率为8.1%，综合关税税率为8.5%
越南	（1）越南跟随东盟相关贸易协定 （2）越南的进口关税处于较高水平。农产品平均最惠国适用税率为17.1%，非农产品平均适用税率为8.4%

续表

国家	关税政策特点
缅甸	（1）缅甸作为不发达国家在出口中享受优惠 （2）缅甸出于保护农业的目的，设置了较高的农业税税率，出口税率为 9.5%，非农产品的平均最惠国税率为 6% （3）缅甸采取进口保护法限制进口

资料来源：根据相关资料整理。

印度尼西亚致力于多边贸易体系，并于 1995 年 1 月 1 日正式加入 WTO。印度尼西亚作为东南亚国家联盟（ASEAN）的成员，同时加入了东盟自由贸易协定，积极削减成员之间的贸易壁垒。然而，印度尼西亚近年来的贸易壁垒不降反增，其对各类商品征收进口关税以保护国内产业或实现国家利益的其他目标，并定期审查。一系列商品的适用进口关税税率有所提高，包括电子产品、化学品、化妆品，以及农产品。在 2021 年 RCEP 达到生效门槛之际，印度尼西亚对世贸组织农产品和非农产品适用的最惠国关税税率分别为 8.7% 和 8.0%。印度尼西亚政府为当地企业和农场提供各种长期补贴和税收优惠，以提高当地农业、制造业和劳动密集型产业的竞争力。

马来西亚自 1995 年 1 月 1 日成为 WTO 成员。马来西亚是东南亚国家联盟（ASEAN）的成员，也是东盟自由贸易协定（FTA）的签署国。马来西亚的农产品关税高于非农产品。在 2021 年 RCEP 达到生效门槛之际，马来西亚的平均适用最惠国关税税率为 5.6%。农产品和非农产品的关税税率分别为 7.9% 和 5.2%。马来西亚作为一个伊斯兰国家，肉类和家禽产品的进口商必须符合清真认证标准，猪肉的进口须遵守额外的许可证要求，每批猪肉都必须获得马来西亚检疫和检验局颁发的有效进口许可证。

菲律宾自 1995 年 1 月 1 日起成为 WTO 的成员。2020 年，菲律宾的简单平均最惠国关税税率为 6.1%，其中农产品关税税率较高，为 9.9%，非农产品为 5.5%。菲律宾政府仅对部分农产品征收较高的关税以及实施其他非关税壁垒，关税配额重点关注糖、玉米、家禽等重点农产品，大量商品在进口时需要获得执照或许可证。

柬埔寨作为不发达国家享有出口优惠。柬埔寨于 2004 年 10 月正式加入世界贸易组织（WTO），目前柬埔寨政府已经消除了大部分非关税贸易壁垒。柬埔寨作为东南亚国家联盟（ASEAN）的成员，同样加入了东盟自由贸易协定（FTA），削减了成员之间的关税壁垒，同时与澳大利亚、中国、印度、日本等签订了自由贸易协定。柬埔寨被联合国列为最不发达国家，在出口到大多数发达国家时享有优惠的市场准入和更优惠的原产地规则。然而，自 2020 年 8 月 12 日起，由于一些具体问题，针对柬埔寨部分出口商品（如服装、鞋类和旅行用品）的免税优惠被暂停。被取消对欧盟市场的优惠准入影响了柬埔寨对欧盟约 20% 的出口。柬埔寨关税税率处于全球各国关税税率的较高水平，2021 年，其农产品平均最惠国税率为 12.6%，非农产品平均税率为 9.8%。

老挝作为不发达国家享受贸易优惠。老挝自 2013 年 2 月起成为世界贸易组织（WTO）的成员，同时，其既是东南亚国家联盟（ASEAN）的成员，也是东盟自由贸易协定（FTA）的签署国。老挝作为联合国认定的全球最不发达国家之一，是澳大利亚、日本和美国等多个发达经济体普遍优惠制计划的受益者。它还受益于欧盟针对最不发达国家的贸易安排——"除武器外的所有产品"（EBA）免关税和免配额进入欧盟市场。在近期的不发达国家审查过程中，老挝被建议在 2026 年从最不发达国家中移除，这意味着它可能面临与贸易相关的挑战。老挝的关税税率相对较高，农产品关税税率为 11.2%，非农产品关税税率为 8.1%，综合关税税率达到了 8.5%。

越南加入 WTO 较晚，经过长达十多年的谈判过程，于 2007 年 1 月 11 日加入 WTO。越南的主要贸易立法是《对外贸易管理法》，于 2018 年生效。该法规定越南贸易商、外商投资贸易商和外国贸易商在越南的分支机构享有自由进出口业务的权利。该法重点对贸易管理措施，包括行政措施、检验检疫措施、贸易救济措施和对外贸易活动措施等进行了具体规定。2021 年，越南农产品平均最惠国适用税率为 17.1%，非农产品平均适用税率为8.4%。越南对鸡蛋、甘蔗、烟草和盐的进口实行关税配额。

缅甸作为不发达国家在出口中享受优惠。缅甸自1995年1月1日起成为WTO的成员，是若干普惠制计划的受益者。缅甸为保护农业，设定了较高关税，其农产品的平均最惠国待遇税率为9.5%，非农产品的平均最惠国税率为6%。

1.1.1.3 新西兰、澳大利亚、文莱、新加坡不为农产品关税单独设限

新西兰、澳大利亚、文莱、新加坡四国农产品关税很低，农产品关税甚至低于非农产品关税。新西兰和澳大利亚的农业结构相对较为开放，竞争力强，因此，它们降低农产品关税。文莱和新加坡两国由于国土面积有限和资源相对较少，较为依赖进口，为了保证供应稳定和经济发展，两国采取了开放的贸易政策和低关税，以降低进口商品的成本。根据世贸组织的相关资料，本书总结四个国家商品关税特别是农产品关税的相关特点，如表1-3所示。

表1-3　新西兰、澳大利亚、文莱、新加坡四国关税政策特点

国家	关税政策特点
新西兰	（1）新西兰大多数商品不征收关税；农产品税率为1.4%，非农产品税率为2%；约72%的农产品和65%的非农产品免关税 （2）新西兰经济发展以贸易为主，海关便捷性高
澳大利亚	（1）澳大利亚作为全球各贸易国家综合税率相对较低的国家之一，农产品平均最惠国税率为1.2%，非农产品平均最惠国税率为2.6% （2）澳大利亚进口货物需要清关
文莱	（1）文莱是全球各贸易国家综合关税税率最低的国家，整体综合关税税率为0.2%；农产品的平均最惠国关税税率为0.3%，非农产品的平均最惠国税率为0 （2）文莱积极推动清真食品认证制度
新加坡	（1）新加坡总体上实现货物商品的开放贸易，平均关税为0，大约99%的新加坡进口商品免税进入 （2）新加坡对服务品的关税由不征收转为征收

资料来源：根据相关资料整理。

新西兰自 1995 年 1 月 1 日起成为 WTO 的成员，对大多数进口到该国的商品不征收关税。2021 年，新西兰的平均最惠国待遇关税税率为 1.9%，其中农产品税率为 1.4%，非农产品税率为 2%，约 72% 的农产品和 65% 的非农产品免关税。

澳大利亚包括农产品在内的关税很低。澳大利亚自 1995 年 1 月 1 日起成为 WTO 的成员，2021 年澳大利亚对农产品的平均最惠国关税税率为 1.2%，而非农产品的平均最惠国关税税率为 2.6%。澳大利亚进口货物需要清关，进口到澳大利亚的货物必须经过澳大利亚边防局（ABF）和农业部的清关才能进入当地市场，农产品进口须遵守严格的卫生和植物检疫（SPS）措施，以维持国家对病虫害的控制。

文莱于 1995 年 1 月加入 WTO，在此之前，于 1993 年 12 月成为关税及贸易总协定的成员。文莱的关税极低，农产品的平均最惠国关税税率为 0.3%，非农产品的平均最惠国税率为零，整体关税税率为 0.2%。文莱积极推动清真食品认证制度。它将要求文莱检查员前往食品出口商所在国家（地区）检查生产设施，以检查食品的生产过程。

新加坡总体实现了货物商品的开放贸易。新加坡自 1995 年 1 月 1 日起成为 WTO 的成员，整体上是一个自由港和开放型经济体，平均关税为 0，大约 99% 的进口商品免税进入。新加坡贸易政策的主要目标是通过改善新加坡的贸易和商业环境，并最大限度地减少进出口流动的障碍。

1.1.2　从贸易协定数量观测各成员对区域合作的态度

贸易协定的签署具有诸多益处，如带来经济增长和市场扩大、吸引外资和技术转移、加强外交关系等。因此，世界主要国家（地区）都在与其他贸易国家（地区）进行紧密的自由贸易协定谈判，以期进一步扩大在贸易活动中的政治与经济利益。在此背景下，RCEP 各成员也在积极推进贸易协定，但进展速度不同。本书梳理了 RCEP 生效前各国已签署、在洽谈的贸易协定情况，如表 1-4 所示。

表 1-4　RCEP 生效前已签署、在洽谈的贸易协定情况

国别	状态	具体内容
中国	已签署	中国已与柬埔寨、毛里求斯、马尔代夫、格鲁吉亚、澳大利亚、韩国、瑞士、冰岛、哥斯达黎加、秘鲁、新加坡、新西兰、智利、巴基斯坦等国签署贸易协定，此外，贸易协定还包括中国-东盟（10+1）（升级），中国-智利（升级），中国-新加坡（升级），中国-巴基斯坦（第二阶段）
	在洽谈	正在谈判的自贸区：中国-海合会、中日韩、中国-斯里兰卡、中国-以色列、中国-挪威、中国-摩尔多瓦、中国-巴拿马、中国-韩国、中国-巴勒斯坦（升级）、中国-秘鲁（升级）
日本	已签署	日本已经和加拿大、澳大利亚、智利、新西兰、新加坡、文莱、马来西亚、越南、墨西哥、秘鲁和英国 12 个国家和地区达成全面与进步跨太平洋伙伴关系协定（CPTPP）
新西兰	已生效	新西兰是下列已生效的多国协定的成员：跨太平洋战略经济伙伴关系协定（P4，即文莱、智利、新加坡和新西兰）；东南亚国家联盟（ASEAN）、澳大利亚-新西兰自由贸易区（AANZFTA）；《关于建立更紧密经济关系的太平洋协定》（PACER）（升级）；全面与进步跨太平洋伙伴关系协定（CPTPP）；智利、新加坡和新西兰之间的数字经济伙伴关系协议（DEPA）
	尚未生效	新西兰与欧盟和英国的自由贸易协定；新西兰与中国的自贸协定（升级）；与 10 个 WTO 成员（美国、澳大利亚、加拿大、欧盟、日本、韩国、摩洛哥、墨西哥、新加坡和瑞士）签署的反假冒贸易协定（ACTA）
澳大利亚	已生效	东盟-澳大利亚-新西兰、澳大利亚-智利、澳大利亚-中国、澳大利亚-新西兰、澳大利亚-中国香港、澳大利亚-印度尼西亚、澳大利亚-日本、澳大利亚-韩国、澳大利亚-马来西亚、澳大利亚-秘鲁、澳大利亚-新加坡、澳大利亚-泰国、澳大利亚-美国、全面与进步跨太平洋伙伴关系协议（CPTPP）、太平洋协定（PACER）（升级）
	已签署但尚未生效	澳大利亚-印度经济合作与贸易协定（AI-ECTA）、澳大利亚-英国自由贸易协定（A-UKFTA）、跨太平洋伙伴关系协定（TPP）
	洽谈中	澳大利亚-欧盟、澳大利亚-海湾合作委员会（GCC）、澳大利亚-印度、澳大利亚-阿联酋环境产品协议、太平洋联盟自由贸易协定
韩国	已生效	亚太贸易协定（APTA）、发展中国家间全球贸易优惠制度（GSTP）、贸易谈判议定书（PTN）、韩国-东盟、韩国-澳大利亚、韩国-加拿大、韩国-中国、韩国-中美洲、韩国-智利、韩国-哥伦比亚、韩国-EFTA、韩国-欧盟、韩国-印度、韩国-新西兰、韩国-秘鲁、韩国-新加坡、韩国-土耳其、韩国-英国、韩国-美国、韩国-越南
	已签署但尚未生效	韩国-柬埔寨、韩国-印度尼西亚、韩国-以色列、韩国-菲律宾
	洽谈中	韩国-阿根廷、韩国-中国-日本、韩国-厄瓜多尔（SECA）、韩国-海湾合作委员会（GCC）、韩国-马来西亚、韩国-南方共同市场（TA）、韩国-俄罗斯、韩国-乌兹别克斯坦

续表

国别	状态	具体内容
印度尼西亚	已签署	东盟自由贸易区、东盟-澳大利亚-新西兰、东盟-中国内地、东盟-香港、东盟-印度、东盟-日本、东盟-韩国、印度尼西亚-智利、印度尼西亚-EFTA、印度尼西亚-澳大利亚、印度尼西亚-巴基斯坦、日本-印度尼西亚、发展中国家间全球贸易优惠制度（GSTP）
	已签署但尚未生效	印度尼西亚-韩国（KI-CEPA）、印度尼西亚-澳大利亚、印度尼西亚-莫桑比克、印度尼西亚-冰岛-列支敦士登-挪威-瑞士（欧洲自由贸易联盟）
	洽谈中	印尼全面经济合作安排、印度尼西亚-欧盟（EU）、印度尼西亚-土耳其、印度尼西亚-突尼斯
马来西亚	已签署	东南亚国家联盟（ASEAN）自由贸易区（AFTA）、东盟-澳大利亚-新西兰自由贸易协定（AANZFTA）、东盟-中国自由贸易协定（FTA）和经济一体化协定、东盟-中国香港自由贸易协定（AHKFTA）、东盟-印度全面经济合作协定、东盟-日本自由贸易协定、东盟-韩国自由贸易协定（AKFTA）、马来西亚-智利自由贸易协定、发展中国家间全球贸易优惠制度（GSTP）、马来西亚-印度全面经济合作协定、马来西亚-日本（EPA）、马来西亚-澳大利亚、马来西亚-新西兰、马来西亚-巴基斯坦（Closer EPA）、马来西亚-土耳其自由贸易协定、全面进步跨太平洋伙伴关系协定（CPTPP）、D8 关税优惠安排
	洽谈中	马来西亚-美国、马来西亚-欧盟、马来西亚-欧洲自由贸易协会
菲律宾	已签署	东南亚国家联盟（ASEAN）自由贸易区（AFTA）、东盟-澳大利亚-新西兰自由贸易协定（AANZFTA）、东盟-中国内地、东盟-韩国、东盟-日本自由贸易协定、东盟-印度自由贸易协定、东盟-中国香港自由贸易协定（AHKFTA）、发展中国家间全球贸易优惠制度（GSTP）、菲律宾-日本经济伙伴关系协定、菲律宾-欧洲自由贸易联盟（EFTA）、菲律宾-韩国、菲律宾-印度、贸易谈判议定书（PTN）
	洽谈中	菲律宾-欧盟
柬埔寨	已生效	东盟自由贸易区、东盟-澳大利亚-新西兰、东盟-中国、东盟-中国香港、东盟-印度、东盟-日本、东盟-韩国、中国-柬埔寨、美国-柬埔寨贸易和投资框架协议（TIFA）、亚洲自由贸易区（AFTA）
	已签署但尚未生效	韩国-柬埔寨

续表

国别	状态	具体内容
老挝	已生效	东盟自由贸易区、东盟-澳大利亚-新西兰、东盟-中国、东盟-中国香港、东盟-印度、东盟-日本、东盟-韩国、亚太贸易协定（APTA）、老挝优惠贸易安排
泰国	已生效	东盟-澳大利亚-新西兰、东盟经济共同体（AEC）、东盟-中国内地、东盟-中国香港、东盟-印度、东盟-日本、东盟-韩国、东盟自由贸易区、泰国-澳大利亚、泰国-智利、泰国-中国、泰国-印度、泰国-日本、泰国-老挝、泰国-新西兰、泰国-秘鲁、发展中国家间全球贸易优惠制度（GSTP）
	洽谈中	孟加拉湾多部门技术经济合作组织（BIMSTEC）、泰国-欧洲自由贸易联盟（EFTA）、泰国-欧盟、东盟-加拿大自由贸易协定、泰国-巴基斯坦、泰国-斯里兰卡、泰国-土耳其
文莱	已生效	东盟自由贸易区、东盟-澳大利亚-新西兰、东盟-中国内地、东盟-中国香港、东盟-印度、东盟-日本、东盟-韩国、文莱-日本、文莱-智利、文莱-新西兰、跨太平洋伙伴关系全面进步协议（CPTPP）
新加坡	已生效	东盟-澳大利亚-新西兰、东盟-中国、东盟-中国香港、东盟-印度（AIFTA）、东盟-日本、东盟-韩国（AKFTA）、东盟自由贸易区（AFTA）、跨太平洋伙伴关系全面进步协议（CPTPP）、EFTA-新加坡（ESFTA）、新加坡-欧盟（EUSFTA）、新加坡-海湾合作委员会（GSFTA）、新加坡-印度、新加坡-日本、新加坡-韩国、新加坡-中国、新加坡-新西兰、秘鲁-新加坡、新加坡-澳大利亚、新加坡-哥斯达黎加、新加坡-约旦、新加坡-斯里兰卡、跨太平洋战略经济伙伴关系（TPSEP）、新加坡-土耳其、新加坡-英国、新加坡-美国
	洽谈中	新加坡-南共市、新加坡-欧亚经济联盟
缅甸	已生效	东盟自由贸易区、东盟-澳大利亚-新西兰、东盟-中国内地、东盟-中国香港、东盟-印度、东盟-日本、东盟-韩国、发展中国家间全球贸易优惠制度（GSTP）、缅甸-中国、缅甸-孟加拉国、缅甸-印度、缅甸-老挝、缅甸-泰国
越南	已生效	东盟自由贸易区、东盟-澳大利亚-新西兰、东盟-中国、东盟-中国香港、东盟-印度、东盟-日本、东盟-韩国、越南-智利、跨太平洋伙伴关系全面进步协定（CPTPP）、越南-欧盟、越南-欧亚经济联盟（EAEU）、发展中国家间全球贸易优惠制度（GSTP）、越南-日本、越南-韩国、俄罗斯-越南、越南-英国、越南-古巴
	洽谈中	越南-欧洲自由贸易联盟（EFTA）、越南-以色列

资料来源：根据全球研究报告汇总整理。

根据 RCEP 各成员相关贸易协定的数量及范围情况，可以分析成员国家对区域合作的态度分为四个类型：

一是，日本对贸易协定持谨慎态度，只参加由其主导的 CPTPP。日本在贸易市场准入方面相对保守，对关键行业存在一定的保护和限制，这导致日本在与其他国家和地区签署双边贸易协定时面临更大挑战，日本双边的贸易协定很少，主要是日本-澳大利亚自由贸易协定。日本在多边贸易协定方面采取了积极主导态度，以平衡其他国家和地区的要求和本国的利益。日本认为多边贸易协定的签署对其发展至关重要：首先，多边贸易协定可确保贸易规则的一致性和稳定性，可以为全球贸易创造一个公正和透明的环境，对维护日本作为全球贸易大国的地位具有重要意义；其次，与多个国家和地区签署多边贸易协定，可避免各个双边贸易协定之间的差异和冲突。此外，多边贸易协定还可以提供更广泛的法律和机制来解决争端，保护日本的贸易利益。通过参与和主导 CPTPP，日本努力在亚太地区推动经济一体化和合作，并增强其在全球贸易体系中的地位。

二是，新西兰和澳大利亚在贸易协定中表现得非常积极。签署贸易协定是新西兰维护多边主义和推动自由贸易的一种方式。新西兰作为农产品出口大国，农业在国家经济增长中占据了重要地位。签署贸易协定可以帮助新西兰的农产品拓展国际市场，为农产品创造更多的出口机会。新西兰与亚太地区、欧洲地区签订了一系列的自由贸易协定，是双边及区域贸易协定的积极支持者。澳大利亚是全球排名第一的羊毛、小麦、牛羊肉出口国家，对贸易的依赖度较高，贸易协定为其创造了更自由和开放的贸易环境。通过签署贸易协定，澳大利亚可以加强与重要贸易伙伴的经济关系，提高在地区和全球经济体系中的地位和影响力。澳大利亚与美国、亚洲国家和地区都有双边或多边的贸易协定。

三是，东盟各国兼具抱团发展与自身拓展。东盟作为一个区域性的经济合作组织，积极推动对外贸易合作，与多个国家和地区开展了一系列双边或多边贸易协定，如东盟与日本、中国、澳大利亚等签订了贸易协定。这些协定为东盟成员提供了更大范围的市场准入、更多的贸易机会和更大经济发展潜力，有助于增强东盟与其他国家和地区的经济合作和互利共赢。东盟集体开展对外贸易协定的同时，因东盟成员在经济结构、产业特点和市场需求等方面存在差异，各国还单独与其他国家和地区签署了一些双边贸易协定，以实现更具体、更灵活和更个体化的经济合作和贸易安排，如新加坡和美国的贸易协定、越南与欧盟的贸易协定。

四是，中国和韩国正在洽谈中的自由贸易协定数量较多，处于对外开放的推动期。中国自 2021 年加入 WTO 以来一直倡导自由贸易，同时积极推动多边、双边和区域内自由贸易协定的谈判和签署活动，当前已在洽谈的贸易协定有 10 个。韩国作为出口型经济体，对贸易的依赖度较高，近年来加强了贸易协定谈判，当前正在洽谈的贸易协定有 5 个。

1.2 RCEP 农产品贸易相关条款分析

RCEP 实现了对国际贸易各领域的有效涵盖，具有极强的包容性，包含了如货物贸易、服务贸易以及投资等传统议题，在服务贸易中还涉及了电信服务与金融服务等新议题。关于农业贸易，一方面，农业是典型的非服务贸易，在 RCEP 服务贸易相关内容中有相关论述；另一方面，在 RCEP 货物、投资以及 RCEP 中比较重要的原产地累计规则中有关于农产品贸易的相关论述。

1.2.1 提升农产品货物流动性规则

1.2.1.1 货物贸易

RCEP 各成员遵循经济规律进行国际贸易，但是由于天然要素禀赋的存在，各成员在农产品贸易中得到的利益是不均衡甚至是极端的。一些国家和地区出于维持农业生产积极性和稳定性目的开展农业补贴，短期会达成目的并加强农业在国际市场上的竞争力，但随着全球贸易一体化的深入，补贴带来的好处逐渐被弊端占据。在世界贸易竞争过程中，发展中经济体无法进行长期巨大优惠的产业高额补贴，而发达经济体则通过多样化的巨额补贴进行贸易支持，致使各经济体之间的贸易不平等问题越发严重。在 RCEP 货物贸易相关内容中，规定取消农业出口补贴，减少这种结构性扭曲，对不发达经济体采取差别待遇，以一种更合理、更长远的方法促进农产品发展。

RCEP 条款中关于限制农业产品出口补贴的相关条款有：一是缔约方严格执行 2015 年 12 月 19 日关于出口竞争的部长级决定，各缔约方之间的共同目标是争取在多边贸易框架下取消农产品出口补贴方案；二是共同努力来阻止农产品出口补贴方案以任何形式被重新使用，以期有效降低贸易壁垒。

1.2.1.2　投资

RCEP 投资相关内容可以归纳为投资自由化、投资促进、投资保障和投资便利化四个部分。在投资自由化方面，RCEP 成员均采用负面清单方式做出承诺，非禁止即可投资。在投资保护和投资促进方面，RCEP 提升了各成员投资政策的透明度以及涉农领域的投资开放程度，并要求成员对外国投资者一视同仁，不可有歧视性举措。在投资便利化方面，RCEP 在投资环境、投资申请及批准程序、投资信息的传播以及投资服务方面对提高成员投资便利化水平进行了规定。

RCEP 重点强调多方面的区域性投资激励。第一，各成员应当在框架规定之下尽可能地简化投资申请和批准流程，从而有效降低投资者的时间成本。第二，成员对于非服务业投资均采取负面清单模式，对于服务业投资应当采取协议负面清单模式。对于企业而言，所采取的投资活动将不再受到投资者的国籍限制，法无禁止即可为，从而有效降低投资者的跨境投资和产业布局成本，充分激发各类市场主体的市场竞争活力。

RCEP 对投资保护范围作出了具体明确，较为清晰的衡量标准使投资者的投资行为有了大致的范围框架。根据 RCEP 的规定，各成员均采用负面清单方式进行制造业、农业、林业、渔业、采矿业等非服务业领域投资管理模式。行业负面清单管理模式能够显著消除行业内部存在的隐形投资壁垒，进一步加强投资的确定性以及收益的可预测性；各成员对于彼此间负面清单做出投资承诺，不得另外设置隐性门槛和场域内控制条件，以此来进一步加强各成员之间在相关领域的跨区域投资联系，推动成员之间的区域内农业共同发展，并促进成员之间的农产品销售。

1.2.1.3 原产地累计规则

RCEP 遵循优惠型原产地规则，在关税、准入门槛等方面给予优惠待遇[①]。根据 RCEP 相关内容规定，满足以下条件的货物，可以视为原产地货物：在某一成员境内完全获得或完全进行生产的；在某一成员境内使用来自一个或以上成员原材料进行生产的；在某一成员境内使用非原产地材料进行生产，并且符合产品特定原产地规则所规定的适用要求的。

原产地规则是 RCEP 中最为重要的成就之一，突出表现在四个方面：第一，RCEP 下的原产地规则，可享受区域内优惠关税；第二，RCEP 下的原产地规则，允许原产材料在区域内进行累积，当区域内价值成分不低于 40% 时，即可认定为具有 RCEP 原产资格；第三，RCEP 下原产地累积原则为部分累积，但可在五年内实现完全累积[②]；第四，RCEP 下的原产地规则适用于差异关税，但要求出口缔约方生产原产货物的增值部分大于等于原产货物价值的 20%。

1.2.2 提升农业市场贸易便利化规则

1.2.2.1 海关程序与贸易便利化

RCEP 在海关程序与贸易便利化方面可概括为明确海关法律法规遵循原则、简化海关通关程序、提升服务保障能力、优化企业管理四个方面。

---

① 原产地规则主要分为非优惠型和优惠型两类：非优惠型原产地规则一般适用于没有双边或多边贸易协定的商品；优惠型原产地规则适用于在不同贸易协定或特别规定下可享受特别待遇的商品。

② 部分累积只允许累积已取得缔约方原产证明的货物或原材料价值；而完全累积则允许无论是否已取得缔约方原产证明、凡是在缔约方生产增值的部分都可自动计入原产累积。

具体而言，RCEP 海关程序与贸易便利化条款对海关通关的各个流程都制定了更加有效的管理方法，提高了海关法律和法规的透明度。同时，要求各成员简化海关程序，尤其是针对生鲜、农产品等快运货物，在货物抵达海关六小时内，只要提交所需的相关材料，海关即应尽可能予以放行，由此提高了成员间的贸易便利化程度，促进了海关程序高效管理，推动货物尤其是农产品等快运货物的快速通关，对成员之间农产品的进出口起到了积极的促进作用。

1.2.2.2 卫生与植物卫生措施

RCEP 制定卫生与植物卫生措施的目的是加强成员在区域内的交流、合作和磋商，在保护 RCEP 成员人类及动植物健康的同时减少对成员间贸易可能产生的不利影响。在规则的实施上，RCEP 卫生与植物卫生措施遵循等效性原则，即在 RCEP 成员方的贸易中，贸易双方实施的卫生与植物卫生措施对进口方和出口方在保护人类和动植物健康以及保护环境方面应达到相同的效果。从条款内容来看，RCEP 同 WTO 的《实施卫生与植物卫生措施协定》保持基本一致，而在实际实施角度上，RCEP 卫生与植物卫生措施在 WTO 基础上做了进一步的明确和细化，使条款的可执行性明显超过了 WTO 的规定。

1.2.2.3 标准、技术法规和合格评定程序

跨境贸易竞争中存在技术性贸易壁垒问题[①]。RCEP 对标准、技术法规和合格评定程序，以及技术性贸易壁垒做出了规定。

在技术法规、合规评定程序规则的制定上，RCEP 以 WTO《技术性贸易壁垒协定》（TBT 协议）为基础，对《协定》内容进行了确认和细化。在标准、技术法规方面，RCEP 要求进口成员国在实施新的技术法规标准之前，必须留出至少六个月的时间以供出口方做出反应，不可短时间内贸然改变产品的标准。在合规评定程序方面，RCEP 要求其成员非特殊

---

① 技术性贸易壁垒是指在跨境贸易过程中，各个国家或地区，关于质量、防疫、健康、环保等基础性认证标准体系上存在的壁垒情况。

情况必须要保证中央政府机关使用相关国际标准或其他相关部分，同时要求各成员接受其他成员等效的技术法规以及合规评定程序。以上规定对一些企图通过贸然改变标准或恶意提高标准来限制农产品贸易的国家进行了合理的限制。

1.2.3 农业深度保障规则

1.2.3.1 知识产权

RCEP 中关于知识产权相关问题的规定，共包括 83 个条款和 2 个附件，是 RCEP 中条款最多、内容最丰富的部分，实现了对著作权、商标、专利、传统民间知识、知识产权、反不正当竞争等多领域的有效囊括，体现了对跨境贸易竞争中知识产权保护的关注。在有效兼顾各成员经济发展水平的基础之上，进一步提高了区域内知识产权保护水平。

RCEP 知识产权内容与 WTO《与贸易有关的知识产权协定》（TRIPs）相比，虽然保护的客体范围仍维持在《协定》的框架内，但在具体内容上有诸多亮点。一是，对著作保护期作进一步的延长。将原先的 50 年著作保护期期限延长为至少 70 年，同时还加入了最新的技术保护措施，包括技术保护措施（TPM）的新规定、权限管理信息（RMI）和集体管理。二是，扩大专利保护范围。在专利权方面，RCEP 扩大了专利保护的范围，明确允许为已知物质的新形式和新用途申请专利，使很多以前无法申请专利的新形式、新用途加入被保护的行列。三是，扩大商标申请范围。在商标专用权方面，RCEP 规定声音和香气可以申请商标，同时要求各成员建立电子商标体系，以此提高申请商标和查询商标的便利性。

1.2.3.2 电子商务

RCEP 中有关电子商务的条款对现阶段跨境电子商务使用和合作等相关内容作了规范，重点关注无纸化贸易、电子认证、电子商务用户个人信息保护、在线消费者权益保护以及商业电子信息监管合作等领域的内容。此外，各成员在协定中还对跨境商务信息传输、跨境商务信息存储等重要问题达成了有效共识。RCEP 强调，除了法律和法规有其他明确规定之外，任何成员方不得以电子商务签名无法律效力的理由，否认该签名的法律效力。RCEP 提出，各成员在进行跨境电子商务活动时，应当充分认可并保持透明度，以此来保障电子商务消费者在促进电子商务消费活动时的消费信心，同时要求各成员应当采取或出台相应的法律法规，保障电子商务消费者免受欺诈和误导。

1.2.3.3 贸易救济

农业是关乎国计民生的产业，是各国和地区签订贸易协定过程中着重关注的问题，市场的开放极有可能为某些农业脆弱的国家和地区带来危机。为了规避 RCEP 规则下对农业脆弱的成员造成的潜在风险，RCEP 在贸易救济规则上做出了相关规定。出于保护成员产业安全的考虑，RCEP 规定若发现某一成员存在倾销或补贴行为，可以通过相应的保障措施以及反倾销、反补贴税的方式来维护其他成员农产品行业发展利益。

在保障措施方面，RCEP 将成员方因履行降税承诺而给本国产业造成损失的情况纳入考虑范围，在 WTO 贸易救济规则体系的基础上增设了过渡性保障措施①，为遭受损害的成员方提供贸易救济。具体的保障措施包括通过关税税率限制方式降低或限制某一竞争性农产品的进口，但不允许采取关税配额或进口数量限制等恶意竞争措施；同时，要求过渡性保障措施的实施时间一般不超过三年，如认为确有必要的，可以延长一年总实施期限，但不得超过四年。当产业过渡性保障措施实施期满后，不得再实施相关产业过渡性保障措施。

RCEP 中关于反倾销和反补贴税的相关协定内容，与 WTO 的贸易救济措施相关内容基本保持一致。在具体执行方面，RCEP 明确强调应当符合《1994 年关税与贸易总协定》《反倾销协定》《补贴与反补贴措施协议》的权利义务要求，同时对于成员之间的磋商机会、裁定公告等作出

---

① 过渡性保障措施的实施存在必要前提，即因 RCEP 中关于削减或取消关税的相关协定，导致成员方原产货物进口激增，对其同类产品或竞争产品的企业产生严重利益侵害时，可以采取必要的过渡性保障措施。

了具体规范。此外，RCEP 贸易救济规则在反倾销和反补贴调查方面，提升了调查的透明度，对调查的程序以及做法方面的规定进行了明确和细化，在一定程度上缓解了发展中国家企业应对反倾销、反补贴调查时的压力和困境。

2 RCEP 生效前各成员农业要素 禀赋基础

各国农产品的出口是由多个因素决定的，可以概括为农业的资源禀赋、经济发展水平、本国农业地位、本国劳动力水平、技术与技能水平五个维度：

第一，农业的资源禀赋，包括土壤、水资源、气候条件等。不同国家或地区的资源禀赋差异较大，这在很大程度上决定了某个国家或地区能够种植何种农产品以及其产量和质量。例如，一些国家拥有丰富的农田和适宜的气候条件，适合大规模种植粮食、蔬菜和水果等农产品，而另一些国家则拥有较多的水资源，适合发展水稻和水果种植业。这种资源禀赋差异导致了农产品的特色化和地区间的农产品贸易。

第二，经济发展水平。经济发展水平提升通常伴随人口的增长、收入水平的提高和消费习惯的变化，这将给农产品的需求带来很大影响。不同国家和地区对农产品的需求和消费习惯存在差异。一些国家或地区对粮食的需求更大，而另一些国家或地区则对肉类、乳制品和水果等高附加值农产品的需求更大。并且，随着经济发展水平的提高，人们的消费观念逐渐发生变化，人们对农产品的需求更加注重品质、安全、健康和多样性。

第三，本国农业地位。本国农业地位主要包括农业发展水平与农业定位。农业发展水平的高低决定了农产品供给能力和农产品的品质，而农业定位的选择决定了农产品出口的差异化和竞争力。农业发展水平直接影响着一个国家和地区的农产品供给能力和质量水平。如果一个国家或地区的农业发展水平高，农业科技水平领先，农产品生产效率高，那么其农产品出口竞争力将更强。同时，农业定位也对农产品出口产生重要影响。每个国家或地区都有其农业的特色和优势，可以选择不同的农产品定位和发展战略。

第四，本国农业劳动力水平。劳动力水平包括农民的技能水平、劳动力素质、劳动生产率等因素，这些因素会直接影响农产品的生产效率和质量。一般来说，劳动力水平较高的国家或地区往往能够生产更高质量、更高附加值的农产品，从而有更强的出口竞争力。

第五，科学技术水平。产品的出口与本国技术水平之间存在密切关系。一方面，技术水平的提高可以帮助农民采用更先进的农业技术和生产工艺，提高农产品的质量和产量，使农产品更具竞争力，有利于扩大出口。另一方面，技术水平的提高可以促进农产品的创新和升级。通过研发和应用新的种植技术、农药和肥料等，农产品的品种和质量可以得到提升，以适应市场需求的变化和多样化。

总体而言，农产品的出口与各个国家或地区的多种因素密切相关。本章从农业自然要素禀赋、经济发展、农业地位、农业劳动力与科学技术水平五个方面全面分析 RCEP 国家各国的农业基础情况，如图 2-1 所示。

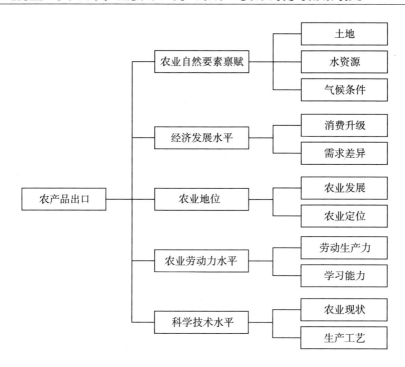

图 2-1　影响农产品出口的主要因素

2.1　RCEP 各成员的农业自然要素禀赋

RCEP 成员农产品竞争优势与自然要素禀赋有明显的关系，本节从各成员农业土地资源和反映各成员水资源、气候条件的作物生产指数等角度分别进行分析。

2.1.1　RCEP 各成员的农业土地资源

不同国家或地区在土地资源的类型、质量和面积等方面存在差异，这些差异会影响农产品的生产和竞争优势。世界银行数据显示，RCEP 各成员农业土地资源存在显著的差异性，具体如表 2-1 所示。

表 2-1 RCEP 各国耕地占土地面积百分比 单位:%

国家	耕地占土地面积百分比				耕地占土地面积的变化
	2017 年	2018 年	2019 年	2020 年	
中国	12.68	12.68	12.68	12.68	0.00
日本	11.42	11.36	11.31	11.26	-1.40
新西兰	1.86	1.97	2.07	2.00	7.53
澳大利亚	4.00	4.03	3.97	3.98	-0.50
韩国	14.32	14.09	13.98	13.85	-3.28
印度尼西亚	14.01	14.01	14.01	14.01	0.00
马来西亚	2.51	2.51	2.51	2.51	0.00
菲律宾	18.75	18.75	18.75	18.75	0.00
柬埔寨	21.96	21.96	21.96	21.96	0.00
老挝	6.24	5.92	5.61	5.30	-15.06
泰国	32.90	32.90	32.90	32.90	0.00
文莱	0.76	0.76	0.76	0.76	0.00
新加坡	0.79	0.78	0.78	0.78	-1.27
缅甸	16.95	16.98	16.84	16.88	-0.41
越南	22.30	22.18	21.64	21.65	-2.91

注:截至 2023 年 9 月,数据更新到 2020 年。

资料来源:世界银行数据库,https://data.worldbank.org.cn/indicator.

耕地占土地面积大,不仅意味着农业在该国家或地区的经济中扮演重要的角色,而且也说明该国家或地区拥有较大的农业生产潜力,可以支持农作物的大规模种植或畜牧业的发展。在 RCEP 成员中,中国、日本、韩国、印度尼西亚、菲律宾、泰国、柬埔寨、越南、缅甸 9 个国家的耕地占土地面积比例都超过 10%。

耕地占土地面积逐年变化情况显示,RCEP 各成员的耕地面积除了新西兰有增长外,其余的中国、印度尼西亚、马来西亚、菲律宾、柬埔寨、泰国和文莱 7 个国家耕地面积保持不变。缅甸、澳大利亚、新加坡、日本、越南、韩国和老挝 7 个国家耕地面积占比处于下滑趋势,韩国和老挝下滑相对较多，韩国下滑 1.11%，老挝下滑 5.30%。目前在全球范围内，耕地面积下降主要是由于干旱、水土流失、植被衰退、土壤盐碱化和土壤有机碳下降等。韩国作为亚洲发达国家之一，发达的工业及不断扩张的城市是造成耕地面积减少的重要原因。老挝是一个夹在越南、泰国和中国之间的多山内陆国家，缺乏合理的耕作方式导致耕地肥力不断下降，使部分土地失去耕作能力。

在分析 RCEP 各成员耕地占土地面积百分比的基础上，本书继续总结了各成员人均耕地情况。人均耕地面积可以表明农业资源的相对丰富性，同时也是反映农业生产规模的指标之一。世界银行数据显示，RCEP 各成员人均耕地情况存在显著的差异性，具体如表 2-2 所示。

表 2-2　RCEP 各成员人均耕地情况　　　　　单位：公顷

国家	人均耕地情况			
	2017 年	2018 年	2019 年	2020 年
中国	0.09	0.09	0.08	0.08
日本	0.03	0.03	0.03	0.03
新西兰	0.10	0.11	0.11	0.10
澳大利亚	1.25	1.24	1.21	1.19
韩国	0.03	0.03	0.03	0.03
印度尼西亚	0.10	0.10	0.10	0.10
马来西亚	0.03	0.03	0.03	0.02
菲律宾	0.05	0.05	0.05	0.05
柬埔寨	0.24	0.24	0.24	0.24
老挝	0.21	0.19	0.18	0.17
泰国	0.24	0.24	0.24	0.24
文莱	0.01	0.01	0.01	0.01
新加坡	0.00	0.00	0.00	0.00
缅甸	0.21	0.21	0.21	0.21
越南	0.07	0.07	0.07	0.07

注：截至 2023 年 9 月，数据更新到 2020 年。

资料来源：世界银行数据库，https：//data.worldbank.org.cn/indicator。

在各成员国人均耕地方面，2020 年，澳大利亚、柬埔寨和泰国位列前三，如图 2-2 所示。

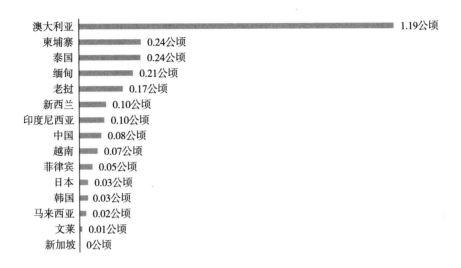

澳大利亚 1.19公顷
柬埔寨 0.24公顷
泰国 0.24公顷
缅甸 0.21公顷
老挝 0.17公顷
新西兰 0.10公顷
印度尼西亚 0.10公顷
中国 0.08公顷
越南 0.07公顷
菲律宾 0.05公顷
日本 0.03公顷
韩国 0.03公顷
马来西亚 0.02公顷
文莱 0.01公顷
新加坡 0公顷

图 2-2　2020 年 RCEP 各成员人均耕地情况

澳大利亚人均耕地数量多，并且农业资本和农业技术优势明显，是现代农牧业的代表，在国际上享有盛名。柬埔寨的农业用地占土地面积百分比较大且人均耕地数量多，自然资源优越，但柬埔寨经济水平较低，农业基础设施贫乏，出口产品比较单一。泰国拥有较为丰富的农业资源和广阔的农田面积，加上相对较少的人口密度，由此使泰国的人均耕地面积相对较大。

中国、日本、韩国都是人均耕地面积较小的国家，其中，中国农业用地占土地面积百分比高于日本、韩国，但日韩农业灌溉用地占农业用地总量的百分比高于中国，说明日韩的土地精细利用率和产出率更优。

从人均耕地面积角度而言，从 2017 年至 2020 年，除了中国、澳大利亚、马来西亚、老挝等 4 个国家的人均耕地面积在减少之外，其余国家的人均耕地面积均保持不变。中国的人均耕地面积减少了 11.11%，但是耕地面积占比变化为 0，即表明从 2017 年至 2020 年这四年时间内人口持续增长。老挝的耕地面积占比下降 15.06%，但是人均耕地面积下滑 19.05%，即意味着在这一时期，老挝的人口相比耕地面积下滑比例更大。澳大利亚和马来西亚人均耕地面积的减少多是快速城市化和工业化所致。随着人口的迁移向城市聚集，导致了农地被转为城市和工业用地。

2.1.2　RCEP 各成员的作物生产指数

作物生产指数是衡量一个国家或地区农业生产水平的重要指标，它反映了该国或地区农业生产的规模、效益和发展趋势，对指导农业生产、制定农业政策具有重要的参考价值。世界银行数据显示，RCEP 各成员作物生产指数存在差异，具体如表 2-3 所示。

表 2-3　RCEP 各成员作物生产指数

国家	2017 年	2018 年	2019 年	2020 年	2021 年
中国	103.15	104.47	107.06	107.69	109.18
日本	98.54	96.51	97.73	95.97	95.93
新西兰	93.53	102.85	106.3	109.4	105.53
澳大利亚	131.17	104.5	84.06	76.62	127.11
韩国	96.22	97.18	97.11	90.28	95.72
印度尼西亚	108.58	112.73	107.59	110.17	110.75
马来西亚	107.42	103.28	103.39	100.43	95.85
菲律宾	103.23	102.76	101.62	102.86	105.01
柬埔寨	109.71	114.74	115.51	120.15	123
老挝	97.29	99.12	97.93	101.85	113.14
泰国	102.94	106.34	102.49	95.97	99.63
文莱	103.44	98.64	98.27	98.31	96.82
新加坡	100.12	106.15	107.18	101.63	99.45
缅甸	98.73	98.79	97.87	96.24	93.94
越南	101.53	104.66	105.37	105.95	109.31

资料来源：世界银行数据库，https：//data.worldbank.org.cn/indicator。

作物生产指数是指以 2014—2016 年的作物生产数据为基础，对 2017—2021 年的作物生产进行分析，如果指数大于 100，则表明当前的作物生产处于正向增长阶段，如果指数小于 100，则表明当前的作物生产处于减少阶段。

2017—2021 年，中国、印度尼西亚、菲律宾、柬埔寨和越南等 5 个国家作物生产指数均大于 100，表明这些国家在这五年里的农业呈正增长态势，这些国家在保证基本耕地面积的基础上，大力发展农业生产。但是与此同时，日本、韩国和缅甸，因耕地面积呈下降趋势，即使是日本和韩国这样的农业技术发达国家，也无法摆脱农作物生产指数下降的困境。其余 7 个国家在 2017—2021 年农作物生产指数并不稳定，在 100 上下浮动。

如图 2-3 所示，2021 年，在 15 个 RCEP 成员中，作物生产指数处于 100 以上的有澳大利亚、柬埔寨、老挝、印度尼西亚、越南、中国、新西兰和菲律宾等 8 个国家，其中澳大利亚的作物生产指数为 127.11，位列第一，柬埔寨为 123.00，位列第二。其余 7 个国家作物生产指数小于 100，其中多数国家是耕地占土地面积萎缩所致。

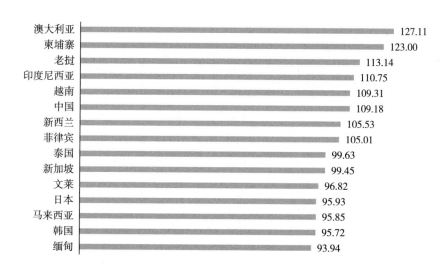

图 2-3　2021 年 RCEP 各成员作物生产指数

2.2 RCEP 各成员经济发展及农业地位

2.2.1 RCEP 各成员的经济发展

2.2.1.1 RCEP 各成员的经济水平

经济水平的提升有利于推动农业现代化和农业技术进步，以提高农产品产量和质量，并提升农产品的国内和国际市场竞争力。农业现代化往往与提高农民收入、增加农民就业机会、促进农村经济发展等相关联。世界银行数据显示，RCEP 各成员的 GDP 水平存在显著的差异，具体如表 2-4 所示。

表 2-4 2018—2022 年 RCEP 各成员人均 GDP 水平

单位：美元

国家	2018 年	2019 年	2020 年	2021 年	2022 年
中国	9905	10144	10409	12618	12720
日本	39751	40416	39987	39827	33824
新西兰	43237	42796	41761	49996	48419
澳大利亚	57274	55050	51868	60697	65100
韩国	33447	31902	31721	35142	32423
印度尼西亚	3903	4151	3896	4334	4788
马来西亚	11074	11132	10164	11135	11993
菲律宾	3195	3414	3224	3461	3499
柬埔寨	1533	1671	1578	1625	1760
老挝	2553	2599	2593	2536	2054
泰国	7125	7629	7002	7061	6910

续表

国家	2018 年	2019 年	2020 年	2021 年	2022 年
文莱	31241	30748	27179	31449	37152
新加坡	66837	66070	61274	77710	82808
缅甸	1288	1415	1480	1232	1149
越南	3267	3491	3586	3756	4164

资料来源：世界银行数据库，https：//data. worldbank. org/indicator/。

一般认为，人均 GDP 超过了 2 万美元门槛属于发达国家，人均 GDP 达到 2 万~4 万美元为中等发达国家，人均 GDP 在 4 万美元以上为高度发达国家（刘湘溶和江琦，2023）。根据以上标准分析 2022 年 15 个 RCEP 成员国的数据，具体分类如表 2-5 所示。

表 2-5　15 个 RCEP 成员经济发展程度划分

分类	标准（人均 GDP）	国家
发展中国家	小于 2 万美元	缅甸、柬埔寨、老挝、菲律宾、越南、印度尼西亚、泰国、马来西亚、中国
中等发达国家	2 万~4 万美元	韩国、日本、文莱
高度发达国家	4 万美元以上	新西兰、澳大利亚、新加坡

资料来源：根据相关资料整理。

在 15 个 RCEP 成员中，有 2/3 的成员属于发展中国家。以发展中国家为主的区域贸易协定则更多地着眼于促进经济发展、降低贸易壁垒、提升国际竞争力，并帮助发展中国家逐步融入和受益于全球贸易体系。同时，以发展中国家为主的区域贸易协定通常会考虑成员之间的经济和发展差距，提供非对称性和特殊待遇，以帮助发展中国家更好地适应和利用贸易协定的机会，这也成为 RCEP 的特色。各国经济发展情况如表 2-6 所示。

表 2-6　15 个 RCEP 成员经济发展程度划分

类别	国家	国家经济情况
发展中国家	缅甸	缅甸位于中南半岛西部，西南临安达曼海，西北与印度和孟加拉国为邻，东北与中国、东南与泰国和老挝接壤，面积 676578 平方公里，是东南亚陆地面积最大的国家。2022 年，缅甸人口约 5417 万，人均 GDP 为 1149 美元，根据世界银行标准划分，缅甸属于中低等收入国家
	柬埔寨	柬埔寨位于亚洲中南半岛南部，东部和东南部同越南接壤，北部与老挝交界，西部和西北部与泰国毗邻，西南濒临暹罗湾。国土面积 18.1 万平方公里，人口 1600 万。2022 年，柬埔寨 GDP 约 295.97 亿美元，同比增长 5.4%，人均 GDP 为 1760 美元。根据世界银行标准划分，柬埔寨属于中低等收入国家
	老挝	老挝是位于中南半岛北部的内陆国家，北邻中国，南接柬埔寨，东临越南，西北达缅甸，西南毗连泰国；在经济上以农业为主，工业基础薄弱，人口 98.9 万。2022 年，老挝人均 GDP 为 2054 美元。根据世界银行标准划分，老挝属于中低等收入国家
	菲律宾	菲律宾位于亚洲东南部，是全球主要劳务输出国之一，人力资源优势明显。菲律宾人口约为 1.1 亿，2022 年人均 GDP 为 3499 美元。根据世界银行标准划分，菲律宾属于中低等收入国家
	越南	越南位于中南半岛东部，自然环境优越，矿产资源丰富，国内政局稳定，经济发展较快，特别是 2006 年加入世界贸易组织以来，越南加快融入国际经济体系，积极调整和完善法律法规，营商环境不断改善。2022 年，越南人口约 9946 万，人均 GDP 约 4164 美元。根据世界银行标准划分，越南属于中低等收入国家
	印度尼西亚	印度尼西亚位于亚洲东南部，是全球最大的群岛国家，也是东盟最大的经济体，其农业、工业、服务业均在国民经济中发挥重要作用。2022 年，印度尼西亚人口约 2.7 亿，人均 GDP 约 4788 美元。根据世界银行标准划分，印度尼西亚属于中高等收入国家
	泰国	泰国位于中南半岛中南部，是传统农业国，也是世界天然橡胶最大出口国，农产品是其外汇收入的主要来源之一。2022 年，泰国人口约 7170 万，人均 GDP 为 6910 美元。根据世界银行标准划分，泰国属于中高等收入国家
	马来西亚	马来西亚位于东南亚，国土被南海分隔成东、西两部分。马来西亚视东盟为外交政策基石，优先发展同东盟国家关系，大力开展经济外交，积极推动南南合作；同时，重视发展同大国关系，倡导建立东亚共同体。2022 年，马来西亚人口 3394 万，人均 GDP 约 11993 美元。根据世界银行标准划分，马来西亚属于中高等收入国家

续表

类别	国家	国家经济情况
中等发达国家	韩国	韩国位于亚洲大陆东北部朝鲜半岛南半部，产业以制造业和服务业为主，造船、汽车、电子、钢铁、纺织等产业产量均进入世界前十；旅游业发达，交通物流便捷，网络通信设施世界一流，投资环境总体良好。2022 年，韩国人口约 5162 万，人均 GDP 为 32423 美元。根据世界银行标准划分，韩国属于高收入国家
	日本	日本位于亚洲东部，作为主要发达国家和世界第三大经济体，日本法律制度完善，营商环境稳定。2022 年，日本人口约 1.3 亿，人均 GDP 为 33824 美元。根据世界银行标准划分，日本属于高收入国家
	文莱	文莱位于加里曼丹岛西北部，北濒南海，东、南、西三面与马来西亚的沙捞越州接壤，并被沙捞越州的林梦分隔为东、西两部分。文莱经济以石油天然气产业为支柱，非油气产业均不发达。2022 年，文莱国内生产总值以不变价格计算为 187.0 亿文币（约合 140.1 亿美元），同比减少 1.6%。2022 年，文莱人口约为 45 万人，人均 GDP 为 37152 美元。根据世界银行标准划分，文莱属于高收入国家
高度发达国家	新西兰	新西兰位于太平洋西南部，西隔塔斯曼海与澳大利亚相望。新西兰由南岛、北岛及一些小岛组成，南、北两岛被库克海峡相隔。新西兰属温带海洋性气候，畜牧业发达。2022 年，新西兰人口约为 522.3 万人，人均 GDP 为 65100 美元。根据世界银行标准划分，新西兰属于高收入国家
	澳大利亚	澳大利亚位于南太平洋和印度洋之间，基础设施完善，劳动力素质较高，法律健全，金融体系较为规范。2022 年，澳大利亚人口约为 2598 万，人均 GDP 约为 65100 美元。根据世界银行标准划分，澳大利亚属于高收入国家
	新加坡	新加坡位于马来半岛南端、马六甲海峡出入口，新加坡的经济属外贸驱动型经济，以电子、石油化工、金融、航运、服务业为主。2022 年，新加坡人口约 564 万，人均 GDP 为 82808 美元。根据世界银行标准划分，新加坡属于高收入国家

资料来源：世界银行数据库，https：//data.worldbank.org.cn/indicator。

2.2.1.2 RCEP 各成员的经济增长率

经济增长率是一个重要的经济观测指标，可以提供关于经济总体状况、增长速度、结构变化、政策效果和未来走势的多方面信息，也是农业持续高质量发展的重要保障。世界银行数据显示，RCEP 各成员的 GDP 增长率存在显著的差异，具体如表 2-7 所示。

表 2-7　2018-2022 年 RCEP 各成员 GDP 增长率　　单位：%

国家	2018 年	2019 年	2020 年	2021 年	2022 年	2018 年至 2022 年平均值	去除 2020 年的平均值
越南	7.46	7.36	2.87	2.56	8.02	5.65	6.35
中国	6.75	5.95	2.24	8.45	2.99	5.28	6.04
柬埔寨	7.47	7.05	-3.10	3.03	5.16	3.92	5.68
老挝	6.25	5.46	0.50	2.53	2.71	3.49	4.24
印度尼西亚	5.17	5.02	-2.07	3.70	5.31	3.43	4.80
菲律宾	6.34	6.12	-9.52	5.71	7.57	3.24	6.44
马来西亚	4.84	4.41	-5.53	3.09	8.69	3.10	5.26
新加坡	3.58	1.33	-3.90	8.88	3.65	2.71	4.36
新西兰	3.53	2.45	-0.65	5.17	2.16	2.53	3.33
韩国	2.91	2.24	-0.71	4.15	2.56	2.23	2.97
澳大利亚	2.88	2.17	-0.05	2.24	3.62	2.17	2.73
泰国	4.22	2.11	-6.07	1.49	2.59	0.87	2.60
文莱	0.05	3.87	1.13	-1.59	-1.63	0.37	0.18
缅甸	6.40	6.75	3.17	-17.91	3.00	0.28	-0.44
日本	0.64	-0.40	-4.28	2.14	1.03	-0.17	0.85

资料来源：世界银行数据库，https：//data.worldbank.org.cn/indicator。

2018—2022 年，越南的 GDP 增长率平均值为 5.65%，在 RCEP 成员中位列第一。越南在变革思维与创新政策的驱动下，不断扶持民营经济的发展，改善营商环境，加大外资的引进力度，从而形成了以公有制为主体、多种经济成分并存的所有制格局。此外，越南本身所具有的资源与要素禀赋优势特别是人口红利优势对越南经济增长起到了至关重要的作用。越南的劳动力成本较低，也对境外企业产生了相当强的虹吸效应。越南劳动力人口有 5050 万，占总人口之比高达 51.3%，35 岁以下的年轻人占比高达 56%①。

中国从 1979 年党的十一届三中全会开始改革开放，经历了 30 多年的高速发展，在 GDP 规模上 2007 年超越德国、2010 年超越日本，成为全球

---

① 资料来源：https：//www.stcn.com/article/detail/793164.html。

范围内仅次于美国的第二大经济体。2018~2022 年，中国 GDP 增长率平均值达到 5.28%。

去除 2020 年新冠疫情的影响，菲律宾、柬埔寨、老挝、印度尼西亚、马来西亚、新加坡等东盟诸多国家都保持经济快速增长，增速为 5% 左右。日本、文莱、缅甸的经济增长处于 RCEP 成员的尾端。

2.2.2 RCEP 各成员的农业地位

农业产业的地位决定了一个国家或地区的农产品供应能力。根据农业、工业、服务业三大产业在一个国家或地区 GDP 中的比重，即可对一国农业产业的地位进行初步判断。联合国贸易和发展会议整理了 RCEP 15 个成员 GDP 中三大产业组成，如表 2-8 所示。

表 2-8 2020 年 RCEP 15 个成员 GDP 中三大产业组成 单位:%

国家	农业	工业	服务业
新加坡	0.0	25.6	74.4
日本	1.1	28.9	70.0
文莱	1.2	58.1	40.7
韩国	2.0	35.6	62.4
澳大利亚	2.4	27.3	70.3
新西兰	6.3	22.3	71.4
中国	7.3	39.9	52.8
马来西亚	8.3	36.3	56.4
泰国	8.6	33.1	58.3
菲律宾	10.2	28.4	61.4
印度尼西亚	14.2	39.7	46.1
越南	16.5	37.4	46.1
老挝	18.5	37.2	44.3
缅甸	21.5	38.5	40.0
柬埔寨	24.4	37.0	38.6

资料来源：联合国贸易和发展会议整理。

在 RCEP 15 个成员中，新加坡、日本、韩国、澳大利亚、新西兰属于发达国家，服务业占比最大，其次是工业，最后是农业，部分成员农业的占比甚至可忽略不计，例如，新加坡的农业在其 GDP 中的占比为 0，日本的农业在其 GDP 中占比仅为 1.1%。

中国及东盟大部分国家都属于发展中国家，除文莱不发展农业外，中国、马来西亚、泰国的农业在 GDP 中的占比在 7%~10%，而菲律宾、印度尼西亚、越南、老挝、缅甸、柬埔寨等农业在 GDP 中的占比在 10%~25%。缅甸和柬埔寨两国农业在 GDP 中的占比最高，分别为 21.5% 和 24.4%。

2.2.3　RCEP 各成员的农业劳动力

农村人口参与农业生产、构建农产品供应链、加工和销售农产品、推动农产品品牌建设等，为农产品贸易的发展提供了基础和动力。世界银行数据显示，RCEP 各成员农村人口占比变化存在显著的差异，具体如表 2-9 与图 2-4、图 2-5 所示。

表 2-9　2017 年至 2022 年 RCEP 各成员农村人口占比　　　　单位：%

国家	2017 年	2018 年	2019 年	2020 年	2021 年	2022 年
中国	42.04	40.85	39.69	38.57	37.49	36.44
日本	8.47	8.38	8.30	8.22	8.13	8.05
新西兰	13.53	13.46	13.39	13.30	13.21	13.12
澳大利亚	14.10	13.99	13.88	13.76	13.64	13.51
韩国	18.50	18.54	18.57	18.59	18.59	18.57
印度尼西亚	45.34	44.68	44.02	43.36	42.71	42.07
马来西亚	24.55	23.96	23.39	22.84	22.30	21.79
菲律宾	53.32	53.09	52.85	52.59	52.32	52.02
柬埔寨	77.02	76.61	76.20	75.77	75.33	74.89
老挝	65.63	65.00	64.36	63.71	63.06	62.41
泰国	50.80	50.05	49.31	48.57	47.84	47.11
文莱	22.69	22.37	22.06	21.75	21.45	21.15
新加坡	0.00	0.00	0.00	0.00	0.00	0.00
缅甸	69.68	69.42	69.15	68.86	68.55	68.23
越南	64.79	64.08	63.37	62.66	61.95	61.23

资料来源：世界银行数据库，https：//data.worldbank.org.cn/indicator。

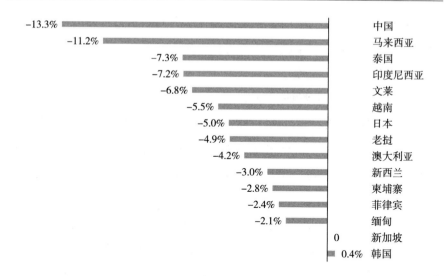

图 2-4 2017—2022 年 RCEP 各成员农村人口占比下降幅度

资料来源：世界银行数据库，https：//data. worldbank. org. cn/indicator。

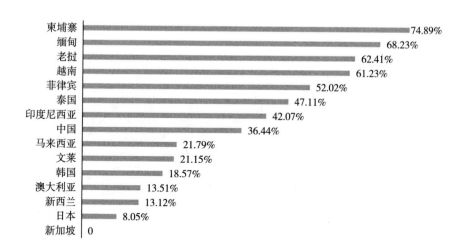

图 2-5 2022 年 RCEP 各成员农村人口占比

资料来源：世界银行数据库，https：//data. worldbank. org. cn/indicator。

2017—2022 年，除新加坡和韩国外，RCEP 其余 13 个成员的农村人口占比都在不断减少，其中中国的农村人口占比下降最快，马来西亚次之。对于中国和马来西亚而言，农村人口占比下降快主要是由于城镇化进程的加快。近些年来，中国和马来西亚经济高速发展，并且政治稳定，城市化进程积极推进，吸引了大量农村人口涌入城市。2022 年，中国城镇化率为 63.56%，马来西亚为 78.21%。

RCEP 各成员农村人口占比与各成员农业在该国的地位基本吻合，即农村人口在总人口中的占比越高，其农业产值在其 GDP 中的占比也越高，其中，柬埔寨和缅甸两国的农业产值占比在 RCEP 成员中最高，其农业人口占比也最高。

经济发展与农村人口占比数据显示，RCEP 各成员农村人口与经济增长负相关，经济发展程度越高，城镇化率越高，则农村人口占比越低。从柬埔寨、缅甸、老挝依次到最后的新加坡，农村人口占比在不断下降的同时，人均 GDP 也在不断攀升，如图 2-6 所示。

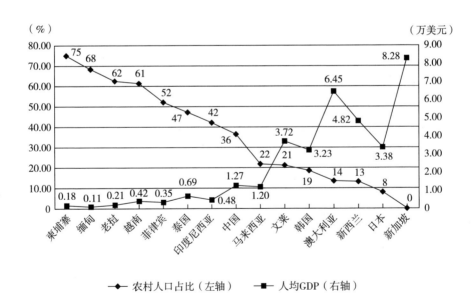

图 2-6　2022 年 RCEP 各成员农村人口占比与人均 GDP 走势

资料来源：世界银行数据库，https://data.worldbank.org.cn/indicator。

2.2.4 RCEP 各成员的科技水平

2.2.4.1 RCEP 各成员研发人员数量

当今，农业科技越来越成为农业发展的重要因素之一，农业生产从种子到施肥、农药、灌溉、收割、销售无一不需要科技的推动。农业的研发人员数量与一国或地区总体的研发人员数量有关。世界银行数据显示，RCEP 各成员每 100 万人中研发人员的数量存在显著差异，如表 2-10 所示。

表 2-10 每 100 万人中研发人员的数量   单位：人

国家	2013 年	2014 年	2015 年	2016 年	2017 年	2018 年	平均值
中国	—						
日本	513.84	536.96	521.95	502.55	520.66	524.29	520.04
新西兰	995.90	—	1040.19	—	1276.04	—	1104.04
澳大利亚	—						
韩国	1156.15	1228.17	1212.13	1227.80	1251.11	1311.44	1231.13
印度尼西亚	—	—	—	16.31	17.49	34.74	22.85
马来西亚	—	212.16	132.36	263.25		233.44	210.30
菲律宾	27.96	0.00	17.54	—	—	—	15.17
柬埔寨	—		60.88				60.88
老挝	—						
泰国		191.27	240.69	319.77	296.94	—	262.17
文莱	—						
新加坡	454.33	450.69	449.98	422.28	377.37		430.93
缅甸	—	—			18.70		18.70
越南	71.00	0.00	65.57		71.49		52.02

注："—"表示无相关数据。

资料来源：世界银行数据库，https：//data.worldbank.org.cn/indicator。

RCEP 成员中公布每 100 万人中研发人员数量的国家不多，具体数据如表 2-11 所示。

表 2-11　每 100 万人中研发人员的数量平均值和 2022 年的人均 GDP

国家	研发人员的数量平均值（人）	2022 年人均 GDP（美元）
菲律宾	15.17	3499
缅甸	18.70	1149
印度尼西亚	22.85	4788
越南	52.02	4164
柬埔寨	60.88	1760
马来西亚	210.30	11993
泰国	262.17	6910
新加坡	430.93	82808
日本	520.04	33824
新西兰	1104.04	48419
韩国	1231.13	32423

资料来源：世界银行数据库，https：//data.worldbank.org.cn/indicator。

根据表 2-11 中的数据按照研发人员数量的不同，对相关国家进行分类，基本可以分为四大类，如表 2-12 所示。

表 2-12　按照每 100 万人中研发人员的数量对相关国家进行分类

每 100 万人中研发人员的数量	国家
小于 100 人	菲律宾、缅甸、印度尼西亚、越南、柬埔寨
100~300 人	马来西亚、泰国
300~1000 人	新加坡、日本
1000 人以上	新西兰、韩国

资料来源：根据表 2-11 的数据分类。

科技创新是推动社会发展的第一生产力，而科技创新的根本在于人才，科研技术人员的数量与一国或地区经济的发展情况相辅相成。以每

100 万人中研发人员的数量为横坐标、2022 年人均 GDP 数据为纵坐标，以 300 人为横轴交叉点，纵轴以发达国家分界线 2 万美元作为交叉点，具体如图 2-7 所示。

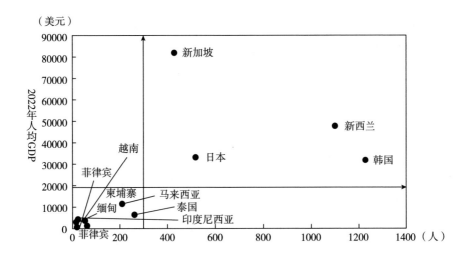

图 2-7 按照每 100 万人中研发人员的数量和 2022 年人均 GDP 数据对比

从上述数据可知，第一象限内人均 GDP 高于 2 万美元，主要有新加坡、日本、新西兰和韩国等 4 个国家，其全部是发达国家。在这四个国家中，韩国的人均 GDP 最低但是韩国每 100 万人中研发人员的数量最多。韩国作为后发国家的典型，在其发展过程中科技创新起到至关重要的作用，因此其研发人员数量一直保持在较高水平，从趋势上来看，韩国每 100 万人中研发人员的数量逐年增加。新西兰的研发人员在数量上仅次于韩国，高科技产业已经成为继乳业和旅游业之后的第三大出口产业。

在菲律宾、缅甸、印度尼西亚、越南、柬埔寨、马来西亚、泰国等 7 个发展中国家中，可以分为两大类，其中，马来西亚和泰国两个国家无论是在人均 GDP 还是每 100 万人中研发人员的数量都明显高于其他五个国家。菲律宾、缅甸、印度尼西亚、越南、柬埔寨五个发展中国家，经济发展水平在所有国家中相对偏低，无法为研发人员提供良好的工作和生活环境。

2.2.4.2　RCEP 各成员研发投入占 GDP 比重

农业研发投入对实现粮食安全、农村发展、环境保护和农业国际竞争力的提升，具有重要的意义和作用。农业研发投入与一国或地区整体的研发投入有着密切的关系。世界银行数据显示，RCEP 各成员研发投入占 GDP 比重存在显著的差异，如表 2-13 所示。

表 2-13　RCEP 各成员研发投入占 GDP 比重　　单位:%

国家	2017 年	2018 年	2019 年	2020 年	2021 年	2022 年	平均值
中国	2.12	2.14	2.24	2.40	—	—	2.23
日本	3.17	3.22	3.20	3.26	—	—	3.21
新西兰	1.35	—	1.41	—	—	—	1.38
澳大利亚	1.88	—	1.83	—	—	—	1.86
韩国	4.29	4.52	4.63	4.81	4.93	—	4.64
印度尼西亚	0.24	0.23	0.27	0.28	—	—	0.26
马来西亚	—	1.04	—	—	—	—	1.04
菲律宾	—	0.32	—	—	—	—	0.32
泰国	1.00	1.11	1.14	—	—	—	1.08
文莱	—	0.28	—	—	—	—	0.28
新加坡	1.90	1.81	1.89	—	—	—	1.87
缅甸	0.03	0.06	0.09	0.15	—	—	0.08
越南	0.53	—	0.53	—	—	—	0.53

注："—"表示无相关数据。

资料来源：世界银行数据库，https：//data.worldbank.org.cn/indicator；《2023 年科学技术指标报告书》（http：//www.worktoday.co.kr)。

对 RCEP 各成员 2017—2022 年的研发投入占 GDP 比重求平均值，不包括柬埔寨和老挝两个数据严重缺失的国家，并以此数据作为横轴，2022 年相关成员国人均 GDP 作为纵轴。横轴以研发投入占 GDP 比重 1.5% 为交叉点，纵轴以发达国家分界线 2 万美元作为交叉点，具体如

图 2-8 所示。

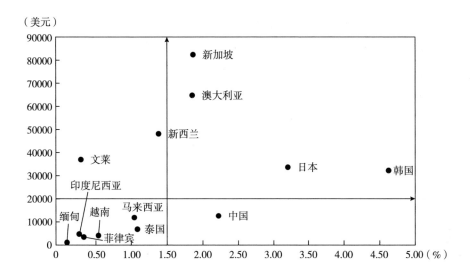

图 2-8 RCEP 各成员研发投入占比和 2022 年人均 GDP 数据对比

第一象限：韩国、日本、澳大利亚和新加坡。四个国家都是发达国家，从研发投入占比和 2022 年人均 GDP 数据对比可知，韩国拥有较多研发人员的背后是韩国每年有较多的研发投入。其次是日本，作为发达国家之一，其在研发投入上仅次于韩国。新加坡和澳大利亚两个国家人均GDP 高于日本和韩国，但是两个国家的研发投入低，科技在支撑其成为发达国家的因素占比相对低于韩国和日本。

第二象限：新西兰和文莱。新西兰作为发达国家，能够支撑起较高的研发投入占比，通过不断技术投入来推动经济社会的发展。文莱的人均GDP 主要依靠油气等自然资源而非其他工业，且其油气开采对外有严重的技术依赖，整体研发投入较低。

第三象限：印度尼西亚、缅甸、越南、菲律宾、马来西亚、泰国。马来西亚的人均 GDP 略高于泰国，但是泰国的研发投入占比高于马来西亚；越南、菲律宾、印度尼西亚、缅甸四个国家无论是人均 GDP 还是研发投入占比都处于较低水平。

　　第四象限：中国。从人均 GDP 数据上来看中国为发展中国家，但是中国不同省份之间差异非常大，沿海经济发达省份人均 GDP 已经接近甚至超过发达国家标准。在中国政府大力支持下，是中国研发经费占比已经超过新加坡和澳大利亚，仅次于韩国和日本。凭借着不断的研发投入，中国在农业科研领域积累了丰富的经验。

3 RCEP 各成员农产品贸易关系基础

3.1 RCEP 各成员农产品出口贸易的全球地位

3.1.1 农产品贸易数据来源

为促进国际贸易统计分类的标准化和统一化，联合国统计委员会和海关合作理事会分别编订了《联合国国际贸易标准分类》（SITC）和《协调商品名称和编码制度》（HS），它们均是关于国际贸易商品的分类体系，为各个国家或部门对贸易商品的统一分类和数据统计提供参考。

本书选取 HS 编码体系前 24 章的农产品为研究对象。为了便于行文，本书将前 24 章所包含的产品分为三类，即动物类产品（HS 第 1~5 章）、果蔬类产品（HS 第 6~15 章）、食品加工类产品（HS 第 16~24 章）。贸易数据来自 UN Comtrade 数据库，具体如表 3-1 所示。

表 3-1　HS 编码系统中农产品分类

类别	代码	商品说明
动物类产品 （HS 第 1~5 章）	HS01	活动物
	HS02	肉及食用杂碎
	HS03	鱼、甲壳动物、软体动物及其他水生无脊椎动物
	HS04	乳品；蛋白；天然蜂蜡；其他食用动物产品
	HS05	其他动物产品
果蔬类产品 （HS 第 6~15 章）	HS06	活树及其他活植物；茎鳞、根及类似品；插花及装饰用簇叶
	HS07	食用蔬菜、根及块茎
	HS08	食用水果及坚果；柑橘属水果或甜瓜的果皮
	HS09	咖啡、茶、马黛茶及调味香料
	HS10	谷物
	HS11	制粉工业制品；麦芽；淀粉；面筋
	HS12	含油子仁及果实；杂项子仁及果实；工业用或药用之外；稻草
	HS13	虫胶；树胶、树脂及其他植物液、汁
	HS14	编结用植物材料；其他植物产品
	HS15	动、植物油、脂及其分解产品；精制食用油脂；动、植物蜡
食品加工类产品 （HS 第 16~24 章）	HS16	肉、鱼、甲壳动物、软体动物及其他水生无脊椎动物制品
	HS17	糖及糖食
	HS18	可可及可可制品
	HS19	谷物、粮食粉、淀粉或乳制品；糕饼点心
	HS20	蔬菜、水果、坚果或植物其他部分制品
	HS21	杂项食品
	HS22	饮料、酒及醋
	HS23	食品工业的残渣及废料；配制的动物饲料
	HS24	烟草及烟草代用品的制品

资料来源：根据 UN Comtrade 数据库贸易数据整理。

3.1.2　RCEP 各成员农产品的全球出口份额

市场占有率能够反映一国或地区在目标市场上的贸易地位。在国际贸易中，将一国或地区对某市场出口额占世界所有国家和地区对此市场出口

额的比例称为市场占有率。RCEP 各成员农产品全球占有率，如表 3-2
所示。

表 3-2　RCEP 各成员农产品出口全球占有率　　　　单位:%

国家	2018 年	2019 年	2020 年	2021 年
中国	4.91	4.94	4.65	4.44
日本	0.46	0.48	0.50	0.52
新西兰	1.55	1.63	1.61	1.57
澳大利亚	1.97	1.94	1.79	2.08
韩国	0.52	0.54	0.56	0.54
印度尼西亚	2.20	2.05	2.28	2.72
马来西亚	1.31	1.32	1.37	1.58
菲律宾	0.38	0.43	0.39	0.37
柬埔寨	0.04	0.05	0.05	0.05
老挝	0.06	0.09	0.09	0.08
泰国	2.26	2.26	2.17	2.05
文莱	0.00	0.00	0.00	0.00
新加坡	0.85	0.88	0.80	0.78
缅甸	0.29	0.28	0.30	0.26
越南	1.71	1.66	1.61	1.54

资料来源：根据 UN Comtrade 数据库贸易数据测算。

　　一般情况下，一国的农产品出口在全球市场的份额变化不大，因为农
业生产对自然资源依赖性较强，如果没有出现明显利好的条件下该国在全
球范围内农产品市场份额不会出现突变。由表 3-2 中 2018 年至 2021 年数
据可知，不同国家每年的农产品出口全球占有率基本在一定范围内波动。
根据 2018 年至 2021 年数据计算 RCEP 各成员农产品出口年均复合增长率
情况，如图 3-1 所示。

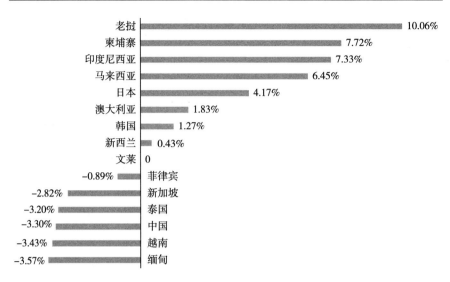

图 3-1　2018—2021 年 RCEP 各成员农产品出口年均复合增长率

2018—2021 年，老挝、柬埔寨、印度尼西亚等 8 个国家农产品出口全球占有率处于增长之势。文莱基本没有变化。缅甸、越南、中国、泰国、新加坡、菲律宾等 6 个国家的农产品全球出口处于下降趋势。

2021 年，RCEP 15 个成员农产品出口全球占有率，如图 3-2 所示。

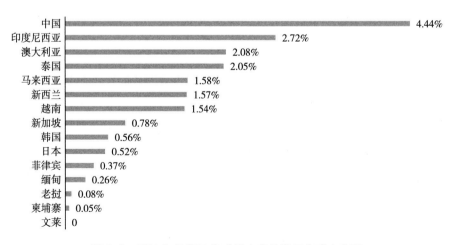

图 3-2　2021 年 RCEP 各成员农产品出口全球占有率

在 15 个 RCEP 成员中，中国是最大的农产品出口国家。农产品贸易是中国对外贸易的重要组成部分，也是统筹利用国内国际两个市场、两种资源的必要手段。中国农产品对外贸易的飞速发展是从正式加入世界贸易组织开始的，加速融入国际市场。

3.1.3 RCEP 各成员农产品细分类别的全球出口份额

RCEP 各成员在动物类、果蔬类、食品加工类三种农产品方面的出口市场占有率，如表 3-3 所示。

表 3-3 2021 年细分类别产品出口市场份额　　　　　单位:%

国家	动物类	果蔬类	食品加工类
中国	3.62	4.00	5.43
日本	0.61	0.14	0.89
新西兰	4.94	0.47	0.74
澳大利亚	3.79	2.34	0.75
韩国	0.45	0.16	1.03
印度尼西亚	1.06	4.84	1.37
马来西亚	0.40	2.72	1.02
菲律宾	0.10	0.48	0.39
柬埔寨	0.00	0.10	0.03
老挝	0.06	0.11	0.06
泰国	0.86	1.97	2.88
文莱	0.01	0.00	0.00
新加坡	0.17	0.12	1.89
缅甸	0.18	0.51	0.03
越南	1.68	2.08	1.12

资料来源：根据 UN Comtrade 数据库贸易数据测算。

由表 3-3 可知农产品细分市场的三个特点：一是，在 RECP 15 个成员中，中国在动物类、果蔬类、食品加工类三种农产品的出口方面没有明显短板。三个类别中，动物类产品仅次于澳大利亚和新西兰，果蔬类产品仅次于印度尼西亚，食品加工类商品出口全球占有率为 5.43%，在 RECP15 个成员中名列第一。整体而言，中国在动物类、果蔬类、食品加工类三种农产品的出口方面都名列前三。

二是，农产品的出口与各个成员的农业资源禀赋密切相关。畜牧业的发展需要广袤的国土面积与适宜的气候条件，仅这两个要求就排除了绝大多数成员。澳大利亚和新西兰两个大洋洲国家地广人稀，畜牧业发达，在 RECP 成员中名列前茅。2021 年，新西兰动物类产品出口在全球占比为 4.94%，澳大利亚占比为 3.79%。除中国、新西兰、澳大利亚外，越南是 RECP 成员中第四大动物类产品出口国，越南主要出口新鲜、冷藏或冷冻家禽的肉类和屠宰后可食用副产品动物类产品。对于食品加工类而言，需要相应的生产环境、设备，以及熟练的技术人员等，对于一国轻工业水平有非常高的要求。中国、泰国、印度尼西亚、越南在 RECP 成员中处于前列。

三是，动物类、果蔬类、食品加工三种农产品的竞争激烈程度各不相同。养殖业和畜牧业对土地和气候都有严格要求除了中国、澳大利亚、新西兰、越南、印度尼西亚等 5 个国家的全球市场份额大于 1 之外，其他国家的份额占比非常小。果蔬类产品门槛低，只需要在合适的气候条件下，将种子种植即可得到相应的农产品，甚至直接可以通过无土栽培及其他科技手段弥补自然条件的先天性不足。在 RCEP 成员中，除了中国、澳大利亚、印度尼西亚、马来西亚、泰国、越南的出口份额大于 1 之外，其余国家的出口市场份额都小于 1。食品加工类商品在加工过程中对于技术有一定要求，但是不同商品对于技术的要求并不一致，不同国家都具备一定的产品出口实力。在 RCEP 成员中，除了老挝、缅甸、柬埔寨、文莱等国家在技术方面存在明显短板之外，其余成员均有一定市场份额。

3.2 RCEP 各成员进口农产品市场情况分析

3.2.1 RCEP 各成员农产品的全球进口份额

根据 RCEP 各成员农产品进口贸易额以及世界农产品进口贸易总额，可得 RCEP 各成员农产品进口的全球占比，如表 3-4 与图 3-3 所示。

表 3-4 RCEP 各成员农产品进口全球市场份额　　　　单位:%

国家	2018 年	2019 年	2020 年	2021 年
中国	7.60	8.99	10.18	11.23
日本	4.65	4.70	3.99	4.08
新西兰	0.33	0.32	0.32	0.31
澳大利亚	1.01	1.05	1.03	0.94
韩国	0.83	2.04	2.06	2.04
印度尼西亚	1.26	1.19	1.15	1.24
马来西亚	1.02	1.01	1.05	1.11
菲律宾	0.85	0.93	0.85	0.91
柬埔寨	0.08	0.09	0.10	0.09
老挝	0.05	0.06	0.06	0.05
泰国	0.96	0.93	1.01	0.98
文莱	0.03	0.03	0.04	0.03
新加坡	0.85	0.85	0.84	0.85
缅甸	0.16	0.14	0.15	0.14
越南	1.24	1.27	1.31	1.52

资料来源：根据 UN Comtrade 数据库贸易数据测算。

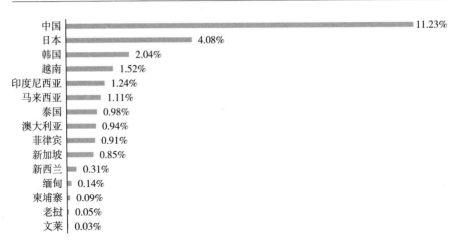

中国   11.23%
日本   4.08%
韩国   2.04%
越南   1.52%
印度尼西亚   1.24%
马来西亚   1.11%
泰国   0.98%
澳大利亚   0.94%
菲律宾   0.91%
新加坡   0.85%
新西兰   0.31%
缅甸   0.14%
柬埔寨   0.09%
老挝   0.05%
文莱   0.03%

图 3-3 2021 年 RCEP 各成员农产品进口全球市场份额

RCEP 成员农产品进口呈现如下三个特点：

一是，中国在 RCEP 成员中是第一大农产品进口国。我国虽然国土面积广阔，但是适宜耕种的平原土地面积狭小。我国有 14 亿人口，占到全球人口总数的 1/5 左右，而耕地面积仅占全球的 9%。因此，我国每年需要大量进口农产品用来满足国内需求。国家海关总署的统计数据显示，我国目前进口的粮食主要有玉米、大米、小麦、大豆等，其中大豆进口远高于其他粮食品种。另外，随着我国居民消费水平的不断提高，加上庞大的人口基数，中国对于肉类、热带水果、进口加工食品也有强劲的需求。

二是，马来西亚、泰国、印度尼西亚、越南等国不仅是重要的农产品出口国，同时也是重要的农产品进口国。在 RCEP 成员中，这些国家国土面积较大，具备农产品生产的自然条件，拥有丰富的农产品资源和农业潜力，同时这些国家有庞大的人口，尽管拥有丰富的农产品资源，但对于某些农产品，如高品质的咖啡、水果、海鲜等，这些国家市场需求超过了其国内生产能力，通过进口确保稳定的农产品供应，满足消费者多样化的需求。2021 年，越南、印度尼西亚、马来西亚、泰国等 4 个国家在全球农产品进口份额中仅次于中国、日本和韩国，份额分别为 1.52%、1.24%、

1.11%、0.98%。

三是，RCEP 各成员农产品进口比重变化幅度不大，波动主要是中国、日本和韩国三个国家。RCEP 成员的农产品进口情况涉及众多因素，如贸易政策、关税调整、市场需求、农业产能等。RCEP 大部分成员供需关系变化不明显，农产品进口的变化幅度不大。中国、日本和韩国作为 RCEP 成员中的经济大国，农产品进口波动性更高，具体如图 3-4 所示。

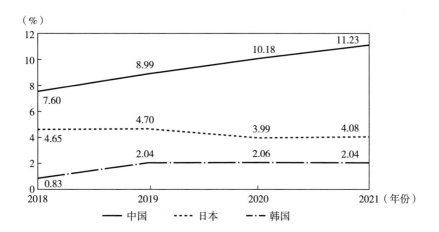

图 3-4 2018 年至 2021 年中日韩三国农产品进口份额变化趋势

从整体趋势上来看，2018—2021 年，中国进口份额增长迅速，从 7.6% 增长至 11.23%。韩国的农产品进口份额从 2018 年的 0.83% 增长至 2021 年的 2.04%。日本在全球农产品市场进口份额呈现出逐步下滑趋势，从 4.65% 下滑至 4.08%。

3.2.2 RCEP 各成员细分类别的全球进口份额

RCEP 成员在动物类、果蔬类、食品加工类三种农产品方面的进口份额，如表 3-5 所示。

表 3-5　2021 年 RCEP 各成员细分类别产品进口市场份额　单位:%

国家	动物类	果蔬类	食品加工类
中国	13.81	15.47	4.81
日本	5.95	3.97	4.52
新西兰	0.16	0.17	0.57
澳大利亚	0.68	0.47	1.62
韩国	3.09	1.77	1.84
印度尼西亚	0.82	1.22	1.51
马来西亚	0.81	1.26	1.12
菲律宾	0.91	0.86	0.18
柬埔寨	0.03	0.03	0.21
老挝	0.07	0.02	0.08
泰国	1.10	1.03	0.91
文莱	0.04	0.03	0.04
新加坡	0.80	0.62	1.14
缅甸	0.02	0.16	0.19
越南	1.20	1.88	1.30

资料来源：根据 UN Comtrade 数据库贸易数据测算。

由表 3-5 可知，RCEP 各成员国细分类别的进口份额呈现两种情况：一是，在 RECP15 个成员中，中国在动物类、果蔬类、食品加工类三类农产品方面的进口都名列第一。自从中国加入世贸组织以来，农产品关税由 2001 年的 23.2% 降至 2019 年的 15.2%。从进口来看，中国是全球第一大农产品进口国，2021 年农产品进口额占世界的 10.2%。中国在 RCEP 成员中是动物类、果蔬类、食品加工类农产品进口最多的国家，并且在数量上远超其他国家。2021 年，中国动物类、果蔬类、食品加工类农产品的进口全球市场份额分别为 13.81%、15.47% 和 4.81%。

二是，动物类商品进口主要集中在中国、日本和韩国。动物类商品的消费与一国的经济发展水平息息相关。日本和韩国作为东亚两个发达国家，人民生活水平很高，中国的经济也在不断发展，2019 年人均 GDP 首次突破 1 万美元，经济步入中等发达国家水平。因此，中日韩三国对于肉类尤其是高品质动物类食品有强劲需求，以 2021 年为例，中国、日本和韩国分别以 13.81%、5.95% 和 3.09% 位列前三。

3.3 RCEP 各成员农产品竞争力

3.3.1 RCEP 各成员农产品竞争力

在国际贸易中，一般通过 RCA 指数（显性比较优势指数）判定一国产品的出口竞争力。此指数由美国经济学家巴拉萨（Balassa）于 1965 年提出。RCA 指数的测算使用一个国家某种商品出口额占其出口总值的份额与世界出口总额中该类商品出口额所占份额的比率，用公式表示为：

$$RCA_{ij} = (X_{ij}/X_{tj}) \div (X_{iW}/X_{tW})$$

其中，X_{ij} 表示国家（地区）j 出口产品 i 的出口额，X_{tj} 表示国家（地区）j 的总出口额；X_{iW} 表示世界出口产品 i 的出口额，X_{tW} 表示世界总出口额。

对农产品竞争力的公式进行简单变换，可得：

$$RCA_{ij} = (X_{ij}/X_{tj}) \div (X_{iW}/X_{tW}) = (X_{ij}/X_{iW}) \times (X_{tW}/X_{tj})$$

因为 X_{tW} 表示世界总出口额，X_{tj} 表示表示国家（地区）j 的总出口值，因此 X_{tW}/X_{tj} 一定大于 1 且不与产品类别相关，反映一国的整体出口能力在具体产品类别上，RCA_{ij} 的大小最终取决于 X_{ij}/X_{iW}，即国家（地区）j 出口产品 i 的出口额占世界出口产品 i 的出口额的比重，换言之，取决于某一国或地区出口某一产品在全球市场范围内的份额，份额越高，则 RCA_{ij} 值越大。

X_{tj} 表示国家（地区）j 的总出口额，对于以中国、日本、韩国、新加坡为代表的出口外向型经济体而言，其出口规模很大，而且其中工业品占比较高，即意味着虽然 X_{tW}/X_{tj} 一定大于1，但是 X_{tW}/X_{tj} 要小于其他国家（地区），即可以表示为"1<出口外向型经济体的 X_{tW}/X_{tj} <其他国家（地区） X_{tW}/X_{tj}"。

综上所述，若一国或地区为农业为主，其农业出口占比相比其他国家（地区）具有优势，即 X_{ij}/X_{iW} 较大，这些国家（地区）大多以发展中国家为主，其出口总额在全球范围内占比较小，X_{tW}/X_{tj} 更大。这样对于农业发展占优势，但其他产业出口较小的国家而言，RCA_{ij} 的数值更大。2018-2021 年 RCEP 各成员的 RCA 指数，如表3-6所示。

表3-6 农产品显性比较优势 RCA

国家	2018 年	2019 年	2020 年	2021 年	平均值	评价等级
中国	0.37	0.36	0.31	0.27	0.33	较弱
日本	0.12	0.12	0.13	0.14	0.13	较弱
新西兰	7.38	7.55	7.11	7.36	7.35	极强
澳大利亚	1.46	1.32	1.24	1.27	1.32	较强
韩国	0.16	0.18	0.19	0.17	0.18	较弱
印度尼西亚	2.31	2.25	2.39	2.44	2.35	较强
马来西亚	1	1.01	1	1.1	1.03	中等
菲律宾	1.07	1.1	1.02	1.02	1.05	中等
柬埔寨	0.66	0.57	0.49	0.59	0.58	较弱
老挝	2.1	2.7	3.06	2.37	2.56	极强
泰国	1.7	1.78	1.61	1.6	1.67	较强
文莱	0.02	0.02	0.02	0.04	0.03	较弱
新加坡	0.39	0.41	0.37	0.35	0.38	较弱
缅甸	3.35	2.82	3.06	3.62	3.21	极强
越南	1.33	1.15	0.98	0.95	1.10	中等

注：RCA 指数可以显示出一个国家某类商品在世界市场的竞争优势，一般认为，当 RCA_{ij} 大于2.5时，说明 j 国（地区）i 商品具有极强的国际竞争力；当 RCA_{ij} 大于1.25小于2.5时，说明 j 国（地区）i 商品出口存在较强的国际竞争力；当 RCA_{ij} 大于0.8小于1.25时，说明 j 国（地区）i 商品具有中等的国际竞争力；当 RCA_{ij} 小于0.8时，说明 j 国（地区）i 商品具有较弱的国际竞争力。

资料来源：根据 UN Comtrade 数据库贸易数据测算。

对 15 个 RCEP 成员国 2018—2021 年的农产品 RCA 取平均值,按照数值大小将这些国家分为较弱、中等、较强、极强四个等级。其中,较弱等级国家有 6 个,分别为文莱、日本、韩国、中国、新加坡、柬埔寨。中国虽然在动物类、果蔬类、食品加工类商品的出口方面市场占有率较高,但是整体显性比较优势较弱。中等、较强、极强各有 3 个国家,其中,评价等级极强的 3 个国家分别为老挝、缅甸、新西兰,具体如表 3-7 所示。

表 3-7 15 个 RCEP 成员农产品显性比较优势 RCA 分布

评价等级	数量	国家名称
较弱	6	文莱、日本、韩国、中国、新加坡、柬埔寨
中等	3	马来西亚、菲律宾、越南
较强	3	澳大利亚、泰国、印度尼西亚
极强	3	老挝、缅甸、新西兰

资料来源:根据 UN Comtrade 数据库贸易数据测算。

2018—2021 年农产品 RCA 变化趋势显示,绝大多数国家的变化并不明显。较弱等级的 6 个国家的显性比较优势指数 RCA 变化,如图 3-5 所示。

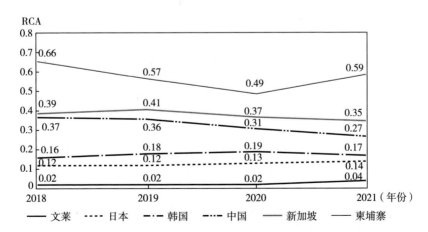

图 3-5 较弱等级 6 个国家的显性比较优势指数 RCA 变化

柬埔寨的显性比较优势指数 RCA 变化较为明显，2018—2020 年出现明显下滑，2020—2021 年又出现明显上升，其余国家变化较少。文莱农业禀赋较差，其农产品显性比较优势指数比较低；日本、韩国、中国、新加坡都属于出口外向型国家，由于出口种类齐全且出口额大，导致在测算 RCA 时，农产品的优势很小。以中国和柬埔寨的比较为例，中国的动物类、果蔬类和食品加工类产品在全球范围内的出口额占比均名列前茅，但是中国作为全球制造业工厂，出口的工业产品金额远大于农产品，所以即使是在农产品占全球贸易额很大的背景下，因为农产品占中国出口的比重较小，最终导致中国的农产品显性比较优势指数小于 0.8。柬埔寨的动物类、果蔬类、食品加工类三大类农产品出口份额分别为 0、0.10% 和 0.03%，远低于中国、日本、韩国、新加坡，但是其农产品显性比较优势指数却大于中国、日本、韩国、新加坡，这也从侧面进一步表明一国出口总值对于一国显性比较优势指数数值有较大影响。

　　2018—2021 年中等等级的 3 个国家的比较优势指数 RCA 变化，如图 3-6 所示。

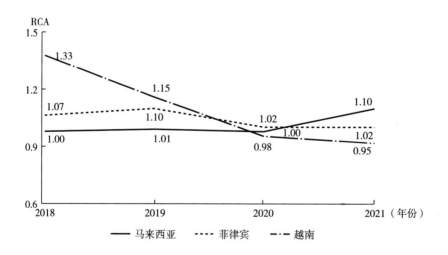

图 3-6　中等等级的 3 个国家的比较优势指数 RCA 变化

马来西亚和菲律宾作为发展中国家，农产品竞争力在各个年份略有浮动，变化不明显，但是越南的农产品竞争力在逐步下滑。根据越南国家统计局的统计数据，越南的出口额从 2018 年的 2436.96 亿美元增长至 2021 年的 3713.04 亿美元，增幅为 52.36%，但是其农产品出口无论是动物类、果蔬类还是食品加工类从 2018 年至 2021 年都没有明显的增幅，导致从 2018 年至 2021 年越南农产品占全国出口额变小，在整体上影响了越南农产品显性比较优势指数数值。

2018—2022 年较强等级的 3 个国家的比较优势指数 RCA 变化，如图 3-7 所示。

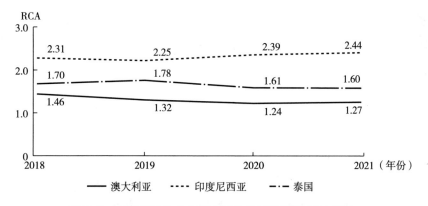

图 3-7 较强等级的 3 个国家的比较优势指数 RCA 变化

农产品显性比较优势 RCA 处于较强等级的 3 个国家分别是澳大利亚、印度尼西亚和泰国。由前述 RCEP 各成员农产品细分类别出口全球占有率分析可知，2021 年印度尼西亚在蔬菜类产品出口份额上，远高于其他 14 个国家，澳大利亚的动物类产品出口份额在 15 个国家中仅次于新西兰，泰国的食品加工类产品出口仅次于中国，且这三个国家的出口总值较小，所以能够在显性比较优势 RCA 上拥有比较高的数值。

2018—2022 年极强等级的 3 个国家的比较优势指数 RCA 变化，如图 3-8 所示。

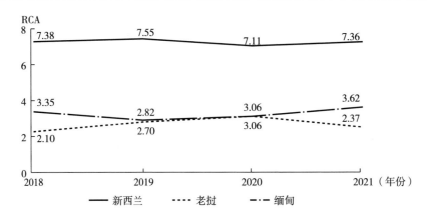

图 3-8 极强等级的 3 个国家的比较优势指数 RCA 变化

在新西兰、老挝、缅甸 3 个国家中，新西兰是发达国家，老挝、缅甸都是发展中国家，根据 2021 年 RCEP 各成员农产品细分类别出口全球占有率，新西兰的动物类产品市场占有率在 RCEP 成员国中名列第一，但是果蔬类和食品加工类产品的出口份额分别为 0.47% 和 0.74%；老挝的动物类、果蔬类、食品加工类三大类农产品出口份额分别为 0.06%、0.11% 和 0.06%；缅甸的动物类、果蔬类、食品加工类三大类农产品出口份额分别为 0.18%、0.51% 和 0.03%。3 个国家的工业都不发达，因此出口额总体不高，所以 3 个国家的农产品显性比较优势 RCA 在超高数值上更多受农产品占比影响。

3.3.2 RCEP 各成员农产品细分类别竞争力

通过显性比较优势指数 RCA 的公式，本书测算了 RCEP 各成员在动物类、果蔬类及食品加工类商品方面的竞争力，如表 3-8 所示。

表 3-8 RCEP 各成员细分类别产品显性比较优势 RCA

类别 国家	动物类	果蔬类	食品加工类
中国	0.22	0.25	0.33

续表

类别 国家	动物类	果蔬类	食品加工类
日本	0.17	0.04	0.24
新西兰	23.18	2.22	3.45
澳大利亚	2.30	1.42	0.46
韩国	0.14	0.05	0.33
印度尼西亚	0.95	4.34	1.23
马来西亚	0.28	1.89	0.70
菲律宾	0.28	1.35	1.09
柬埔寨	0.01	1.15	0.31
老挝	1.82	3.32	1.65
泰国	7.16	1.54	2.24
文莱	0.13	0.01	0.02
新加坡	0.08	0.05	0.86
缅甸	2.52	7.02	0.47
越南	4.27	1.16	0.69

资料来源：根据 UN Comtrade 数据库贸易数据测算。

由表 3-8 可知，RCEP 各成员农产品的细分类别竞争力呈现三种情况：一是，新西兰、泰国、老挝在农产品各细分类别上都具有比较优势。新西兰的农产品 RCA 指数在 15 个成员中名列第一，具体到动物类、果蔬类和食品加工类三大细分领域都具有竞争力优势。新西兰是全球知名的动物类出口国，动物类产品的 RCA 达到 23.18，远高于极强的分界点（2.5）。新西兰的果蔬类和食品加工类两个产品的竞争力虽然没有动物类指数高，但是食品加工类产品的 RCA 指数依然高于 2.5，果蔬类产品的指标为 2.22，与极强的分界点（2.5）非常接近。泰国的动物类产品的 RCA 指数为 7.16，处于极强水平。泰国养殖业发达，主要养殖家禽和畜牧动物，如鸡、鸭、猪、牛等。泰国的家禽和肉类产品因其高品质和价格优势而在国际市场上具有竞争力。泰国食品加工类和果蔬类两类产品的显性比较优势指数值分别为 2.24 和 1.54，均处于较强水平。老挝的果蔬类产品比较优势指数值为 3.32，处于极强水平。老挝拥有多样化的地理和气候条件，从山地到平原，适宜种植各种水果和蔬菜。老挝动物类和食品加工类产品的 RCA 指数为 1.82 和 1.65，处于较强水平。

二是，中国、日本、韩国、文莱、新加坡在农产品各细分类别都不具有比较优势。这五个国家的动物类、果蔬类和食品加工类三大类产品的 RCA 指数均小于 0.8，即均处于较弱级别，表明这五个国家的农产品在全球范围内竞争优势较弱。

三是，大部分 RCEP 成员在某一细分类别具有比较优势。多数国家在动物类、果蔬类和食品加工类三大类产品中至少有一类商品在全球范围内拥有较强等级以上的优势，部分国家的部分商品甚至属于极强水平。新西兰在动物类产品方面具有比较优势。新西兰以其优质的牛肉、羊肉和奶制品而闻名，这些产品在国际市场上有很高的声誉和竞争力。澳大利亚在动物类产品方面具有比较优势，是世界上最大的羊肉出口国之一，同时也出口大量的牛肉、鸡肉和其他动物类产品。在东盟国家中，多数国家在果蔬类产品中具有明显的比较优势。

3.4 RCEP 各成员农产品互补性

3.4.1 互补性的多种测算方法

贸易互补性指数是衡量两个国家（地区）间贸易产品结构互补程度

的指数，主要有两种衡量方法：一种是从显性比较优势角度衡量，例如，武敬云（2012）、张晓涛和王淳（2017）使用 Peter Drysdale（1967）提出的贸易互补性指数来分析金砖国家的贸易紧密程度，王亮和吴浜源（2016）以此分析"丝绸之路经济带"沿线国家的贸易互补性。计算公式为[①]：

$$RCA_{xi}^k = (X_i^k / X_i) / (W^k / W)$$

$$RCA_{mh}^k = (M_h^k / M_h) / (W^k / W)$$

$$TCI_{ih}^k = RCA_{xi}^k \times RCA_{mh}^k$$

$$TCI_{ih} = \sum TCI_{ih}^k \times (X_i^k / X_i) = \sum \left[(RCA_{xi}^k \times RCA_{mh}^k) \times (X_i^k / X_i) \right]$$

另一种是用国家（地区）间出口和进口结构的匹配程度衡量，例如于津平（2003）用此方法分析中国与东亚主要国家的贸易互补性，公丕萍等（2015）以此分析中国与俄罗斯及中亚地区的贸易互补性。计算公式为：

$$TCI_{ih} = 1 - \frac{\sum_n \left\{ \left| (M_h^k / M_h) - (X_i^k / X_i) \right| \right\}}{2}$$

贸易强度可以从出口的角度衡量，也可以同时从出口和进口两个角度衡量，但实际上，出口强度与进口强度是一个问题的两个方面，如果 A 国（地区）对 B 国（地区）的出口强度较大，则意味着 B 国（地区）对 A 国（地区）的进口强度较大。

本书从显性比较优势角度衡量出口国（地区）i 和进口国（地区）h 的贸易互补性指数，如表 3-9 所示。

[①] 其中，RCA_{xi}^k 代表 i 国（地区）在 k 产品上具有的显性比较优势，RCA_{mh}^k 代表 h 国（地区）在 k 产品上具有的显性比较劣势，可以得到对于产品 k，i 国（地区）出口和 h 国（地区）进口之间的贸易互补性指数 TCI_{ih}^k，进而可以得到 i 国（地区）出口和 h 国（地区）进口之间的贸易互补性指数 TCI_{ih}。

表 3-9　贸易空间指标分析比较

类别	指标	方法	公式	本书
贸易空间	强度	方法一：出口强度	$TII_{ih}=(X_{ih}/X_i)/(M_h/W)$	√
		方法二：出口和进口强度	贸易出口强度 TII_{ihx} 和贸易进口强度 TII_{ihm}	
	互补性	方法一：显性比较优势衡量	$TCI_{ih}^k=RCA_{xi}^k\times RCA_{mh}^k$	√
		方法二：进出口结构衡量	$TCI_{ih}=1-\dfrac{\sum_n\{\mid(M_h^k/M_h)-(X_i^k/X_i)\mid\}}{2}$	

资料来源：根据前文整理。

注：如果 $TCI_{ih}^k>1$，表明两国（地区）对于 k 产品存在较强的互补性，且值越大贸易互补性越强；如果 $TCI_{ih}^k<1$，表明两国（地区）对于 k 产品存在较弱的互补性，且值越小贸易互补性越弱。

3.4.2　RCEP 各成员与其他成员的农产品互补性

3.4.2.1　中国与他国的农产品互补性

根据 RCEP 各成员农产品相关数据，本书测算了中国与 RCEP 其他成员的农产品互补性，如表 3-10 所示。

表 3-10　中国和 RCEP 其他成员的农产品贸易互补性数据

国家	2018 年	2019 年	2020 年	2021 年	2018 年至 2021 年的平均增速（%）
日本	0.44	0.21	0.39	0.3	-11.99
新西兰	0.53	0.36	0.53	0.37	-11.29
澳大利亚	0.31	0.25	0.31	0.21	-12.17
韩国	0.27	0.28	0.27	0.2	-9.52
印度尼西亚	0.48	0.47	0.51	0.36	-9.14
马来西亚	0.33	0.33	0.35	0.27	-6.47
菲律宾	0.53	0.54	0.56	0.42	-7.46
柬埔寨	0.34	0.31	0.33	0.17	-20.63
老挝	0.57	0.68	0.75	0.51	-3.64

国家	2018 年	2019 年	2020 年	2021 年	2018 年至 2021 年的平均增速（%）
泰国	0.28	0.29	0.31	0.21	-9.14
文莱	0.56	0.43	0.42	0.23	-25.67
新加坡	0.16	0.16	0.16	0.12	-9.14
缅甸	0.05	0.05	0.05	0.03	-15.66
越南	0.37	0.33	0.31	0.26	-11.10

资料来源：根据 UN Comtrade 数据库贸易数据测算。

中国和其余 14 个 RCEP 成员之间在农产品的贸易互补性指数上均小于 1，按照贸易互补性指数的标准，中国和这 14 个成员之间的互补性较弱。

在 15 个 RCEP 成员中，中国是最大的农产品出口国。2018—2021 年中国与这些国家之间的农产品贸易互补性数据平均增速为负值，表明 2018—2021 年中国与 14 个 RCEP 成员之间的贸易互补性均在不断下滑。结合其他各成员农产品竞争力分析可知，中国的农产品出口竞争优势偏弱，同时中国农产品出口目的地和进口来源并不存在大面积重合。

3.4.2.2 日本与他国的农产品互补性

根据 RCEP 各成员农产品相关数据，本书测算了日本与 RCEP 其他成员的农产品互补性，如表 3-11 所示。

表 3-11 日本和 RCEP 其他成员的农产品贸易互补性数据

国家	2018 年	2019 年	2020 年	2021 年	2022 年	2018 年至 2021 年贸易互补性的变化幅度（%）
中国	0.08	0.1	0.11	0.13	0.14	17.57
新西兰	0.17	0.12	0.19	0.19	0.2	3.78
澳大利亚	0.1	0.08	0.11	0.11	0.11	3.23
韩国	0.09	0.09	0.1	0.1	—	3.57

续表

国家	2018 年	2019 年	2020 年	2021 年	2022 年	2018 年至 2021 年贸易互补性的变化幅度（％）
印度尼西亚	0.15	0.16	0.19	0.19	—	8.20
马来西亚	0.11	0.11	0.13	0.14	—	8.37
菲律宾	0.17	0.18	0.2	0.22	0.25	8.97
柬埔寨	0.11	0.1	0.12	0.09	—	−6.47
老挝	0.18	0.23	0.28	0.26	—	13.04
泰国	0.09	0.1	0.11	0.11	—	6.92
文莱	0.18	0.15	0.16	0.12	0.12	−12.64
新加坡	0.05	0.05	0.06	0.06	—	6.27
缅甸	0.02	0.02	0.02	0.02	—	0.00
越南	0.12	0.11	0.11	0.14	—	5.27

资料来源：根据 UN Comtrade 数据库贸易数据测算。

日本和其余 14 个 RCEP 成员之间的贸易互补性指数均小于 1，表明日本和 RCEP 其他成员之间的互补性较弱。日本本身国土面积狭小，农业禀赋不佳，但是日本的农业讲究精耕细作，利用发达的科技对农业进行赋能，注重农产品质量。日本农产品的产量较少，出口量也很少，2021 年日本动物类、果蔬类和食品加工类三大类产品在全球范围内的占比仅为 0.61%、0.14% 和 0.89%，与其他国家（地区）相比缺乏优势。

从趋势上来看，日本的农产品虽然出口量少，但是非常受欢迎，2018—2021 年除了柬埔寨和文莱之外，与其余 12 个国家之间的贸易互补性平均增速均为正数值。

3.4.2.3　新西兰与他国的农产品互补性

根据 RCEP 各成员农产品相关数据，本书测算了新西兰与 RCEP 其他成员的农产品互补性，如表 3-12 所示。

表 3-12　新西兰和 RCEP 其他成员的农产品贸易互补性数据

国家	2018 年	2019 年	2020 年	2021 年	2018 年至 2021 年贸易互补性的变化幅度（%）
中国	5.03	6.06	6.02	6.47	8.75
日本	8.77	5.24	7.70	8.18	-2.29
澳大利亚	6.08	5.13	6.02	5.54	-3.05
韩国	5.38	5.73	5.34	5.26	-0.75
印度尼西亚	9.41	9.77	9.93	9.78	1.29
马来西亚	6.59	6.90	6.77	7.20	2.99
菲律宾	10.42	11.16	10.95	11.33	2.83
柬埔寨	6.70	6.36	6.40	4.67	-11.34
老挝	11.22	14.21	14.78	13.62	6.67
泰国	5.45	5.98	5.98	5.66	1.27
文莱	10.99	9.00	8.31	6.06	-18.00
新加坡	3.22	3.31	3.14	3.22	0.00
缅甸	1.06	0.98	0.97	0.90	-5.31
越南	7.30	6.93	6.08	7.02	-1.30

资料来源：根据 UN Comtrade 数据库贸易数据测算。

新西兰畜牧业发达，全国一半的出口总值在农牧产品上，羊肉、奶制品和粗羊毛的出口值皆为世界第一。从表 3-12 中的数据可知，除了和缅甸在个别年份的数据小于 1 之外，新西兰和其他成员之间的贸易互补性数据均大于 1，并且数值很高，这表明新西兰和 RCEP 其他成员之间存在较强的贸易互补性。

从趋势上来看，新西兰与中国、印度尼西亚、马来西亚、菲律宾、老挝、泰国等 6 个国家的贸易互补性呈现正向增长趋势，其中与中国的年均增幅最大，表明 2018—2021 年中国对新西兰的农产品有强劲需求。新西兰与文莱的互补性下滑最大。

3.4.2.4　澳大利亚与他国的农产品互补性

根据 RCEP 各成员农产品相关数据，本书测算了澳大利亚与 RCEP 其他成员的农产品互补性，如表 3-13 所示。

表 3-13　澳大利亚和 RCEP 其他成员的农产品贸易互补性数据

国家	2018 年	2019 年	2020 年	2021 年	2018 年至 2021 年贸易互补性的变化幅度（%）
中国	0.99	1.06	1.05	1.11	3.89
日本	1.73	0.92	1.34	1.41	−6.59
新西兰	2.08	1.30	1.81	1.70	−6.50
韩国	1.06	1.00	0.93	0.90	−5.31
印度尼西亚	1.86	1.71	1.73	1.68	−3.34
马来西亚	1.30	1.21	1.18	1.24	−1.56
菲律宾	2.05	1.95	1.91	1.95	−1.65
柬埔寨	1.32	1.11	1.12	0.80	−15.37
老挝	2.21	2.48	2.58	2.34	1.92
泰国	1.08	1.05	1.04	0.97	−3.52
文莱	2.17	1.57	1.45	1.04	−21.74
新加坡	0.64	0.58	0.55	0.55	−4.93
缅甸	0.21	0.17	0.17	0.15	−10.61
越南	1.44	1.21	1.06	1.21	−5.64

资料来源：根据 UN Comtrade 数据库贸易数据测算。

澳大利亚地处大洋洲，地广人稀，农业和畜牧业都很发达，其动物类产品和果蔬类产品在全球市场占有重要位置。2021 年，澳大利亚的动物类产品在全球市场的出口占有率为 3.79%，仅次于新西兰的 4.94%，位居全球第二；动物类产品在全球市场的出口占有率为 2.34%，仅次于印度尼西亚、中国和马来西亚，居全球第四位。

澳大利亚的农产品在全球市场上拥有较大出口优势，RCEP 其他成员对于澳大利亚的农产品有较大需求。2018—2021 年，除了新加坡和缅甸，澳大利亚与其他 12 个国家的贸易互补性除了个别年份之外，数据均接近于 1 或大于 1，澳大利亚与大部分 RCEP 成员之间拥有较强的贸易互补性。

具体到贸易互补性增长率数据上，2018—2021 年，随着中国国民整体消费水平的不断提升，对进口农产品的消费需求也在不断增加，因此澳大利亚与中国之间的贸易互补性指数呈现正向增长趋势，增速为 3.89%；同期，澳大利亚与老挝的贸易互补性指数也处于增长之中，幅度为 1.92%。除了中国和老挝之外，澳大利亚与其余 12 个国家之间的农产品贸易互补性均呈现下滑趋势，其中与文莱的下滑趋势最为明显，达到 21.74%。

3.4.2.5　韩国与他国的农产品互补性

根据 RCEP 各成员农产品相关数据，本书测算了韩国与 RCEP 其他成员的农产品互补性，如表 3-14 所示。

表 3-14　韩国和 RCEP 其他成员的农产品贸易互补性数据

国家	2018 年	2019 年	2020 年	2021 年	2018 年至 2021 年贸易互补性的变化幅度（%）
中国	0.11	0.15	0.16	0.15	10.89
日本	0.19	0.13	0.2	0.19	0.00
新西兰	0.23	0.18	0.27	0.23	0.00
澳大利亚	0.13	0.12	0.16	0.13	0.00
印度尼西亚	0.21	0.24	0.26	0.23	3.08
马来西亚	0.14	0.17	0.18	0.17	6.69
菲律宾	0.23	0.27	0.29	0.27	5.49
柬埔寨	0.15	0.15	0.17	0.11	-9.82
老挝	0.25	0.35	0.39	0.32	8.58
泰国	0.12	0.15	0.16	0.13	2.70
文莱	0.24	0.22	0.22	0.14	-16.45
新加坡	0.07	0.08	0.08	0.08	4.55
缅甸	0.02	0.02	0.03	0.02	0.00
越南	0.16	0.17	0.16	0.17	2.04

资料来源：根据 UN Comtrade 数据库贸易数据测算。

受制于农业资源禀赋，韩国在动物类产品和果蔬类产品的出口上并不占优势，但是其凭借先进技术，在食品加工类产品的出口上优势明显。2021 年，韩国的食品加工类产品在 15 个 RECP 成员的全球市场占有率排名仅次于中国、泰国、新加坡、印度尼西亚和越南，位居第六。

在农产品方面，虽然韩国依靠科技实力的加持使其食品加工类产品出口在全球市场占据一定位置，但是科技依然无法弥补其在量上的不足，韩国与其余 14 个国家的农产品贸易互补性指数均小于 1。在 2018 年至 2021 年的增速上，除了柬埔寨和文莱之外，韩国对其余 12 个国家的出口均呈现正向增长趋势，其中中国的增速最大。

3.4.2.6 印度尼西亚与他国的农产品互补性

根据 RCEP 各成员农产品相关数据，本书测算了印度尼西亚与 RCEP 其他成员的农产品互补性，如表 3-15 所示。

表 3-15　印度尼西亚和 RCEP 其他成员的农产品贸易互补性数据

国家	2018 年	2019 年	2020 年	2021 年	2018 年至 2021 年贸易互补性的变化幅度（%）
中国	1.58	1.81	2.03	2.15	10.81
日本	2.75	1.56	2.59	2.72	-0.36
新西兰	3.30	2.21	3.50	3.28	-0.20
澳大利亚	1.9	1.53	2.03	1.84	-1.06
韩国	1.69	1.71	1.80	1.75	1.17
马来西亚	2.06	2.06	2.28	2.39	5.08
菲律宾	3.27	3.33	3.68	3.76	4.76
柬埔寨	2.1	1.9	2.15	1.55	-9.63
老挝	3.52	4.24	4.97	4.52	8.69
泰国	1.71	1.78	2.01	1.88	3.21
文莱	3.44	2.68	2.80	2.01	-16.40
新加坡	1.01	0.99	1.06	1.07	1.94
缅甸	0.33	0.29	0.33	0.30	-3.13
越南	2.29	2.07	2.05	2.33	0.58

资料来源：根据 UN Comtrade 数据库贸易数据测算。

印度尼西亚是亚洲重要的农产品生产和出口国。2021 年,印度尼西亚的动物类产品、果蔬类产品和食品加工类产品在全球市场的占有率分别为 1.06%、4.84% 和 1.37%,分别居 15 个 RCEP 成员中第五位、第一位和第四位。

印度尼西亚与 RCEP 其他成员之间的贸易互补性很强,除了缅甸之外,与其他国家互补性均大于 1。从 2018—2021 年的增速来看,印度尼西亚对日本、新西兰、澳大利亚、柬埔寨、文莱、缅甸的出口互补性呈现下降趋势,其中与文莱的贸易互补性下降最为明显。

3.4.2.7 马来西亚与他国的农产品互补性

根据 RCEP 各成员农产品相关数据,本书测算了马来西亚与 RCEP 其他成员的农产品互补性,如表 3-16 所示。

表 3-16 马来西亚和 RCEP 其他成员的农产品贸易互补性数据

国家	2018 年	2019 年	2020 年	2021 年	2018 年至 2021 年贸易互补性的变化幅度(%)
中国	0.68	0.81	0.85	0.96	12.18
日本	1.19	0.70	1.09	1.22	0.83
新西兰	1.43	0.99	1.47	1.47	0.92
澳大利亚	0.82	0.69	0.85	0.82	0.00
韩国	0.73	0.77	0.75	0.78	2.23
印度尼西亚	1.27	1.30	1.40	1.46	4.76
菲律宾	1.41	1.49	1.55	1.69	6.22
柬埔寨	0.91	0.85	0.9	0.7	−8.37
老挝	1.52	1.90	2.09	2.03	10.12
泰国	0.74	0.8	0.84	0.84	4.32
文莱	1.49	1.20	1.17	0.9	−15.47
新加坡	0.44	0.44	0.44	0.48	2.94
缅甸	0.14	0.13	0.14	0.13	−2.44
越南	0.99	0.92	0.86	1.05	1.98

资料来源:根据 UN Comtrade 数据库贸易数据测算。

马来西亚是亚洲重要的农产品生产和出口国。2021 年，马来西亚的动物类、果蔬类和食品加工类产品在全球市场的占有率分别为 0.40%、2.72% 和 1.02%，分别居 15 个 RCEP 成员中第九位、第三位和第七位。

马来西亚与日本、新西兰、印度尼西亚、菲律宾、老挝、文莱等 6 个国家农产品贸易互补性大于 1，存在贸易互补性与其余 8 个国家贸易互补性小于 1，贸易互补性较弱。就贸易互补性增幅而言，马来西亚只对柬埔寨、文莱和缅甸的贸易互补性呈现下降趋势，与文莱的贸易互补性下降最为明显，柬埔寨次之。

3.4.2.8　菲律宾与他国的农产品互补性

根据 RCEP 各成员农产品相关数据，本书测算了菲律宾与 RCEP 其他成员的农产品互补性，如表 3-17 所示。

表 3-17　菲律宾和 RCEP 其他成员的农产品贸易互补性数据

国家	2018 年	2019 年	2020 年	2021 年	2018 年至 2021 年贸易互补性的变化幅度（%）
中国	0.73	0.89	0.86	0.9	7.23
日本	1.28	0.77	1.10	1.13	-4.07
新西兰	1.53	1.09	1.49	1.37	-3.61
澳大利亚	0.88	0.75	0.86	0.77	-4.35
韩国	0.78	0.84	0.77	0.73	-2.18
印度尼西亚	1.37	1.43	1.42	1.35	-0.49
马来西亚	0.96	1.01	0.97	1.00	1.37
柬埔寨	0.97	0.93	0.92	0.65	-12.49
老挝	1.63	2.08	2.12	1.89	5.06
泰国	0.79	0.88	0.86	0.78	-0.42
文莱	1.60	1.32	1.19	0.84	-19.33
新加坡	0.47	0.48	0.45	0.45	-1.44
缅甸	0.15	0.14	0.14	0.12	-7.17
越南	1.06	1.01	0.87	0.97	-2.91

资料来源：根据 UN Comtrade 数据库贸易数据测算。

菲律宾与日本、新西兰、印度尼西亚、老挝、文莱等国家在绝大多数年份存在较强的贸易互补性，其中与老挝的贸易互补性在 2019 年和 2020 年大于 2，贸易互补性高于其他国家。2018—2021 年，菲律宾只与中国、马来西亚、老挝三个国家的贸易互补性指数呈现正向增长，其中中国增幅最大，达到 7.23%；在降幅上，同样是与文莱的贸易互补性下降最明显。

3.4.2.9 柬埔寨与他国的农产品互补性

根据 RCEP 各成员农产品相关数据，本书测算了柬埔寨与 RCEP 其他成员的农产品互补性，如表 3-18 所示。

表 3-18 柬埔寨和 RCEP 其他成员的农产品贸易互补性数据

国家	2018 年	2019 年	2020 年	2021 年	2018 年至 2021 年贸易互补性的变化幅度（%）
中国	0.45	0.46	0.41	0.52	4.94
日本	0.78	0.39	0.53	0.65	−5.90
新西兰	0.94	0.56	0.72	0.79	−5.63
澳大利亚	0.54	0.39	0.41	0.44	−6.60
韩国	0.48	0.43	0.37	0.42	−4.35
印度尼西亚	0.84	0.74	0.68	0.78	−2.44
马来西亚	0.59	0.52	0.47	0.57	−1.14
菲律宾	0.93	0.84	0.75	0.9	−1.09
老挝	1.00	1.07	1.02	1.09	2.91
泰国	0.49	0.45	0.41	0.45	−2.80
文莱	0.98	0.68	0.57	0.48	−21.17
新加坡	0.29	0.25	0.22	0.26	−3.57
缅甸	0.10	0.07	0.07	0.07	−11.21
越南	0.65	0.52	0.42	0.56	−4.85

资料来源：根据 UN Comtrade 数据库贸易数据测算。

柬埔寨的经济落后，农业并不发达，结合前述中国、澳大利亚、新西兰等农产品出口强国的农产品贸易互补性分析可知，柬埔寨需要从上述相关国家进口大量农产品。在具体数据上，柬埔寨只与老挝的农产品贸易互补性大于1，两国存在较强的贸易互补性，与其余国家的贸易互补性指数均小于1。

2018—2021 年的增速显示，除了中国和老挝之外，柬埔寨与其他国家的贸易互补性指数均呈现下降趋势，同样是与文莱的贸易互补性下降最为明显。

3.4.2.10　老挝与他国的农产品互补性

根据 RCEP 各成员农产品相关数据，本书测算了老挝与 RCEP 其他成员的农产品互补性，如表 3-19 所示。

表 3-19　老挝和 RCEP 其他成员的农产品贸易互补性数据

年份 国家	2018 年	2019 年	2020 年	2021 年	2018 年至 2021 年贸易互补性的 变化幅度（%）
中国	1.43	2.16	2.59	2.09	13.48
日本	2.50	1.87	3.31	2.64	1.83
新西兰	3.00	2.65	4.46	3.18	1.96
澳大利亚	1.73	1.83	2.59	1.78	0.95
韩国	1.53	2.05	2.3	1.7	3.57
印度尼西亚	2.68	3.49	4.26	3.15	5.53
马来西亚	1.88	2.47	2.91	2.32	7.26
菲律宾	2.97	3.99	4.7	3.65	7.11
柬埔寨	1.91	2.27	2.75	1.51	−7.53
泰国	1.55	2.14	2.57	1.83	5.69
文莱	3.13	3.22	3.57	1.95	−14.59
新加坡	0.92	1.18	1.35	1.04	4.17
缅甸	0.30	0.35	0.42	0.29	−1.12
越南	2.08	2.47	2.61	2.26	2.81

资料来源：根据 UN Comtrade 数据库贸易数据测算。

老挝是东盟成员中唯一的内陆国，经济发展水平较低。农业是老挝经济的重要支柱。老挝与除缅甸外的 13 个国家在绝大多数年份的贸易互补性指数大于 1，这表明老挝与这些国家之间存在较强的贸易互补性。

从 2018—2021 年的增速来看，老挝与中国、日本、新西兰等 11 个国家的增幅都大于 1%，这表明老挝与绝大多数 RCEP 成员在农产品的贸易互补性上都呈现正向增长趋势。

3.4.2.11 泰国与他国的农产品互补性

根据 RCEP 各成员农产品相关数据，本书测算了泰国与 RCEP 其他成员的农产品互补性，如表 3-20 所示。

表 3-20 泰国和 RCEP 其他成员的农产品贸易互补性数据

国家	2018 年	2019 年	2020 年	2021 年	2018 年至 2021 年贸易互补性的变化幅度（%）
中国	1.16	1.43	1.36	1.41	6.72
日本	2.01	1.23	1.74	1.78	−3.97
新西兰	2.42	1.75	2.35	2.15	−3.87
澳大利亚	1.40	1.21	1.36	1.2	−5.01
韩国	1.24	1.35	1.21	1.14	−2.76
印度尼西亚	2.16	2.30	2.24	2.13	−0.47
马来西亚	1.51	1.63	1.53	1.56	1.09
菲律宾	2.39	2.63	2.47	2.46	0.97
柬埔寨	1.54	1.50	1.44	1.02	−12.83
老挝	2.58	3.35	3.34	2.96	4.69
文莱	2.52	2.12	1.88	1.32	−19.39
新加坡	0.74	0.78	0.71	0.7	−1.84
缅甸	0.24	0.23	0.22	0.2	−5.90
越南	1.68	1.63	1.37	1.53	−3.07

资料来源：根据 UN Comtrade 数据库贸易数据测算。

农业是泰国的传统产业，在泰国经济中占有重要地位。泰国是世界上最大的稻米出口国，也是世界主要的橡胶、木薯、甘蔗、水产品的生产和出口大国。2021 年，泰国的动物类、果蔬类、食品加工类农产品出口在全球市场占有率分别为 0.86%、1.97% 和 2.88%，在 15 个 RCEP 成员中分别居第六位、第六位和第二位。

泰国与除缅甸外的 13 个国家的贸易互补性指数均大于 1，其中和日本、新西兰、印度尼西亚、菲律宾、老挝等国家在部分年份贸易互补性指数甚至大于 2，存在非常强的贸易互补性。

从 2018—2021 年的增速来看，泰国只有和中国、马来西亚、菲律宾、老挝等 4 个国家的贸易互补性指数增幅为正，其中中国增幅最大，达到 6.72%，与其余 10 个国家均为负向增长，其中与文莱的降幅最大为 19.39%。

3.4.2.12 文莱与他国的农产品互补性

根据 RCEP 各成员农产品相关数据，本书测算了文莱与 RCEP 其他成员的农产品互补性，如表 3-21 所示。

表 3-21　文莱和 RCEP 其他成员的农产品贸易互补性数据

国家	2018 年	2019 年	2020 年	2021 年	2018 年至 2021 年贸易互补性的变化幅度（%）
中国	0.02	0.01	0.01	0.04	25.99
日本	0.03	0.01	0.02	0.05	18.56
新西兰	0.04	0.02	0.03	0.06	14.47
澳大利亚	0.02	0.01	0.01	0.03	14.47
韩国	0.02	0.01	0.01	0.03	14.47
印度尼西亚	0.03	0.02	0.02	0.05	18.56
马来西亚	0.02	0.01	0.02	0.04	25.99
菲律宾	0.03	0.03	0.03	0.06	25.99
柬埔寨	0.02	0.02	0.02	0.03	14.47
老挝	0.04	0.03	0.04	0.08	25.99
泰国	0.02	0.01	0.01	0.03	14.47
新加坡	0.01	0.01	0.01	0.02	25.99

国家	2018 年	2019 年	2020 年	2021 年	2018 年至 2021 年贸易互补性的变化幅度（%）
缅甸	0.00	0.00	0.00	0.01	—
越南	0.02	0.02	0.01	0.04	25.99

资料来源：根据 UN Comtrade 数据库贸易数据测算。

随着 20 世纪 70 年代油气和公共服务业的发展，文莱传统的农业受到冲击。随着政府大力实施经济多元化战略，文莱农业对 GDP 的贡献有所增加，但蔬菜、水果、装饰植物、鲜花只能满足国内市场部分需求，而肉类、大米和新鲜牛奶的自给率还非常低。文莱是一个严重依赖农产品进口的国家，其农产品出口很少，与其他国家之间的农产品互补指数基本为 0。

3.4.2.13　新加坡与他国的农产品互补性

根据 RCEP 各成员农产品相关数据，本书测算了新加坡与 RCEP 其他成员的农产品互补性，如表 3-22 所示。

表 3-22　新加坡和 RCEP 其他成员的农产品贸易互补性数据

国家	2018 年	2019 年	2020 年	2021 年	2018 年至 2021 年贸易互补性的变化幅度（%）
中国	0.27	0.33	0.31	0.31	4.71
日本	0.46	0.29	0.4	0.39	−5.35
新西兰	0.56	0.41	0.54	0.47	−5.67
澳大利亚	0.32	0.28	0.31	0.27	−5.51
韩国	0.29	0.31	0.28	0.25	−4.83
印度尼西亚	0.50	0.54	0.51	0.47	−2.04
马来西亚	0.35	0.38	0.35	0.35	0.00
菲律宾	0.55	0.61	0.57	0.54	−0.61
柬埔寨	0.36	0.35	0.33	0.22	−15.14
老挝	0.60	0.78	0.77	0.65	2.70

国家	2018 年	2019 年	2020 年	2021 年	2018 年至 2021 年贸易互补性的变化幅度（%）
泰国	0.29	0.33	0.31	0.27	-2.35
文莱	0.58	0.49	0.43	0.29	-20.63
缅甸	0.06	0.05	0.05	0.04	-12.64
越南	0.39	0.38	0.31	0.34	-4.47

资料来源：根据 UN Comtrade 数据库贸易数据测算。

　　新加坡作为一个城市国家，缺乏农业发展的资源禀赋，但是新加坡依靠其发达的技术，大力发展农业科技园和"袖珍农场"，这些已经成为新加坡进口农产品的重要补充来源。虽然新加坡是重要的动物类产品和果蔬类产品进口国，但是其依靠发达的技术现已发展成为重要的食品加工类产品出口国。2021 年，新加坡食品加工类产品出口在全球市场的市场份额为 1.89%，在 15 个 RCEP 成员中仅次于中国和泰国，位居第三。因此，新加坡凭借其食品加工类产品的出口竞争优势，与其他 RCEP 成员之间在农产品方面建立起贸易互补性。

　　从 2018—2021 年的增速来看，新加坡与中国和老挝之间在农产品的贸易互补性上存在正向增长，与马来西亚之间增长不变，与其余 12 个国家之间呈现下降趋势。

3.4.2.14　缅甸与他国的农产品互补性

　　根据 RCEP 各成员农产品相关数据，本书测算了缅甸与 RCEP 其他成员的农产品互补性，如表 3-23 所示。

表 3-23　缅甸和 RCEP 其他成员的农产品贸易互补性数据

国家	2018 年	2019 年	2020 年	2021 年	2018 年至 2021 年贸易互补性的变化幅度（%）
中国	2.28	2.26	2.59	3.18	11.73
日本	3.98	1.96	3.31	4.02	0.33

国家	2018 年	2019 年	2020 年	2021 年	2018 年至 2021 年贸易互补性的 变化幅度（%）
新西兰	4.78	2.77	4.48	4.86	0.55
澳大利亚	2.76	1.92	2.59	2.72	−0.49
韩国	2.44	2.14	2.3	2.59	2.01
印度尼西亚	4.27	3.65	4.27	4.81	4.05
马来西亚	2.99	2.58	2.91	3.54	5.79
菲律宾	4.73	4.17	4.71	5.57	5.60
柬埔寨	3.04	2.37	2.75	2.3	−8.88
老挝	5.09	5.31	6.36	6.7	9.59
泰国	2.47	2.23	2.57	2.78	4.02
文莱	4.98	3.36	3.58	2.98	−15.73
新加坡	1.46	1.24	1.35	1.59	2.88
越南	3.31	2.59	2.62	3.45	1.39

资料来源：根据 UN Comtrade 数据库贸易数据测算。

缅甸政府高度重视农业发展，农业是其国民经济发展中的主导力量，国内 70% 左右人口直接或间接从事农业生产。水稻、豆类和芝麻是缅甸三大主要农作物。缅甸与 RCEP 其他成员之间贸易往来密切，农产品方面贸易互补性指数均大于 1，与新西兰、菲律宾、老挝的贸易互补性甚至大于 4，存在非常强的贸易互补性。

从 2018—2021 年的增速来看，除与澳大利亚、柬埔寨、文莱三个国家的贸易互补性为负向增长外，与其余 11 个国家均呈现正向增长趋势。

3.4.2.15　越南与他国的农产品互补性

根据 RCEP 各成员农产品相关数据，本书测算了越南与 RCEP 其他成员的农产品互补性，如表 3-24 所示。

表 3-24 越南和 RCEP 其他成员的农产品贸易互补性数据

国家	2018 年	2019 年	2020 年	2021 年	2018 年至 2021 年贸易互补性的变化幅度（%）
中国	0.9	0.93	0.83	0.84	−2.27
日本	1.57	0.8	1.06	1.06	−12.27
新西兰	1.89	1.14	1.44	1.28	−12.18
澳大利亚	1.09	0.78	0.83	0.72	−12.91
韩国	0.97	0.88	0.74	0.68	−11.17
印度尼西亚	1.69	1.49	1.37	1.27	−9.08
马来西亚	1.18	1.06	0.93	0.93	−7.63
菲律宾	1.87	1.71	1.51	1.47	−7.71
柬埔寨	1.2	0.97	0.88	0.61	−20.19
老挝	2.02	2.17	2.04	1.77	−4.31
泰国	0.98	0.91	0.83	0.73	−9.35
文莱	1.97	1.38	1.15	0.79	−26.26
新加坡	0.58	0.51	0.43	0.42	−10.20
缅甸	0.19	0.15	0.13	0.12	−14.20

资料来源：根据 UN Comtrade 数据库贸易数据测算。

越南是传统的农业大国，耕地及林地占总面积的60%。2021年，越南动物类、果蔬类、食品加工类农产品出口在全球市场的份额分别为1.68%、2.08%和1.12%，分别在15个RCEP成员中居第四位、第五位和第五位。除了与中国、韩国、柬埔寨、泰国、新加坡、缅甸等6个国家贸易互补性不高外，越南与其余8个国家的农产品贸易互补性都大于1，这表明越南与这些国家拥有较强的贸易互补性。从2018-2021年增幅来看，越南与其余14个国家在农产品贸易互补性上均呈现负向增长。

4 RCEP 生效后各成员的农产品贸易变化

4.1 RCEP 生效对农产品贸易额及增长率的影响

4.1.1 RCEP 各成员的生效时间

《区域全面经济伙伴关系协定》（RCEP）于 2020 年 11 月 15 日正式签署，其成员包括东盟十国以及中国、日本、韩国、澳大利亚和新西兰共 15 个国家。

RCEP 的成员尽管已经完成了签署协定的过程，表示各国对协定的内容达成一致意见。然而，在生效之前，各成员仍需要完成国内的批准程序。在这个阶段，各个成员会将 RCEP 提交至各自的国内立法机构或议会进行审议和批准。这一过程需要确保各国能够在各国内通过法律程序，批准并接受 RCEP 的内容。

2022 年 1 月 1 日，RCEP 对文莱、柬埔寨、老挝、新加坡、泰国、越南、中国、日本、新西兰和澳大利亚 10 国正式生效，韩国、马来西亚、缅甸分别在 2022 年 2 月 1 日、3 月 18 日、5 月 1 日正式生效。印度尼西亚和菲律宾的 RCEP 在 2023 年生效，生效时间分别是 2023 年 1 月 2 日和 2023 年 6 月 2 日。各成员 RCEP 生效时间，如表 4-1 所示。

表 4-1 RCEP 生效时间

成员	RCEP 生效时间
中国	2022 年 1 月 1 日
日本	2022 年 1 月 1 日
新西兰	2022 年 1 月 1 日
澳大利亚	2022 年 1 月 1 日
韩国	2022 年 2 月 1 日
印度尼西亚	2023 年 1 月 2 日（无观察区间）
马来西亚	2022 年 3 月 18 日
菲律宾	2023 年 6 月 2 日（无观察区间）
柬埔寨	2022 年 1 月 1 日
老挝	2022 年 1 月 1 日
泰国	2022 年 1 月 1 日
文莱	2022 年 1 月 1 日
新加坡	2022 年 1 月 1 日
缅甸	2022 年 5 月 1 日（半年观察期）
越南	2022 年 1 月 1 日

资料来源：根据相关资料整理。

4.1.2 RCEP 生效对各成员农产品出口的影响

4.1.2.1 2022 年农产品出口增长率

本书重点分析在 2022 年 1 月已经生效的 10 个国家在 2022 年全年的贸易变化情况，如表 4-2 所示。

表 4-2　RCEP 农产品全球出口贸易额　　　　单位：亿美元

国家	2021 年	2022 年	2022 年增长率（%）
中国	824. 65	957. 83	16. 15
日本	96. 35	92. 27	−4. 23
新西兰	291. 77	297. 49	1. 96
澳大利亚	387. 38	461. 21	19. 06
柬埔寨	9. 23	—	—
老挝	15. 20	—	—
泰国	381. 77		
文莱	0. 41	0. 45	10. 94
新加坡	144. 67	147. 75	2. 13
越南	286. 61	—	—

资料来源：根据 UN Comtrade 数据库贸易数据测算。

　　柬埔寨、老挝、泰国和越南 4 个国家没有贸易数据。公布贸易数据的 6 个国家中除了日本在 2022 年的农产品出口额相比 2021 年出现下降，其余 5 个国家在 2022 年的农产品出口额相比 2021 年均出现增长，其中澳大利亚增长幅度最大，达到 19.06%，中国增幅为 16.15%，此外，达到两位数以上增幅的还有文莱，增幅为 10.94%。

　　RCEP 协议条款对不同国家农产品的出口推动作用存在差异，对于中国和澳大利亚而言，受益于 RCEP 框架下关税的降低，以及贸易壁垒和技术壁垒的削减，加之 RCEP 提供了更多和更大的市场机会和贸易便利，促进两国农产品出口增加，这有助于提高它们的农产品在 RCEP 成员市场上的竞争力和销售额。

　　新西兰也是农业大国，但 RCEP 生效对其出口没有产生明显效果。新西兰以农产品出口为主要经济支柱，尤其是奶制品和羊毛产品，然而新西兰农产品的产量和供应是有限的，受到土地资源和气候等自然因素的限制，新西兰一直秉持着自由贸易的策略。

日本在 RCEP 生效后农产品出口增长率反而有所下降，这与日本农产品整体走势相关。2022 年，日本农产品贸易总额为 938.2 亿美元，比上年同期增长 7.7%，其中，出口额为 93.7 亿美元，同比下降 4.6%；进口额为 844.5 亿美元，同比增长 9.2%。日本对 RCEP 成员的农产品出口也下降了 4.23%，日本在农产品自身竞争力不强，这给日本的农产品出口带来一定阻力。

4.1.2.2　生效后与既往年份的比较

根据 RCEP 各成员国农产品出口情况，本书测算了 RCEP 谈判期间与 RCEP 生效后农产品出口增长率，如表 4-3 所示。

表 4-3　2022 年 RCEP 已生效成员的农产品进口增长率

单位：亿美元

国家	2021 年	2022 年	2022 年增长率（%）
中国	2090.34	2240.32	7.2
日本	759.76	825.35	8.6
新西兰	58.49	63.12	7.9
澳大利亚	174.31	196.55	12.8
柬埔寨	16.13	—	—
老挝	9.62	—	—
泰国	182.78	—	—
文莱	6.26	6.62	5.9
新加坡	157.61	172.37	9.4
越南	282.29	—	—

资料来源：根据 UN Comtrade 数据库贸易数据测算。

2022 年 RCEP 生效的 10 个国家中有 6 个国家已有贸易数据，澳大利亚和中国的农产品出口表现最为明显。2022 年，澳大利亚的全球出口贸易增长率为 19.06%，高于 2018 年至 2021 年的 7.59%，RCEP 正式实施后有助于扩大澳大利亚优质食品和纤维的出口。中国动物类、果蔬类、食品加工类农产品在全球范围内都具备很强的市场竞争力，RCEP 正式实施后进一步促进中国农产品的出口。2022 年，中国的农产品全球出口贸易增长率为 16.15%，高于 2018 年至 2021 年的 2.07%。与澳大利亚和中国相比，文莱、新加坡、新西兰、日本 2022 年的农产品全球出口贸易增长率小于 2018 年至 2021 年的增速。这是由于文莱和新加坡是农产品的主要进口国，本身可供出口的农产品很少，新西兰已经实行零关税，而日本是农产品出口竞争力很低。具体情况如图 4-1 所示。

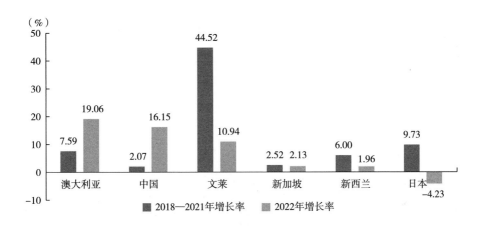

图 4-1　2022 年出口增长率与 2018-2021 年出口年均增长率的比较

4.1.3　RCEP 生效对各成员农产品进口的影响

4.1.3.1　2022 年农产品进口增长率

根据 RCEP 各成员农产品进口情况，本书测算了最优生效的 10 个成员的农产品进口增长率，如表 4-3 所示。

2022 年 1 月 1 日，RCEP 对文莱、柬埔寨、老挝、新加坡、泰国、越南、中国、日本、新西兰和澳大利亚 10 国正式生效。和出口数据一样，柬埔寨、老挝、泰国和越南 4 个国家缺乏进口数据。从数据可知，除了这

4 个缺乏数据的国家之外，其余 6 个国家在 2022 年的农产品进口额相较于 2021 年都有一定程度的增加，其中尤以澳大利亚增幅最大，达到 12.8%，增幅最少的文莱也有 5.9%，这表明 RCEP 的达成有助于释放这些国家对进口农产品的需求。

4.1.3.2 RCEP 生效前后的比较

根据 RCEP 各成员农产品进口情况，本书测算了 RCEP 谈判期间与 RCEP 生效后农产品进口增长率，如表 4-4 所示。

表 4-4　2022 年进口额增长率与 2018-2021 年年均增长率的比较

国家	2018—2021 年年均增长率	2022 年增长率
中国	20.5%	7.2%
日本	1.3%	8.6%
新西兰	4.4%	7.9%
澳大利亚	3.0%	12.8%
柬埔寨	7.3%	——
老挝	9.6%	——
泰国	6.5%	——
文莱	7.1%	5.9%
新加坡	5.8%	9.4%
越南	13.1%	——

资料来源：根据 UN Comtrade 数据库贸易数据测算。

本书将 2018—2021 年这几个国家的年均进口额增长率和 RCEP 正式生效后 2022 年增长率进行对比分析，如图 4-2 所示。

去除柬埔寨、老挝、泰国、越南四个缺乏数据的国家，在其余六个国家中，只有中国和文莱两个国家 2018-2021 年的农产品进口增长率大于 RCEP 正式生效后 2022 年的增长率。

日本、新西兰、澳大利亚和新加坡四个国家在 2022 年 RCEP 正式生效后进口出现明显增长，其中又以日本和澳大利亚两国最为明显。在 RCEP

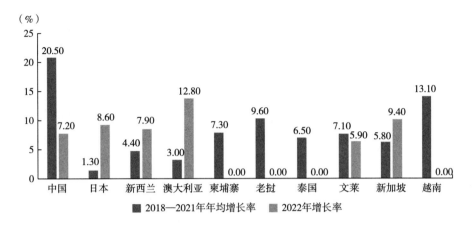

图 4-2　2022 年农产品进口额增长率与 2018—2021 年年均增长率的比较

生效之前，这两个国家通过高昂的关税对本国国民消费进口农产品存在一定压制，在关税取消后，重新激起了两国消费者的消费需求。

4.2　RCEP 生效对农产品细分类别的影响

4.2.1　RCEP 生效对细分类别出口影响的比较

4.2.1.1　RCEP 生效对细分类别出口的纵向比较

进一步观察 RCEP 生效对农产品细分类别（动物类、果蔬类及食品加工类）增长率的变化。其中，动物类产品 2022 年出口增长率与 2018—2021 年出口年均增长率的比较如表 4-5 及图 4-3 所示。

表 4-5　动物类产品 2022 年出口增长率与 2018-2021 年出口年均增长率的比较

单位:%

国家	2018—2021 年年均增长率	2022 年同比增长率
中国	-4.09	9.51

续表

国家	2018—2021 年年均增长率	2022 年同比增长率
日本	6.51	1.37
新西兰	4.82	4.25
澳大利亚	1.78	1.47
柬埔寨	−34.70	——
老挝	28.74	——
泰国	1.72	——
文莱	37.98	17.24
新加坡	1.88	−94.79
越南	1.58	——

资料来源：根据 UN Comtrade 数据库贸易数据测算。

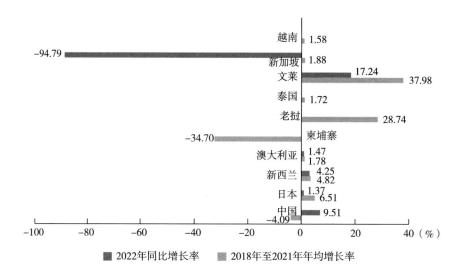

图 4-3　动物类产品 2022 年出口增长率与 2018—2021 年出口年均增长率的比较

　　重点分析中国、日本、新西兰、澳大利亚、文莱、新加坡六国的情况。在这六个国家中，只有中国在 2022 年 RCEP 正式生效后，动物类产品出口的增长率大于 2018—2021 年的出口年均增长率，其余国家均出现相反的结果。

2018—2021 年中国动物类产品出口年均增长率为 -4.09%, 呈下降趋势, 但是在 2022 年 RCEP 正式实施后, 中国的动物类产品出口出现大幅增长, 增长率达到 9.51%。根据前述数据可知, 2021 年中国的动物类产品在全球市场的占有率为 3.62%, 仅次于新西兰的 4.94% 和澳大利亚的 3.79%。中国本身在动物类产品的出口上拥有较强的市场竞争力, 随着 RCEP 的正式生效, 其关税税率降低, 进一步促进了中国动物类产品的出口。

日本、新西兰、澳大利亚、文莱四个国家在 2022 年出口增长率为正, 但是小于 2018—2021 年的年均增长率, 因为动物类出口具有竞争力的主要国家与 RCEP 成员已有双边或多边协议。

果蔬类产品 2022 年出口增长率与 2018—2021 年出口年均增长率的比较如表 4-6 及图 4-4 所示。

表 4-6 果蔬类产品 2022 年出口增长率与 2018—2021 年出口年均增长率的比较

单位:%

国家	2018 年至 2021 年年均增长率	2022 年同比增长率
中国	3.44	4.73
日本	-2.00	24.76
新西兰	5.62	-12.38
澳大利亚	14.93	41.30
柬埔寨	9.26	—
老挝	15.59	—
泰国	4.76	—
文莱	0.00	-33.33
新加坡	1.05	18.18
越南	-0.54	—

资料来源:根据 UN Comtrade 数据库贸易数据测算。

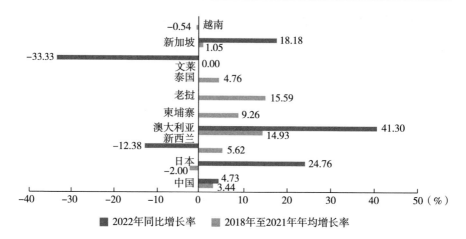

图 4-4　果蔬类产品 2022 年出口增长率与 2018-2021 年出口年均增长率的比较

　　中国、日本、澳大利亚、新加坡这四个国家在 2022 年果蔬类产品出口方面出现明显正向增长，且在 2022 年的增长率大于 2018—2021 年的年均增长率。其中，澳大利亚增幅最大，2022 年同比增长率为 41.30%，日本的增幅为 24.76%，新加坡的增幅为 18.18%，中国的增幅为 4.73%。RCEP 成员果蔬类产品的关税变化比较明显，明显促进了 RCEP 成员的果蔬类产品贸易。

　　结合前述 RCEP 成员果蔬类产品在全球市场占有率可知，在 RCEP15 个成员中，中国的果蔬类产品具备竞争优势，仅次于印度尼西亚。澳大利亚果蔬类产品的竞争优势弱于中国，日本、新加坡两个国家在果蔬类产品出口中并不具备竞争优势。在逐步取消关税障碍后，澳大利亚、日本、新加坡的出口大幅增加，而且增幅远在中国之上，表明之前这几个国家在面向 RCEP 成员出口时存在被他国关税压制的现象。

　　食品加工类产品 2022 年出口增长率与 2018—2021 年出口年均增长率的比较如表 4-7 及图 4-5 所示。

表4-7　食品加工类产品2022年出口增长率与2018-2021年出口年均增长率的比较

单位:%

国家	2018年至2021年年均增长率	2022年同比增长率
中国	2.74	28.32
日本	9.69	-11.69
新西兰	2.35	2.89
澳大利亚	-4.61	-4.37
柬埔寨	1.77	—
老挝	-2.88	—
文莱	41.42	25.00
新加坡	1.97	0.63
越南	8.32	—

资料来源:根据 UN Comtrade 数据库贸易数据测算。

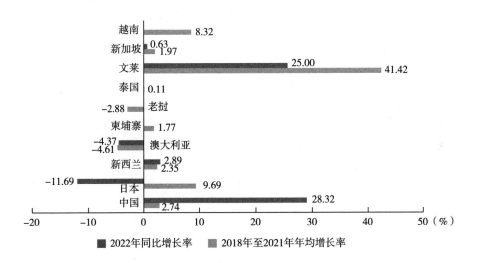

图4-5　食品加工类产品2022年出口增长率与2018-2021年出口年均增长率的比较

中国、新西兰、文莱、新加坡四个国家在2022年的出口增长率为正,
其中中国增幅为23.32%,新西兰增幅为2.89%,这两个国家都是2022年
的增长率高于2018—2021年的年均增长率。中国的增幅最大,是因为食

品加工类产品与其农产品丰富程度以及食品轻工业水平密切相关，中国在这两方面相对于其他国家都存在明显优势，RCEP 成员取消关税后进一步促进了中国食品加工类产品的出口。

新西兰、文莱和新加坡在 2022 年的食品加工类产品虽然也仍呈增长趋势，但是增幅远小于中国的增幅。日本、澳大利亚两个国家在 2022 年的食品加工类产品相比 2018 年至 2021 年出现明显下滑，说明 RCEP 成员间的替代效应大于推动效应，这些国家的食品加工类产品虽然具备一定出口优势，但是与中国相比竞争优势明显偏弱。

4.2.1.2　RCEP 生效对细分类别出口的横向比较

RCEP 最先生效的 10 个国家在农产品细分类别（动物类、果蔬类及食品加工类）出口额及出口增长率的具体变化如表 4-8 与表 4-9 所示。

表 4-8　RCEP 已生效 10 个国家的细分类别产品出口额

单位：亿美元

国家	动物类			果蔬类			食品加工类		
	2021 年	2022 年	增长率（%）	2021 年	2022 年	增长率（%）	2021 年	2022 年	增长率（%）
中国	150.50	164.82	9.51	305.32	319.76	4.73	368.82	473.26	28.32
日本	25.47	25.82	1.37	10.58	13.20	24.76	60.30	53.25	-11.69
新西兰	205.51	214.24	4.25	36.12	31.65	-12.38	50.14	51.59	2.89
澳大利亚	157.49	159.80	1.47	178.65	252.43	41.30	51.23	48.99	-4.37
柬埔寨	18.69	—	—	12.29	—	—	69.84	—	—
老挝	43.99			368.96			93.23		
泰国	16.51			207.83			69.03		0
文莱	4.24	4.52	17.24	36.99	45.20	-33.33	26.77	25.55	25.00
新加坡	0.02	—	-94.79	7.44	—	18.18	1.77	—	0.63
越南	2.61			8.73		0	3.87	—	0

资料来源：根据 UN Comtrade 数据库贸易数据测算。

表 4-9 RCEP 已生效的 10 个国家的细分类别产品出口额全球增长率

单位:%

国家	2018—2021 年年均增长率			2022 年增长率		
	动物类	果蔬类	食品加工类	动物类	果蔬类	食品加工类
中国	-5.42	4.62	3.67	9.51	4.73	28.32
日本	8.77	-2.66	13.12	1.37	24.76	-11.69
新西兰	6.48	7.57	3.14	4.25	-12.38	2.89
澳大利亚	2.38	20.39	-6.10	1.47	41.30	-4.37
柬埔寨	-43.35	12.54	2.37	—	—	—
老挝	40.06	21.31	-3.82	—	—	—
泰国	2.29	6.39	0.14	—	—	0.00
文莱	53.62	0.00	58.74	17.24	-33.33	25.00
新加坡	2.52	1.41	2.63	-94.79	18.18	0.63
越南	2.11	-0.72	11.24	—	0.00	0.00
平均值	6.95	7.09	8.51	-10.16	4.33	5.10

资料来源:根据 UN Comtrade 数据库贸易数据测算。

2018—2021 年,除了个别国家在个别品种上的增长率出现负值外,10 个国家中绝大部分在动物类、果蔬类、食品加工类三大类产品的出口均呈增长趋势,三大类产品的出口增长率平均值均呈现正向增长。

结合前述各个国家相关农产品出口的市场占有率数据可知,新西兰、澳大利亚和中国为三大动物类产品出口国家,虽然三个国家的出口市场占有率很高,但是三个国家的整体增长率却偏低。2018—2021 年,三国的动物类产品出口额增长率分别为 6.48%、2.38% 和 -5.42%,中国处于负增长趋势,这三个国家的增幅也低于动物类产品增长的平均值。这表明除了这三国之外,其他国家在动物类产品的出口方面正在逐步形成自己独有的优势。然而,在 2022 年 RCEP 正式实施后,扫清了其成员的关税障碍,中国的出口出现了 9.51% 的增幅,新西兰和澳大利亚两国依然保持正向增长。

在 RCEP 成员中,印度尼西亚和中国两国在果蔬类产品的出口上占据明显竞争优势,中国 2018—2021 年在果蔬类产品的年均增长率仅为

4.62%，低于平均值 7.09%。2018-2021 年，RCEP 各成员之间自由贸易协议不断达成，澳大利亚、老挝、柬埔寨、新西兰等国家在果蔬类产品的出口上增长迅猛。在 2022 年 RCEP 正式实施后，澳大利亚保持迅猛增长趋势，增幅为 41.30%，日本增幅为 24.7%，新加坡增幅为 18.18%，中国增长虽然仍然呈现正向增长趋势，但是增幅弱于这三个国家。

在食品加工类产品出口贸易中，尽管中国轻工业发达，但在食品加工类产品上没有出现明显的竞争优势，2018—2021 年食品加工类产品的出口增幅小于平均增幅。文莱因为基数小所以增幅最大，达到 58.74%。在 2022 年 RCEP 正式实施后，中国食品加工类产品出现快速增长，增幅为 28.32%，文莱的出口依然保持高速增长趋势，增幅为 25.00%，新西兰也有小幅上涨，为 2.89%；然而，日本、澳大利亚出现了下降，日本的降幅为 11.69%，澳大利亚的降幅为 4.37%。

4.2.2 RCEP 生效对细分类别进口影响的比较

4.2.2.1 RCEP 生效对细分类别进口的纵向比较

进一步观察 RCEP 生效对农产品细分类别（动物类、果蔬类及食品加工类）增长率的变化。其中，动物类产品 2022 年进口增长率与 2018—2021 年进口年均增长率的比较如表 4-10 及图 4-6 所示。

表 4-10　动物类产品 2022 年进口增长率与 2018—2021 年进口年均增长率的比较

单位:%

国家	2018 年至 2021 年年均增长率	2022 年同比增长率
中国	24.81	7.67
日本	-0.63	4.53
新西兰	2.60	-7.87
澳大利亚	1.03	12.53
柬埔寨	35.88	—
老挝	30.46	—

续表

国家	2018 年至 2021 年年均增长率	2022 年同比增长率
泰国	−0.11	—
文莱	3.94	0.00
新加坡	2.23	13.18
越南	12.94	—

资料来源：根据 UN Comtrade 数据库贸易数据测算。

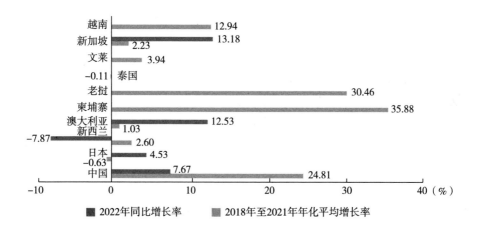

图 4-6 动物类产品 2022 年进口增长率与 2018-2021 年进口年均增长率的比较

2018—2021 年，日本和泰国两个国家的动物类进口增幅为负值，这两个国家并不是重要的动物类产品生产国，但这两个国家在对动物类产品的进口上采取了严格的限制措施。中国、新西兰、澳大利亚、柬埔寨、老挝、文莱、新加坡、越南都呈现增长态势，特别是中国、柬埔寨、老挝、越南四国，平均增幅都在两位数以上。

在已有可比较数据的 6 个国家中，新西兰作为重要的动物类产品贸易国，进口动物类商品已经很少受到关税影响。2022 年新西兰进口增幅为 −7.87%，主要是受供需的影响所致。除新西兰外，其余国家的增长率均为正。澳大利亚也是重要的牛肉和羊肉等动物类产品生产和出口国，其在 2018—2021 年的进口年均增长率仅为 1.03%，进口数额及增长率不高，但是在 2022 年 RCEP 正式实施后，澳大利亚进口了更多他国的动物类产品，增幅达到 12.53%。

果蔬类产品 2022 年进口增长率与 2018—2021 年进口年均增长率的比较，如表 4-11 及图 4-7 所示。

表 4-11　果蔬类产品 2022 年进口增长率与 2018—2021 年进口年均增长率的比较

单位：%

国家	2018 年至 2021 年年均增长率	2022 年同比增长率
中国	18.89	8.02
日本	4.14	17.13
新西兰	2.26	15.64
澳大利亚	3.44	16.14
柬埔寨	15.12	—
老挝	6.72	—
泰国	14.16	—
文莱	10.57	16.84
新加坡	15.12	16.28
越南	14.39	—

资料来源：根据 UN Comtrade 数据库贸易数据测算。

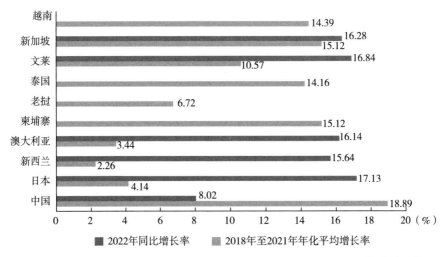

图 4-7　果蔬类产品 2022 年进口增长率与 2018—2021 年进口年均增长率的比较

RCEP 成员对于果蔬类产品都有强劲需求，已有数据的国家对于果蔬类产品的进口都呈现正向增长。中国是重要的果蔬类产品出口国，但同时随着中国居民消费水平的不断提高，对于进口果蔬类产品亦有强劲需求，因此中国也是重要的果蔬类产品进口国。2018-2021 年中国年均复合增长率为 18.89%，在上述 10 个国家中位列第一。

2022 年 RCEP 正式实施之后，随着部分 RCEP 成员逐步解除对于果蔬类产品的进口限制，这些国家对于果蔬类产品的进口出现快速增长趋势。因为中国既往增长已经处于高位，2022 年增幅低于 2018-2021 年的年均增幅。除了中国之外，其余已有数据的国家在 2022 年的增幅均高于 2018-2021 年的年均增幅，特别是日本、新西兰、澳大利亚，它们的果蔬类产品进口大幅增长。

食品加工类产品 2022 年进口增长率与 2018-2021 年进口年均增长率的比较，如表 4-12 及图 4-8 所示。

表 4-12 食品加工类产品 2022 年进口增长率与
2018—2021 年进口年均增长率的比较   单位:%

国家	2018 年至 2021 年年均增长率	2022 年同比增长率
中国	7.86	3.26
日本	0.76	4.64
新西兰	5.56	8.00
澳大利亚	3.44	11.70
柬埔寨	4.17	—
老挝	3.44	—
泰国	3.97	—
文莱	6.67	1.06
新加坡	2.76	3.44
越南	11.31	—

资料来源：根据 UN Comtrade 数据库贸易数据测算。

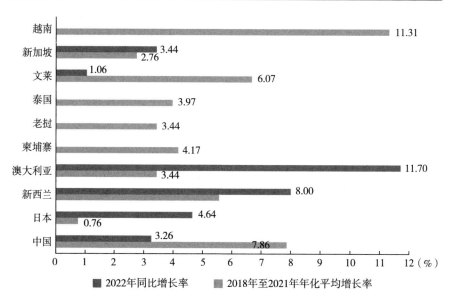

图 4-8　食品加工类产品 2022 年进口增长率与 2018-2021 年进口年均增长率的比较

和果蔬类产品类似，RCEP 成员对食品加工类产品的进口都呈现正向增长。2018-2021 年，中国作为重要的食品加工类产品需求国，年均进口增长率为 7.86%，进口额处于高位，2022 年，中国对食品加工类产品的进口增长率为 3.26%，低于 2018-2021 年的年均增长水平。2022 年，日本和澳大利亚两国的进口增幅相比其他国家更为明显，表明这两个国家可能之前对食品加工类产品的进口存在一定的关税限制，RCEP 生效后关税削减，推动了产品进口。

4.2.2.2　RCEP 生效对细分类别出口的横向比较

2022 年，RCEP 已经生效的 10 个国家在农产品细分类别（动物类、果蔬类及食品加工类）进口额及进口增长率的具体变化横向比较，如表 4-13 与表 4-14 所示。

表 4-13　细分类别产品进口额　　　　　　　　　　　　单位：亿美元

国家	动物类			果蔬类			食品加工类		
	2021 年	2022 年	增长率（%）	2021 年	2022 年	增长率（%）	2021 年	2022 年	增长率（%）
中国	570.82	614.59	7.67	1194.18	1290	8.02	325.35	335.96	3.26

续表

国家	动物类			果蔬类			食品加工类		
	2021 年	2022 年	增长率（%）	2021 年	2022 年	增长率（%）	2021 年	2022 年	增长率（%）
日本	246.09	257.25	4.53	244.87	286.82	17.13	268.8	281.28	4.64
新西兰	6.61	6.09	−7.87	13.11	15.16	15.64	38.77	41.87	8.00
澳大利亚	28.18	31.71	12.53	36.44	42.32	16.14	109.69	122.52	11.70
柬埔寨	1.43	—		2.38	—		12.32	—	
老挝	2.82	—		1.41	—		5.39	—	
泰国	45.5	—		75.97	—		61.31	—	
文莱	1.46	1.46	0.00	1.96	2.29	16.84	2.84	2.87	1.06
新加坡	32.93	37.27	13.18	47.85	55.64	16.28	76.82	79.46	3.44
越南	49.62	—		144.92	—		87.76	—	

资料来源：根据 UN Comtrade 数据库贸易数据测算。

表 4-14 细分类别产品进口额全球增长率 单位:%

国家	2018-2021 年增长率			2022 年增长率		
	动物类	果蔬类	食品加工类	动物类	果蔬类	食品加工类
中国	−5.42	0.05	3.67	9.51	0.05	28.32
日本	8.77	4.62	13.12	1.40	4.73	−11.69
新西兰	6.48	−2.66	3.14	4.25	24.72	2.90
澳大利亚	2.39	7.58	−6.10	1.46	−12.38	−4.39
柬埔寨	−41.16	1.93	2.27	—	22.19	—
老挝	40.17	12.50	−3.82	—	—	—
泰国	2.29	21.31	0.14	—	—	—
文莱	53.48	6.39	52.62	14.76	—	16.29
新加坡	1.83	−0.44	2.64	9.23	−41.93	0.63
越南	2.11	13.65	11.24	—	−6.02	—
平均值	4.88	8.19	4.82	5.69	5.65	0.36

资料来源：根据 UN Comtrade 数据库贸易数据测算。

2018—2021 年，日本、韩国、印度尼西亚、马来西亚、泰国、文莱、越南 7 个国家在动物类、果蔬类、食品加工类三个细分市场全面出现正增长，中国、澳大利亚、老挝在某类细分商品上有负增长的情况，如中国在进口动物类商品中出现负增长、新西兰在进口果蔬类商品中出现负增长、澳大利亚在进口食品加工类商品中出现负增长。

从平均值来看，2018-2021 年，RCEP 成员在果蔬类产品的全球市场拓展最快，高于动物类和食品加工类两个细分大类。2018-2021 年，相比于动物类产品和食品加工类产品，果蔬类产品中增速最小值为新西兰的 -2.66%，韩国、马来西亚、菲律宾、老挝、泰国和越南等 6 个国家的果蔬类产品均保持两位数以上的增速，其中泰国最高为 21.31%。中国是泰国果蔬类产品第一大进口国，泰国向中国进口的主要产品有榴莲、龙眼、山竹等①。

2022 年 RCEP 的生效对不同国家影响不同。从动物类、果蔬类、食品加工类三大类农产品进口增长率的平均值来看，仅有动物类产品的平均值同比增长率高于 2018-2021 年平均增长率，果蔬类、食品加工类均小于 2018-2021 年平均增长率，特别是 2022 年食品加工类产品同比增长率远不及 2018-2021 年的平均增长率。具体到国家而言，在 2022 年有数据的几个国家中，中国进口增长幅度最大，与 2018 年至 2021 年相比，动物类产品进口增长率从-5.42%增长至 9.51%，果蔬类增长率保持不变，食品加工类从 3.67%增长至 28.32%。菲律宾的动物类产品进口从 2018-2021 年的-2.78%增长至 2022 年的 6.82%。由此可以看出，中国和菲律宾受关税削减的影响比较明显。

---

① 资料来源：http://th.mofcom.gov.cn/article/ddgk/zwjingji/202008/20200802996068.shtml。

第二篇

RCEP 生效对中国农产品贸易的影响

5　中国对 RCEP 成员农产品出口的贸易特点

5.1　RCEP 是我国重要的农产品出口地区

5.1.1　中国对 RCEP 成员农产品出口趋势

2012—2022 年，我国对 RCEP 成员的农产品出口整体呈现逐步增长趋势，如表 5-1 与图 5-1 所示。

表 5-1　2012 年至 2022 年中国对 RCEP 成员农产品出口贸易额

单位：亿美元

国家	2012 年	2013 年	2014 年	2015 年	2016 年	2017 年	2018 年	2019 年	2020 年	2021 年	2022 年
日本	118.21	110.72	109.64	100.74	99.18	100.94	106.06	102.18	95.24	101.36	104.53
新西兰	1.41	1.41	1.59	1.77	1.84	1.92	2.12	2.12	2.21	2.34	3.28
澳大利亚	8.77	9.78	9.91	9.28	9.48	9.76	9.87	9.98	9.86	10.54	14.25
韩国	40.63	42.88	47.7	42.65	46.06	47.05	51.77	48.83	47.7	52.21	61.17
印度尼西亚	18.22	16.35	18.08	16.5	19.58	22.31	21.58	24.78	22.48	23.83	26.85

续表

国家	2012 年	2013 年	2014 年	2015 年	2016 年	2017 年	2018 年	2019 年	2020 年	2021 年	2022 年
马来西亚	21.37	25.92	26.93	24.89	25.75	23.76	24.12	29.92	34.66	42	53.52
菲律宾	11.77	14.04	14.29	16.37	19.18	20.11	20.57	20.54	22.74	27.13	27.13
柬埔寨	0.35	0.57	0.56	0.5	0.39	0.4	0.57	0.9	1.11	1.83	2.1
老挝	0.2	0.24	0.2	0.3	0.25	0.24	0.56	0.45	0.34	0.52	0.56
泰国	20.19	25.27	27.66	37.05	34.72	30.67	32.86	36.57	42.23	45.75	48.21
文莱	0.12	0.12	0.12	0.11	0.14	0.16	0.19	0.15	0.18	0.22	0.24
新加坡	6.45	8.23	9.5	9.22	8.86	8	8.45	8.84	10.44	11.84	14.24
缅甸	1.4	2.27	4.1	3.18	3.75	4.64	5.39	6.63	7.43	4.94	4.75
越南	18.95	22.66	29.22	33.51	38.18	45.09	52.1	53.55	54.43	53.77	54.82

资料来源：根据 UN Comtrade 数据库贸易数据测算。

图 5-1　2012—2022 年中国对 RCEP 成员农产品出口贸易情况

　　农产品关税减让程度是衡量自由贸易协定水平高低的重要标准。根据 RCEP 关税减让规则，未来 RCEP 各成员最终将实现零关税的农产品总体比例达到 90% 以上；其中，新加坡的开放程度最高，对所有成员农产品最终实现 100% 零关税，东盟各国对我国农产品零关税比重在 61.3% ~

100%，澳大利亚为 98.5%、新西兰为 96.1%、韩国为 62.6%、日本为 57.8%，具体数据如表 5-2 所示。

表 5-2 RCEP 成员农产品最终将实现零关税的占比 单位：%

RCEP 成员	东盟国家	澳大利亚	新西兰	中国	日本	韩国
文莱	96.30	96.30	96.30	96.30	96.30	96.30
柬埔寨	91.00	91.00	91.00	91.00	91.00	91.00
印度尼西亚	93.40	93.10	93.30	93.30	93.30	92.30
老挝	61.30	61.30	61.30	61.30	61.30	61.30
马来西亚	92.00	92.00	92.00	92.00	92.00	92.00
缅甸	65.00	65.00	65.00	65.00	65.00	65.00
菲律宾	88.90	88.80	88.80	88.80	88.80	85.80
新加坡	100	100	100	100	100	100
泰国	82.70	82.70	82.70	81.00	78.30	82.00
越南	92.90	92.50	92.50	91.50	85.00	85.00
中国	92.80	91.50	92.00	—	86.60	88.20
日本	60.00	60.00	60.00	57.80	—	47.90
韩国	69.50	68.60	68.90	62.60	46.90	—
澳大利亚	98.50	—	98.50	98.50	98.50	98.50
新西兰	96.10	96.10	—	96.10	96.10	96.10

资料来源：上海贸促微信公众号。

中国作为区域性的农产品生产和出口大国，在 RCEP 正式生效后，随着各国关税门槛的降低，将会进一步促进中国相关农产品向 RCEP 成员的出口。即使是在 2021 年新冠疫情的大背景下，中国对 RCEP 成员的农产品出口增速依然达到了 7.94%，是自 2012 年以来中国对其余 RCEP 成员农产品增速最大的一年。

5.1.2　RCEP 是中国重要的出口地区

根据海关总署的统计数据，2022 年中国农产品出口金额为 6559.6 亿元，同比增长 16.5%，其中出口前十地区分别为中国香港、日本、美国、韩国、越南、马来西亚、泰国、荷兰、印度尼西亚、菲律宾；2022 年中国对这前十地区农产品出口占到当前农产品出口总额的 64.04%。中国对日本、韩国、越南、马来西亚、泰国、印度尼西亚、菲律宾总共 7 个国家农产品出口总额为 2559.3 亿元，占到中国农产品出口总额的 39.02%（见表 5-3）。

表 5-3　2022 年中国农产品出口前十地区　　　单位：亿元

农产品出口地区	出口金额
中国香港	761.60
日本	705.89
美国	681.70
韩国	415.20
越南	376.92
马来西亚	360.64
泰国	326.15
荷兰	198.38
印度尼西亚	189.67
菲律宾	184.83

资料来源：上海贸促微信公众号。

如表 5-3 所示，2022 年我国农产品出口前十的地区中除了中国香港、美国、荷兰之外，其余均为 RCEP 成员。2018—2022 年我国农产品出口总额及对 RCEP 成员农产品出口额，具体如表 5-4 所示。

表 5-4 中国农产品出口总额及对 RCEP 成员农产品出口额

单位：亿美元

年份	出口总额	对 RCEP 出口额	占比
2018	775.59	336.21	43.35%
2019	775.59	345.44	44.54%
2020	745.26	351.05	47.10%
2021	824.65	378.28	45.87%
2022	957.83	415.65	43.39%

注：2018 年为 77559385229 美元，2019 年为 77559385232 美元。

资料来源：根据 UN Comtrade 数据库贸易数据测算。

2018—2022 年，除了 2020 年我国因为新冠疫情农产品出口出现下滑外，其余年份农产品出口均正向增长，从 2018 年的 775.59 亿美元增加至 2022 年的 957.83 亿美元，农产品出口额年均复合增长率为 5.42%。在我国农产品出口总额整体不断增加的同时，对 RCEP 成员的出口总额也在不断增加，从 2018 年的 336.21 亿美元增加至 2022 年的 415.65 亿美元，年均复合增长率为 3.99%，我国对 RCEP 成员农产品出口额年均复合增长率小于我国农产品出口总额的年均复合增长率。2022 年，我国农产品出口总额达到 993.18 亿美元，同期我国对签署 RCEP 的国家的农产品总出口额达到 415.65 亿美元，占比为 43.39%。结合上述，RCEP 成员在中国农产品出口市场中占相当大的份额，是中国农产品出口的重要地区。

5.1.3 中国对 RCEP 成员农产品出口具有差异

2012—2022 年，我国对 14 个 RCEP 成员农产品出口总额在逐步增加，但是具体到相关国家，农产品出口额出现明显的差异，如表 5-5 所示。

表 5-5 **2012 年和 2022 年中国对 RCEP 成员农产品整体出口情况**

国家	2022 年农产品出口总额（亿美元）	2012 年出口总额占比（%）	2022 年农产品出口金额占比（%）	2022 年相比 2012 年占比变动幅度（%）
日本	104.53	41.21	25.78	−15.43
韩国	61.17	14.95	15.09	0.14
越南	54.82	7.90	13.52	5.62
马来西亚	53.52	9.04	13.20	4.16
泰国	48.21	8.81	11.89	3.08
菲律宾	27.13	4.89	6.69	1.80
印度尼西亚	26.85	5.70	6.62	0.92
新加坡	14.24	2.87	3.51	0.64
澳大利亚	4.04	3.41	1.00	−2.41
新西兰	3.28	0.49	0.81	0.32
缅甸	4.75	0.41	1.17	0.76
柬埔寨	2.1	0.20	0.52	0.32
老挝	0.56	0.08	0.14	0.06
文莱	0.24	0.04	0.06	0.02
合计	403.59	100.00	100.00	0.00

资料来源：根据 UN Comtrade 数据库贸易数据测算。

2022 年中国对 RCEP 成员农产品出口总额为 403.59 亿美元，其中，日本和韩国是我国农产品最重要的出口目的地国家。2012 年，日本和韩国两国占到我国对 14 个 RCEP 成员农产品出口总额的 56.16%，2022 年这一数字为 40.87%。虽然从数字上来看 2022 年有所下降，但是依然在 14 个成员中占据重要地位，如图 5-2 所示。

2012-2022 年，在 RCEP 成员中，除了日本和澳大利亚 2 个国家占比减少之外，中国对其余成员的出口额占比都在增加。与 2012 年相比，2022 年中国对日本出口额在 14 个 RCEP 成员中的占比下滑最大，下降幅度为 15.43%，对澳大利亚出口总额占比从 2012 年的 3.41% 下降至 2022 年的 1.00%，下降幅度为 2.41%。

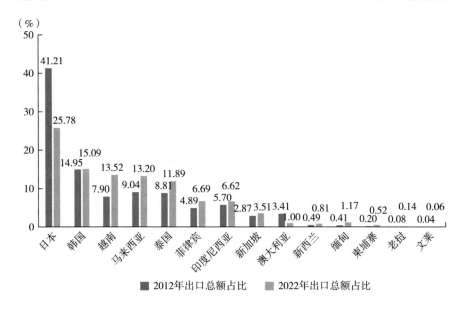

图 5-2　2012 年和 2022 年中国对 RCEP 成员出口贸易额占比对比

在 2022 年我国对 RCEP 成员出口额占比增加的国家中，越南增幅最大，达到 5.62%，其次依次为马来西亚、泰国、菲律宾等国家，其中对越南、马来西亚、泰国、菲律宾四个国家的出口额占比变化幅度都大于 1% 以上。

5.2　中国对 RCEP 各成员农产品出口特点分析

5.2.1　中国对日本农产品出口数量最大

中国对日本农产品的出口数量最大，但是在 14 个 RCEP 成员整体出口总额上升的背景下，日本的出口总额从 2012 年的 118.21 亿美元下滑至 2022 年的 104.53 亿美元，即便如此，日本依然是 14 个 RCEP 成员中我国第一大农产品出口目的地，2022 年我国对日本农产品出口额在我国面向 14 个成员出口额中占比为 25.15%，远超其他国家，如表 5-6 所示。

表 5-6　2012 年至 2022 年中国对 RCEP 成员出口贸易额占比　单位:%

国家	2012 年	2013 年	2014 年	2015 年	2016 年	2017 年	2018 年	2019 年	2020 年	2021 年	2022 年
日本	44.10	39.48	36.61	34.03	32.27	32.04	31.55	29.58	27.13	26.79	25.15
新西兰	0.53	0.50	0.53	0.60	0.60	0.61	0.63	0.61	0.63	0.62	0.79
澳大利亚	3.27	3.49	3.31	3.13	3.08	3.10	2.94	2.89	2.81	2.79	3.43
韩国	15.16	15.29	15.93	14.41	14.99	14.93	15.40	14.14	13.59	13.80	14.72
印度尼西亚	6.80	5.83	6.04	5.57	6.37	7.08	6.42	7.17	6.40	6.30	6.46
马来西亚	7.97	9.24	8.99	8.41	8.38	7.54	7.17	8.66	9.87	11.10	12.88
菲律宾	4.39	5.01	4.77	5.53	6.24	6.38	6.12	5.95	6.48	7.17	6.53
柬埔寨	0.13	0.20	0.19	0.17	0.13	0.13	0.17	0.26	0.32	0.48	0.51
老挝	0.07	0.09	0.07	0.10	0.08	0.08	0.17	0.13	0.10	0.14	0.13
泰国	7.53	9.01	9.24	12.51	11.30	9.73	9.77	10.59	12.03	12.09	11.60
文莱	0.04	0.04	0.04	0.04	0.05	0.05	0.06	0.04	0.05	0.06	0.06
新加坡	2.41	2.93	3.17	3.11	2.88	2.54	2.51	2.56	2.97	3.13	3.43
缅甸	0.52	0.81	1.37	1.07	1.22	1.47	1.60	1.92	2.12	1.31	1.14
越南	7.07	8.08	9.76	11.32	12.42	14.31	15.50	15.50	15.50	14.21	13.19
合计	100.00	100.00	100.00	100.00	100.00	100.00	100.00	100.00	100.00	100.00	100.00

资料来源：根据 UN Comtrade 数据库贸易数据测算。

日本是中国的邻国，两国之间有着较为密切的贸易关系。由于日本国土资源有限，农业产能相对较小，日本需要大量进口农产品来满足国内市场需求。日本对中国农产品的主要需求包括水果、蔬菜、肉类、水产品等。水果中，苹果、梨、柑橘、草莓等受到了日本消费者的喜爱，蔬菜方面，如白菜、豆苗、芦笋等也在日本市场上有一定的占有率，此外，中国的猪肉、鸡肉、牛肉等也被广泛引进到日本，并受到日本消费者的青睐。

5.2.2　中国与东盟贸易往来紧密

2002 年，中国与东盟决定启动双边自由贸易区建设，开启了中国-东盟合作的新时代。在中国-东盟自贸区的框架下，彼此相互成为对方第一大贸易伙伴。RCEP 是以东盟国家为主体，在数量上 RCEP 成员中也是东盟国家最多，占到总数的 2/3。我国对东盟十国的农产品出口情况，如表5-7 所示。

表5-7　2012 年至 2022 年中国对东盟国家农产品出口金额

单位：亿美元

国家	2012 年	2013 年	2014 年	2015 年	2016 年	2017 年	2018 年	2019 年	2020 年	2021 年	2022 年
印度尼西亚	18.22	16.35	18.08	16.5	19.58	22.31	21.58	24.78	22.48	23.83	26.85
马来西亚	21.37	25.92	26.93	24.89	25.75	23.76	24.12	29.92	34.66	42	53.52
菲律宾	11.77	14.04	14.29	16.37	19.18	20.11	20.57	20.54	22.74	27.13	27.13
柬埔寨	0.35	0.57	0.56	0.5	0.39	0.4	0.57	0.9	1.11	1.83	2.1
老挝	0.2	0.24	0.2	0.3	0.25	0.24	0.56	0.45	0.34	0.52	0.56
泰国	20.19	25.27	27.66	37.05	34.72	30.67	32.86	36.57	42.23	45.75	48.21
文莱	0.12	0.12	0.12	0.11	0.14	0.16	0.19	0.15	0.18	0.22	0.24
新加坡	6.45	8.23	9.5	9.22	8.86	8	8.45	8.84	10.44	11.84	14.24
缅甸	1.4	2.27	4.1	3.18	3.75	4.64	5.39	6.63	7.43	4.94	4.75
越南	18.95	22.66	29.22	33.51	38.18	45.09	52.1	53.55	54.43	53.77	54.82
合计	99.02	115.67	130.66	141.63	150.8	155.38	166.39	182.33	196.04	211.83	232.42

资料来源：根据 UN Comtrade 数据库贸易数据测算。

我国 2022 年对东盟十国的农产品出口金额从 2012 年的 99.02 亿美元增长至 232.42 亿美元，增幅为 134.72%。同期中国对 14 个 RCEP 成员出口总额从 2012 年的 286.85 亿美元增长至 2022 年的 403.59 亿美元，增幅为 55.07%。中国对东盟十国的农产品出口金额增幅远高于对 14 个 RCEP

成员出口总额增幅，如图5-3所示。

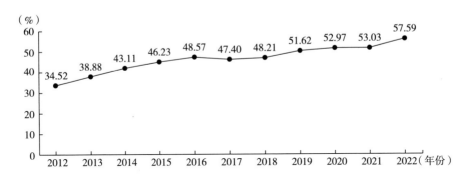

图5-3　2012-2022年中国对东盟国家农产品出口金额占比

中国对东盟国家出口总额不断增加的同时，在14个RECP成员的出口总额中的占比也在不断攀升，从2012年的34.52%增长至2022年的57.59%。中国农产品在东盟国家的市场上具有竞争力，这主要得益于中国农业生产规模的扩大和效率的提高。中国的农产品种类繁多，包括水果、蔬菜、肉类、水产品等。其中，中国的水果如苹果、梨、柑橘、香蕉等深受东盟消费者的喜爱；蔬菜方面，中国的茄子、青辣椒、黄瓜、豆角等也在东盟市场上有一定的份额；此外，中国的禽肉、牛肉、猪肉、鱼类等也受到东盟国家的欢迎。

5.2.3　中国对柬埔寨农产品的出口幅度最大

2012-2022年，中国对14个RCEP成员的农产品出口保持增长，平均增速为4.48%，中国对RCEP成员整体出口总额增速最快的国家是柬埔寨，11年间年均复合增长率为19.62%，其余依次为缅甸、越南、老挝、马来西亚、泰国等国家。2012-2022年中国对日本的农产品出口出现负增长，为-1.22%，见图5-4。

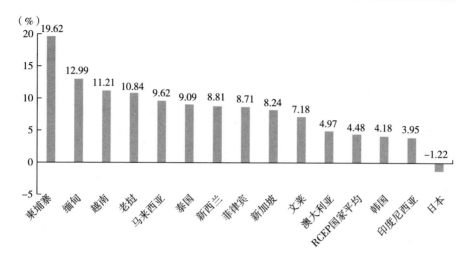

图 5-4 2012-2022 年中国对 RCEP 成员整体出口总额年均复合增长率

6 中国与 RCEP 成员农产品进口贸易特点

6.1 RCEP 是我国重要的农产品进口区域

6.1.1 中国从 RCEP 成员农产品进口趋势

2012—2022 年，我国从 RCEP 成员进口农产品整体呈现逐步增长趋势，如图 6-1 所示。

从整体上来看，中国从 RCEP 成员的农产品进口呈现增长趋势，基本可分为两个阶段：

第一阶段为缓慢增长阶段。2012—2016 年，中国从 RCEP 成员进口农产品的规模从 2012 年的 230.75 亿美元最高增长至 2014 年的 279.92 亿美元，但是在 2016 年又回落至 242.16 亿美元，整体增幅为 4.94%。

第二阶段为大幅增长阶段。2017—2022 年，中国从 RCEP 成员进口农产品的规模从 2017 年的 292.75 亿美元最高增长至 2022 年的 600.42 亿美元，中间除了在 2020 年因为新冠疫情而增长放缓外，没有出现明显回落，整体增幅为 105.10%。

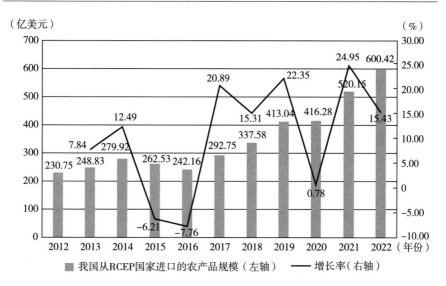

图 6-1   2012 年至 2022 年中国对 RCEP 成员的农产品进口贸易情况

6.1.2   RCEP 是中国重要的进口地区

2022 年，中国主要农产品进口国前十位为巴西、美国、泰国、新西兰、澳大利亚、印度尼西亚、阿根廷、加拿大、俄罗斯、越南，以这十个国家进口的农产品金额合计在中国农产品进口总金额中所占的比重达 71.28%。在这十个国家中，泰国、新西兰、澳大利亚、印度尼西亚、越南五个国家属于 RCEP 成员，如表 6-1 所示。

表 6-1   2022 年中国农产品十大进口来源国

单位：亿美元

农产品进口来源国	进口金额
巴西	3496.69
美国	2800.57
泰国	837.85
新西兰	785.56

RCEP 与中国农产品贸易：区域条件、贸易变化与前景展望

续表

农产品进口来源国	进口金额
澳大利亚	757.44
印度尼西亚	697.73
阿根廷	521.86
加拿大	510.93
俄罗斯	409.80
越南	403.12

资料来源：农小蜂。

2018—2022 年中国农产品出口总额和中国从 RCEP 成员的农产品进口额，如表 6-2 所示。

表 6-2　中国从 RCEP 成员进口占农产品总进口的比重

年份	中国从 RCEP 成员进口（亿美元）	中国农产品总进口（亿美元）	占比（%）
2018	337.58	1194.18	28.27
2019	413.04	1402.50	29.45
2020	416.28	1623.02	25.65
2021	520.15	2090.34	24.88
2022	600.42	2240.32	26.80

资料来源：中华人民共和国商务部对外贸易司。

2018—2022 年，无论是中国农产品进口总额，还是中国从 RCEP 成员的农产品进口额都呈增长趋势。但是中国从 RCEP 成员的进口额在中国农产品总进口额中的占比呈现逐步下滑趋势，即表明这五年内中国从 RCEP 成员的进口额增幅小于从中国农产品进口总额的增幅，2018－2022 年中国从 RCEP 成员的农产品进口额增幅为 77.86%，同期中国农产品总进口额增幅为 87.60%。

6.2 中国从 RCEP 各成员进口的农产品特点

6.2.1 中国从 RCEP 进口农产品的情况

RCEP 成员是中国农产品的主要进口地区，如表6-3所示。

表6-3 2012-2022 年中国从 RCEP 成员的农产品进口贸易额

单位：亿美元

国家	2012 年	2013 年	2014 年	2015 年	2016 年	2017 年	2018 年	2019 年	2020 年	2021 年	2022 年
日本	3.89	4.28	5.23	6.22	7.19	7.72	11.23	12.53	12.57	15.94	17.02
新西兰	32.30	49.81	62.18	38.51	40.95	56.42	66.86	84.82	85.75	107.90	112.37
澳大利亚	29.20	41.22	46.95	53.40	41.76	59.59	68.31	82.07	77.71	70.83	91.79
韩国	6.14	7.23	7.53	8.50	10.00	9.17	10.16	11.62	11.92	14.32	13.93
印度尼西亚	46.13	34.28	38.88	40.32	37.05	46.67	51.43	58.30	57.82	93.70	103.49
马来西亚	42.79	37.97	33.36	24.94	21.57	23.21	23.17	25.65	31.07	33.77	38.88
菲律宾	4.78	5.06	7.58	6.95	6.18	7.76	9.72	10.13	7.91	9.95	10.95
柬埔寨	0.19	0.36	0.70	1.10	1.10	1.32	1.95	2.61	3.72	4.83	5.41
老挝	0.37	0.55	0.76	1.06	1.18	1.25	1.82	2.04	2.86	1.97	3.79
泰国	37.44	41.37	48.49	48.48	41.39	45.01	55.62	67.85	76.01	116.40	123.47
文莱	0.00	0.00	0.00	0.00	0.01	0.03	0.01	0.02	0.01	0.01	0.03
新加坡	3.87	4.89	4.23	4.50	4.19	3.16	2.97	3.29	3.31	3.59	4.09
缅甸	1.90	1.80	1.78	1.73	1.71	2.78	2.37	4.79	6.29	7.47	15.89
越南	21.75	20.01	22.25	26.82	27.88	28.66	31.96	47.32	39.33	39.47	59.31

资料来源：根据 UN Comtrade 数据库贸易数据测算。

中国从 RCEP 成员的农产品进口额从 2012 年的 230.75 亿美元增长至 2022 年的 600.42 亿美元。中国从 RCEP 各成员农产品进口额在总进口额中的占比，如图6-2所示。

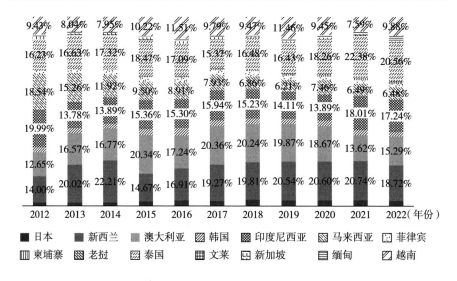

9.43%	8.04%	7.95%	10.22%	11.51%	9.79%	9.47%	11.46%	9.45%	7.59%	9.88%
16.23%	16.63%	17.32%	18.47%	17.09%	15.37%	16.48%	16.43%	18.26%	22.38%	20.56%
18.54%	15.26%	11.92%	9.50%	8.91%	7.93%	6.86%	6.21%	7.46%	6.49%	6.48%
13.78%	13.89%	15.36%	15.30%	15.94%	15.23%	14.11%	13.89%	18.01%	17.24%	
19.99%	16.57%	16.77%	20.34%	17.24%	20.36%	20.24%	19.87%	18.67%	13.62%	15.29%
12.65%										
14.00%	20.02%	22.21%	14.67%	16.91%	19.27%	19.81%	20.54%	20.60%	20.74%	18.72%
2012	2013	2014	2015	2016	2017	2018	2019	2020	2021	2022(年份)

■ 日本　■ 新西兰　■ 澳大利亚　▨ 韩国　▥ 印度尼西亚　▨ 马来西亚　▨ 菲律宾
▥ 柬埔寨　▨ 老挝　▨ 泰国　▦ 文莱　▥ 新加坡　▨ 缅甸　▨ 越南

图 6-2　2012—2022 年中国从 RCEP 各成员的农产品进口额占比

在 RCEP 成员中，中国农产品进口额较大的国家主要有越南、泰国、印度尼西亚、澳大利亚和新西兰，其中进口额占比最大的是泰国，2022 年其占比为 20.56%。中国从这些国家的进口占比，除了越南、印度尼西亚、澳大利亚三个国家存在一定波动外，新西兰和泰国两国的占比均呈现逐步增长趋势，从马来西亚的农产品进口额占比呈现下滑趋势，从2012 年的 18.54% 下滑至 2022 年的 6.48%。除了上述六个国家之外，中国从其余八个国家的农产品进口额占比均较小。

比较 2012 年和 2022 年，中国从 RCEP 成员农产品整体进口情况，如表 6-4 所示。

表 6-4　2012 年和 2022 年中国从 RCEP 成员农产品整体进口情况

国家	2012 年农产品进口总额（亿美元）	2022 年农产品进口总额（亿美元）	2022 年相比于 2012 年的进口额增幅（%）
日本	3.89	17.02	337.53
新西兰	32.3	112.37	247.89
澳大利亚	29.2	91.79	214.35

续表

国家	2012 年农产品进口总额（亿美元）	2022 年农产品进口总额（亿美元）	2022 年相比于 2012 年的进口额增幅（%）
韩国	6.14	13.93	126.87
印度尼西亚	46.13	103.49	124.34
马来西亚	42.79	38.88	-9.14
菲律宾	4.78	10.95	129.08
柬埔寨	0.19	5.41	2747.37
老挝	0.37	3.79	924.32
泰国	37.44	123.47	229.78
文莱	0	0.03	——
新加坡	3.87	4.09	5.68
缅甸	1.9	15.89	736.32
越南	21.75	59.31	172.69
从 RCEP 成员进口合计	230.75	600.42	160.20

资料来源：根据 UN Comtrade 数据库贸易数据测算。

中国从 RCEP 成员的农产品进口额从 2012 年的 230.75 亿美元增长至 600.42 亿美元，整体增幅为 160.20%。除了马来西亚在 2022 年的进口额相比 2012 年出现下滑之外，中国从其余成员的农产品进口额均有不同程度的提高，其中增幅最大的是柬埔寨，其次为老挝，缅甸位列第三。

2012—2022 年，中国从 RCEP 成员整体进口总额年均复合增长率，如图 6-3 所示。

2012—2022 年，中国从 RCEP 其他成员进口额的年均增幅为 10.04%，增幅高于平均值的国家从高到低依次有柬埔寨、老挝、缅甸、日本、新西兰、泰国、澳大利亚、越南。中国从柬埔寨、老挝和缅甸三个国家进口额小，年均增幅分别为 39.78%、26.20% 和 23.66%。除了这三个国家之外，中国从日本、新西兰、泰国、澳大利亚、越南五个国家的进口额年均增幅基本维持在 10% 以上。菲律宾、韩国、印度尼西亚、新加坡四个国家的年均增幅小于中国从 RCEP 成员进口额年均增幅的平均值，

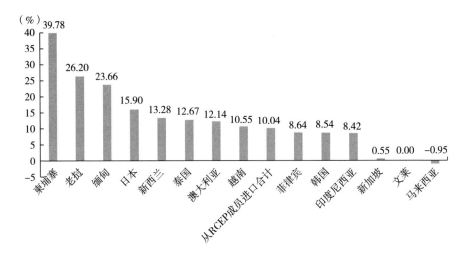

图 6-3 2012—2022 年中国从 RCEP 成员整体进口总额年均复合增长率

中国从菲律宾、韩国、印度尼西亚三个国家的进口额年均增幅基本维持在 8% 的水平，而新加坡仅有 0.55%。

6.2.2 中国从 RCEP 进口的农产品份额变化

2012—2022 年中国从 RCEP 成员的农产品进口贸易额占比，如图 6-4 所示。

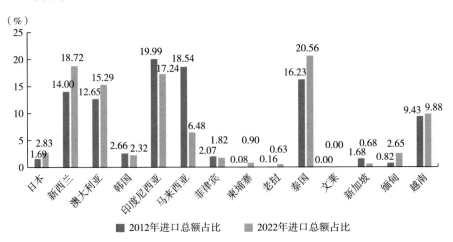

图 6-4 2012 年和 2022 年中国从 RCEP 成员进口贸易额占比对比

在中国的进口额中，占比较大的 RCEP 成员分别是新西兰、澳大利亚、印度尼西亚、马来西亚、泰国、越南，这六个国家也是重要的农产品生产和出口国。

2012—2022 年，中国从新西兰、澳大利亚、印度尼西亚、马来西亚、泰国、越南等 6 个国家进口农产品占从 RCEP 成员进口总额的比重趋势，如图 6-5 所示。

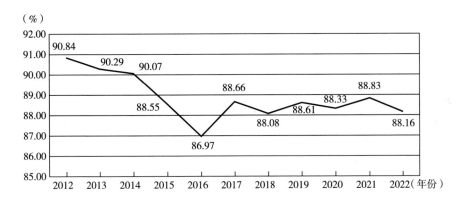

图 6-5　2012—2022 年六国占中国从 RCEP 成员的农产品进口总额的比重

十余年，中国从 RCEP 成员的农产品进口中，新西兰、澳大利亚、印度尼西亚、马来西亚、泰国、越南等 6 个国家的总占比达到 90%左右，其他国家占比合计仅为 10%。从趋势上看，中国从此六个国家的占比有所下降，从 2012 年的 90.84%下降到 2022 年的 88.16%，说明中国从其余八个国家的进口额正在逐步增加。

2012—2022 年，中国从新西兰、澳大利亚、印度尼西亚、马来西亚、泰国、越南等 6 个国家进口农产品占从 RCEP 成员进口总额的比重，如表 6-5 所示。

表 6-5 2012 年至 2022 年中国对六个国家农产品进口额占比 单位:%

国家	新西兰	澳大利亚	印度尼西亚	马来西亚	泰国	越南
2012 年	14.00	12.65	19.99	18.54	16.23	9.43
2013 年	20.02	16.57	13.78	15.26	16.63	8.04
2014 年	22.21	16.77	13.89	11.92	17.32	7.95
2015 年	14.67	20.34	15.36	9.50	18.47	10.22
2016 年	16.91	17.24	15.30	8.91	17.09	11.51
2017 年	19.27	20.36	15.94	7.93	15.37	9.79
2018 年	19.81	20.24	15.23	6.86	16.48	9.47
2019 年	20.54	19.87	14.11	6.21	16.43	11.46
2020 年	20.60	18.67	13.89	7.46	18.26	9.45
2021 年	20.74	13.62	18.01	6.49	22.38	7.59
2022 年	18.72	15.29	17.24	6.48	20.56	9.88

资料来源：根据 UN Comtrade 数据库贸易数据测算。

2012-2022 年，中国从新西兰、澳大利亚、泰国三个国家的农产品进口额占比逐步增加，但是与此同时，从印度尼西亚、马来西亚两国的农产品进口额占比逐步下滑，其中马来西亚下滑最为明显，从 2012 年的 18.54% 下滑至 2022 年的 6.48%。中国从越南的进口额占比在部分年份虽然存在一定波动，但是基本维持不变。

2012-2022 年，中国从 RCEP 各成员的农产品进口总额占比，如表 6-6 所示。

表 6-6 2012 年至 2022 年中国从 RCEP 成员的农产品进口总额占比和占比变动幅度

单位:%

国家	2012 年农产品进口总额占比	2022 年农产品进口总额占比	2022 年相比 2012 年占比变动幅度
日本	1.69	2.83	67.87
新西兰	14.00	18.72	33.73
澳大利亚	12.65	15.29	20.83
韩国	2.66	2.32	-12.81

续表

国家	2012 年农产品进口总额占比	2022 年农产品进口总额占比	2022 年相比 2012 年占比变动幅度
印度尼西亚	19.99	17.24	-13.76
马来西亚	18.54	6.48	-65.06
菲律宾	2.07	1.82	-12.14
柬埔寨	0.08	0.90	993.03
老挝	0.16	0.63	292.90
泰国	16.23	20.56	26.72
文莱	0.00	0.00	—
新加坡	1.68	0.68	-59.45
缅甸	0.82	2.65	221.84
越南	9.43	9.88	4.82
对 RCEP 进口合计	100.00	100.00	0.00

资料来源：根据 UN Comtrade 数据库贸易数据测算。

在中国从 RCEP 各成员的农产品进口总额占比中，韩国、印度尼西亚、马来西亚、菲律宾、新加坡五个国家的占比下降。中国从马来西亚的农产品进口额占比降幅最大，占比从 2012 年的 18.54%下滑至 2022 年的 6.48%，下滑幅度为 65.06%；中国从新加坡的农产品进口额占比从 2012 年的 1.68%下滑至 2022 年的 0.68%；中国从印度尼西亚、韩国、菲律宾三个国家的农产品进口额占比分别下滑 13.76%、12.81%和 12.14%。尽管五个国家的占比相对下滑，但除了印度尼西亚在 2022 年的进口额绝对值相比 2012 年出现下滑之外，其余国家的进口额绝对值都出现一定程度的增长。进口额占比下滑表明中国从这些国家的进口额增幅小于中国从 RCEP 成员整体进口额增幅。

2022 年，中国从其余 9 个国家进口额占比相比于 2012 年均有不同程度的增长。在占比正向增长国家中，柬埔寨的进口额占比增幅最大，但是直到 2022 年中国从柬埔寨进口的农产品占比仅为 0.90%。老挝和柬埔寨类似，2022 年中国从老挝进口的农产品占比仅为 0.63%和 2.65%。除了这三个国家增长幅度明显外，中国从日本、新西兰、澳大利亚、泰国和越南五个国家的进口额整体上保持稳步增长趋势。

7 RCEP 生效前中国与成员农产品贸易的潜力分析

7.1 基于贸易强度和贸易互补性的发展潜力分析

7.1.1 中国与 RCEP 成员的贸易强度

7.1.1.1 农产品贸易强度

根据贸易强度公式，本书测算了中国与 RCEP 其他成员的农产品贸易强度，观测中国与 RCEP 其他国家的贸易强度，如表 7-1 所示。

表 7-1 中国与 RCEP 其他成员的农产品贸易强度

国家	2018 年	2019 年	2020 年	2021 年
日本	2.03	1.86	1.55	1.47
新西兰	3.59	3.70	3.26	3.29
澳大利亚	2.89	3.00	2.66	1.63
韩国	1.64	1.52	1.31	1.27

续表

国家	2018 年	2019 年	2020 年	2021 年
印度尼西亚	1.95	2.01	1.55	1.65
马来西亚	1.47	1.38	1.39	1.03
菲律宾	2.12	1.68	1.25	1.30
柬埔寨	3.66	4.03	4.49	4.66
老挝	2.36	1.70	1.93	1.15
泰国	2.05	2.13	2.15	2.72
文莱	1.39	1.60	0.50	0.21
新加坡	0.29	0.26	0.25	0.22
缅甸	0.67	1.22	1.27	1.36
越南	1.56	2.02	1.49	1.23

资料来源：根据 UN Comtrade 数据库贸易数据测算。

中国是全球重要的农产品生产和出口国家，在全球范围内占据重要地位。2018—2021 年，除了文莱、新加坡两个国家之外，中国对 RECP 成员的农产品贸易强度均大于 1，如图 7-1 所示。

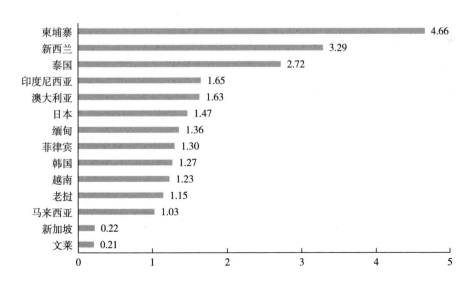

图 7-1　2021 年中国与 RCEP 成员农产品出口贸易强度

对贸易强度的公式进行简单变换：

$$TII_{ih} = \frac{(X_{ih}/X_i)}{M_h/W} = \frac{X_{ih}}{M_h} \times \frac{W}{X_i}$$

因为在农产品贸易互补性测算中，W 是世界农产品进口总额，X_i 是 i 国（地区）的农产品出口总额在特定年份的值，即 $\frac{W}{X_i}$ 为一国（地区）不分产品类别的固定值，且大于 1，所以贸易强度只取决于 $\frac{X_{ih}}{M_h}$ 的比值，即一国（地区）对出口目标国家（地区）农产品出口的金额和目标国家（地区）当年农产品进口总额的比值，换言之，即一国（地区）农产品出口在当年目标国家（地区）农产品进口额的比重。

中国从不同国家进口农产品规模不同、不同国家从中国进口农产品规模占其农产品进口总规模的比重不同，中国对不同国家的农产品出口贸易强度出现层次分布。按照数值大小，中国对 RCEP 成员的农产品出口贸易强度基本可以分为三大类：在 2021 年中国对柬埔寨的农产品出口贸易强度最高，新西兰和泰国次之，中国对这三个国家的农产品出口贸易强度都大于 2；对印度尼西亚、澳大利亚、日本等 9 个国家的农产品出口贸易强度小于 2 但是都大于 1；对新加坡和文莱两个国家的农产品出口贸易强度小于 1。

7.1.1.2 细分类别贸易强度

按照动物类、果蔬类、食品加工类三大农产品细分类别对中国与 RCEP 成员农产品出口贸易强度进行分析。其中，中国与 RCEP 其他成员的动物类贸易强度，如表 7-2 所示。

表 7-2 中国与 RCEP 其他成员的动物类贸易强度

国家	2018 年	2019 年	2020 年	2021 年
日本	2.30	1.59	0.91	1.15
新西兰	3.68	3.15	2.54	2.96

续表

国家	2018 年	2019 年	2020 年	2021 年
澳大利亚	2.42	2.33	1.82	1.55
韩国	0.76	0.88	0.67	0.62
印度尼西亚	2.31	2.07	1.86	1.76
马来西亚	1.72	2.07	1.86	2.11
菲律宾	2.14	1.74	0.95	1.43
柬埔寨	1.04	7.60	0.00	0.00
老挝	0.14	0.12	0.00	0.11
泰国	0.12	0.17	0.15	0.14
文莱	2.09	1.83	0.37	0.23
新加坡	0.01	0.02	0.02	0.01
缅甸	0.07	0.07	0.05	0.20
越南	0.26	0.34	0.30	0.19

资料来源：根据 UN Comtrade 数据库贸易数据测算。

中国动物类农产品在全球范围内拥有较强竞争力。2018 年至 2021 年，大部分 RCEP 成员的贸易强度指数大于 1，即在此期间中国对这些国家的动物类产品出口大于世界平均水平。从 2018 年至 2021 年，中国对韩国、老挝、泰国、新加坡、缅甸、越南等国的出口强度小于 1，即表明中国对这些国家在动物类产品出口方面紧密度较弱。对于印度尼西亚和马来西亚，虽然没有五年数据并不完整，但已有的数据也显示出中国的贸易强度指数大于 1，说明对这两个国家，中国的动物类产品出口紧密。

尽管整体上中国在新西兰、澳大利亚和日本的动物类产品出口强度高，均大于 1，但是 2018—2021 年贸易强度指数有逐步下滑趋势，表明中国虽然对这三个国家的农产品出口拥有一定的竞争优势，但是这种竞争优势正在逐步减弱。

中国与 RCEP 其他成员的果蔬类贸易强度，如表 7-3 所示。

表7-3 中国与RCEP其他成员的果蔬类贸易强度

国家	2018年	2019年	2020年	2021年
日本	1.23	1.21	1.16	1.06
新西兰	1.51	1.72	1.34	1.33
澳大利亚	1.80	1.89	1.70	0.89
韩国	0.65	0.83	0.66	0.82
印度尼西亚	1.41	1.75	1.27	1.32
马来西亚	1.04	1.11	1.15	0.72
菲律宾	2.00	1.78	1.37	1.34
柬埔寨	2.63	3.44	3.79	3.82
老挝	2.47	2.44	2.62	1.37
泰国	3.03	3.70	3.82	4.17
文莱	0.01	0.00	0.82	0.00
新加坡	0.15	0.17	0.14	0.11
缅甸	0.61	1.10	1.07	0.95
越南	1.25	1.02	1.22	1.01

资料来源：根据UN Comtrade数据库贸易数据测算。

中国作为农产品生产大国，在果蔬类商品出口方面具备较强的贸易联系，相比于动物类产品，在出口上中国的果蔬类产品贸易强度更大，2018—2021年，中国对RCEP其他成员的出口强度大多数大于1，高于世界平均水平，从侧面证明了中国与这些国家具有畅通的果蔬类产品出口通道。

相比于RCEP其他成员，我国对泰国的果蔬类产品贸易强度指标远超其他成员。我国是泰国重要的果蔬类农产品进口国家，且相比于其他竞争对手，有高强度的贸易联系。对于日本、澳大利亚、新西兰、菲律宾四国，中国的果蔬类农产品出口强度指数逐步下滑，日本和澳大利亚在后面年份出现小于1的情况，表明中国的果蔬类商品的贸易强度下降。对于韩国而言，虽然在出口额上，韩国是我国在RCEP成员中第二大果蔬类产品出口目的地国家，但是从贸易强度指标来看，中国果蔬类农产品与韩国贸易强度较低。中国对柬埔寨的贸易强度指标在 2018 年即达到 2.63 这样一个比较高的水平，但是在后续几年依然逐年升高。

中国与 RCEP 其他成员的食品加工类贸易强度，如表 7-4 所示。

表 7-4　中国与 RCEP 其他成员的食品加工类贸易强度

国家	2018 年	2019 年	2020 年	2021 年
日本	3.28	3.71	3.64	3.50
新西兰	5.78	7.26	7.35	6.88
澳大利亚	6.81	7.79	8.36	5.13
韩国	3.55	3.44	3.26	3.32
印度尼西亚	1.74	1.56	1.56	1.74
马来西亚	2.02	1.82	1.83	1.71
菲律宾	0.86	0.75	0.86	1.14
柬埔寨	4.63	3.62	5.31	5.14
老挝	2.12	0.73	0.88	0.47
泰国	0.95	1.14	1.27	1.30
文莱	0.58	1.46	0.46	0.05
新加坡	0.53	0.51	0.53	0.51
缅甸	0.50	3.11	6.40	3.48
越南	2.05	7.60	2.36	2.56

资料来源：根据 UN Comtrade 数据库贸易数据测算。

中国动物类产品和果蔬类产品种类丰富，而且凭借强大的轻工业水平，使其加工类食品在全球范围内保持着较强的竞争优势。反映在贸易强度上，即中国对大部分 RCEP 成员在多数年份的食品加工类农产品出口贸易强度均大于 1。特别是，中国对日本、澳大利亚、新西兰、韩国、柬埔寨、韩国的贸易强度指数都在 3 以上，表明中国与这些国家在食品加工类产品上的贸易联系非常紧密。中国对印度尼西亚、马来西亚、越南、泰国、菲律宾的贸易强度指数虽然小于前面国家，但是依然处于 1 以上，表明中国对这些国家的食品加工类农产品出口维持在较高水平。

7.1.2 中国与 RCEP 成员的贸易互补性

7.1.2.1 农产品贸易互补性

根据贸易互补性测算公式，本书测算了中国与 RCEP 其他成员的农产品贸易互补性，以观测中国与 RCEP 其他国家的贸易，如表7-5 所示。

表 7-5　中国与 RCEP 其他成员的农产品贸易互补性

国家	2018 年	2019 年	2020 年	2021 年
中国	—	—	—	—
日本	0.44	0.21	0.39	0.30
新西兰	0.53	0.36	0.53	0.37
澳大利亚	0.31	0.25	0.31	0.21
韩国	0.27	0.28	0.27	0.20
印度尼西亚	0.48	0.47	0.51	0.36
马来西亚	0.33	0.33	0.35	0.27
菲律宾	0.53	0.54	0.56	0.42
柬埔寨	0.34	0.31	0.33	0.17
老挝	0.57	0.68	0.75	0.51
泰国	0.28	0.29	0.31	0.21
文莱	0.56	0.43	0.42	0.23
新加坡	0.16	0.16	0.16	0.12
缅甸	0.05	0.05	0.05	0.03
越南	0.37	0.33	0.31	0.26

资料来源：根据 UN Comtrade 数据库贸易数据测算。

包含中国在内的 RECP 成员中，除新加坡因为国土面积狭小，不能大规模发展农业外，其余成员都具备一定的农业禀赋，拥有大力发展农业的先天条件，且绝大多数都是发展中国家，农业是其重要的支柱性产业之一。

RCEP 各成员进口农产品主要原因有两个：一是国内需求无法被国内

产能满足。有些国家由于人口增长、城市化进程加快以及饮食结构的变化，导致国内农产品供应无法满足国内市场的需求。二是多样化消费品种。随着全球化的推进，消费者对于品种多样化的需求越来越高，一些国家进口农产品是为了满足当地消费者对不同种类食品的需求。例如，一些国家可能无法自产特定的水果、蔬菜、肉类或海产品，这就需要通过进口来满足多样化的需求。

在农产品国际贸易中，中国是重要的农产品提供者，但与工业品相比，农产品并非主要出口类别。中国人口众多，国内对农产品的需求十分庞大，这使国内市场的需求较高，优先满足国内市场需要可能会限制农产品的出口。因此，在农产品方面，中国与 RCEP 各成员的互补性都不高，基本处于"极弱"和"较弱"的状态。

从趋势上看，中国与 RCEP 成员的农产品贸易互补性指数呈现波动变化趋势，均呈现出下降趋势，表明中国与 RCEP 成员的互补性逐步走弱。从具体数值上看，中国与日本、新西兰、印度尼西亚、马来西亚、菲律宾、老挝、泰国的农产品贸易互补性指数较高，即表明中国在农产品方面和这些国家之间有一定的贸易匹配性。

7.1.2.2 细分类别贸易互补性

本书进一步了解了中国与 RCEP 其他成员的农产品细分类别（动物类、果蔬类、食品加工类）的贸易互补性情况。

中国与 RCEP 其他成员的动物类贸易互补性，如表 7-6 所示。

表 7-6 中国与 RCEP 其他成员的动物类贸易互补性

国家	2018 年	2019 年	2020 年	2021 年
日本	0.63	0.61	0.45	0.36
新西兰	0.26	0.27	0.22	0.15
澳大利亚	0.22	0.21	0.15	0.12
韩国	0.40	0.39	0.30	0.23
印度尼西亚	0.28	0.31	0.24	0.20

续表

国家	2018 年	2019 年	2020 年	2021 年
马来西亚	0.24	0.24	0.19	0.16
菲律宾	0.47	0.46	0.36	0.34
柬埔寨	0.06	0.06	0.08	0.06
老挝	0.41	0.77	0.87	0.54
泰国	0.34	0.31	0.26	0.19
文莱	0.59	0.43	0.26	0.19
新加坡	0.16	0.14	0.11	0.09
缅甸	0.01	0.01	0.01	0.00
越南	2.13	1.78	1.24	0.98

资料来源：根据 UN Comtrade 数据库贸易数据测算。

在动物类商品中，中国与一些 RCEP 成员的贸易互补性指数较高，如日本、韩国、菲律宾、老挝和文莱等，表明这些国家对于中国的动物类农产品有着较高的进口需求，而中国的出口比较优势相对较强，因此在这些国家的进口需求和中国出口的动物类农产品之间存在较高的贸易互补性。贸易互补性指数较低的国家包括新西兰、澳大利亚、马来西亚、缅甸等，这些国家对中国动物类产品进口需求相对较低，或者中国的出口比较优势对这些国家来说并不明显，因此在这方面的贸易互补性较低。中国和缅甸在动物类产品的贸易互补性指数一直保持在极低的水平。

中国与 RCEP 其他成员的果蔬类贸易互补性，如表 7-7 所示。

表 7-7 中国与 RCEP 其他成员的果蔬类贸易互补性

国家	2018 年	2019 年	2020 年	2021 年
日本	0.31	0.31	0.27	0.21
新西兰	0.30	0.30	0.26	0.18
澳大利亚	0.15	0.16	0.14	0.09
韩国	0.21	0.21	0.19	0.15
印度尼西亚	0.49	0.48	0.43	0.32

续表

国家	2018 年	2019 年	2020 年	2021 年
马来西亚	0.33	0.33	0.32	0.28
菲律宾	0.47	0.47	0.45	0.36
柬埔寨	0.10	0.10	0.09	0.06
老挝	0.22	0.29	0.26	0.16
泰国	0.22	0.24	0.26	0.19
文莱	0.38	0.32	0.26	0.15
新加坡	0.09	0.09	0.10	0.08
缅甸	0.04	0.04	0.04	0.03
越南	0.44	0.38	0.28	0.30

资料来源：根据 UN Comtrade 数据库贸易数据测算。

在果蔬类商品中，与中国贸易互补性指数较高的国家包括新西兰、印度尼西亚、马来西亚、菲律宾、越南等国家，其贸易互补性指数均高于0.28，表明中国向这些国家出口的果蔬类农产品与它们的进口需求之间存在较高的匹配程度，但是对日本、澳大利亚、新西兰、韩国而言，我国的果蔬类产品与其需求匹配度较低，贸易互补性偏低。

中国与 RCEP 其他成员的食品加工类贸易互补性，如表 7-8 所示。

表 7-8 中国与 RCEP 其他成员的食品加工类贸易互补性

国家	2018 年	2019 年	2020 年	2021 年
日本	0.46	0.46	0.30	0.36
新西兰	0.99	0.94	0.83	0.81
澳大利亚	0.55	0.58	0.47	0.43
韩国	0.25	0.26	0.23	0.21
印度尼西亚	0.59	0.55	0.56	0.54
马来西亚	0.39	0.38	0.33	0.33
菲律宾	0.63	0.65	0.57	0.54
柬埔寨	0.82	0.72	0.64	0.44

续表

国家	2018 年	2019 年	2020 年	2021 年
老挝	1.09	1.08	0.89	0.95
泰国	0.29	0.31	0.25	0.24
文莱	0.73	0.55	0.54	0.34
新加坡	0.25	0.25	0.19	0.20
缅甸	0.10	0.07	0.06	0.06
越南	0.35	0.32	0.27	0.27

资料来源：根据 UN Comtrade 数据库贸易数据测算。

在食品加工类商品中，我国凭借强大的轻工业生产实力，在食品加工业方面具备非常强的竞争优势。我国对 RCEP 其他成员的加工类食品贸易互补性指标明显比动物类产品和果蔬类产品高。具体到相关国家，我国对新西兰、柬埔寨、老挝三个国家的食品加工类贸易互补性指数多在 0.6 以上，新西兰和老挝甚至达到 0.8 以上，按照贸易互补性定义，属于互补性较强的范畴。

7.1.3　基于贸易强度和贸易互补性的发展潜力分析

基于贸易强度和贸易互补性测算，本书综合分析了中国与 RCEP 成员之间在农产品整体，以及细分动物类产品、果蔬类产品、食品加工类产品上的发展潜力，如表 7-9 所示。以贸易强度为横轴，以贸易互补性为纵轴，通过四象限法进行交叉分析，如图 7-2 所示。

表 7-9　中国与 RCEP 其他成员的贸易强度和贸易互补性

国家	强度	互补性
日本	1.47	0.30
新西兰	3.29	0.37
澳大利亚	1.63	0.21
韩国	1.27	0.20

续表

国家	强度	互补性
印度尼西亚	1.65	0.36
马来西亚	1.03	0.27
菲律宾	1.30	0.42
柬埔寨	4.66	0.17
老挝	1.15	0.51
泰国	2.72	0.21
文莱	0.21	0.23
新加坡	0.22	0.12
缅甸	1.36	0.03
越南	1.23	0.26

资料来源：根据 UN Comtrade 数据库贸易数据测算。

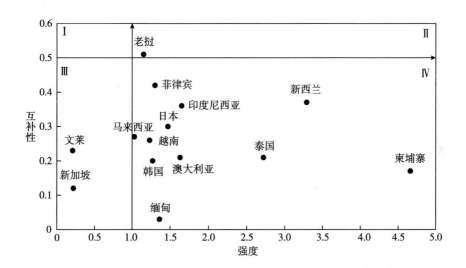

图 7-2 中国与 RCEP 其他成员的贸易强度和贸易互补性的象限图

通过从贸易强度和贸易互补性两个角度对中国与 RCEP 其他成员之间的指标进行交叉分析可知，只有中国对老挝一个国家的贸易强度和贸易互补性在第一象限，即双方的贸易流量大于世界平均水平，双方贸易互补性较强。11 个成员位于第四象限，即双方的贸易流量大于世界平均水平，但是双方贸易互补性较弱，其中和柬埔寨的贸易强度较高。文莱和新加坡两个国家位于第三象限，即双方的贸易流量小于世界平均水平，同时双方贸易互补性也较弱。

7.2 基于随机前沿方法（SPA）的出口贸易效率分析

7.2.1 随机前沿引力模型的理论方法

引力模型早期广泛用于识别制约国际贸易流动的因素，估计的贸易量是两国之间的贸易前沿水平，可视为理想的贸易量，被称为"贸易潜力"，实际贸易量与理想贸易量的比值称为"贸易效率"。Anderson（1979）认为，引力模型假定贸易无摩擦，只考虑少数客观贸易阻力因素，其他不可观测的、难以量化的因素都进入模型的残差项，因此模型在估计贸易潜力时容易出现较大偏差。Anderson 和 vanWincoop（2003）同样认为，引力模型只能考虑少数客观贸易阻力因素，估计的结果可能导致推论有偏。Plummer（2011）进一步指出，传统的引力模型是采用最小二乘法进行计算的，得出的贸易潜力是在各种影响因素下的贸易平均值，小于既定条件下的贸易最大值，继而贸易效率估算不准确，经常大于 1。

基于此，Amstrong（2007）提出随机前沿引力模型，该模型的估算思想来自于 Aigner、Lovell 和 Schmidt（1977）提出的生产边界模型技术效率模型。具体而言，该方法指定一个生产边界以代表从给定的投入水平可以产生的最大产出。边界上的投入产出组合代表完全有效的生产活动，边界内的投入产出组合代表非完全有效的生产活动，实际产出水平低于可能的最大产出水平。扰动项分解为反映统计噪声的随机扰动项和技术非效率项，主要用于衡量生产效率及其影响因素。

在 Armstrong 提出的随机前沿引力模型中，将传统随机扰动项分为随机误差项和非效率项。随机误差项包括贸易过程中面临的外界随机冲击，非效率项包括不可观测的、难以量化的相关因素。该模型能够捕捉难以察觉的制度特征和其他未被注意的变量，可以更好地解释贸易流动和预测贸易潜力。目前，随机前沿引力模型已成为测算贸易效率的重要方法。

随机前沿引力模型的基础是生产边界模型技术效率的估算思想，生产边界模型估算技术效率的步骤如下：

假设生产效率为 100% 的生产函数为：

$$Y^* = f(z, b)$$

效率水平为 ω 的产出函数为：

$$Y = f(z, b) \times \omega$$

在式中，ω 表示效率水平，显然，$0 < \omega \leqslant 1$。当 $\omega = 1$，表示现有生产技术达到了理论上的最优产出水平；当 $\omega < 1$，表示存在效率损失。

生产受到随机干扰因素 v 的影响，随机因素包括天气等，v 为随机干扰的因素，采用指数形式 e^v 是为了保证 $Y>0$，其服从正态分布并大于 0，函数变为：

$$Y = f(z, b) \times \omega \times e^v$$

对上式两边取对数，则为：

$$\ln Y = \ln[f(z, b)] + \ln \omega + v$$

设 $u = -\ln \omega$，则上式变为：

$$\ln Y_i = \ln f(z, b) + v_i - u_i$$

Armstrong 用 i 国与 j 国的出口贸易额 T_{ij} 代替产出指标 Y_i，用贸易影响因素 $f(x, \beta)$ 代替投入变量指标 $f(z, b)$，将随机生产边界模型转换为随机前沿贸易引力模型：

$$\ln T_{ij} = \ln f(x, \beta) + v_{ij} - u_{ij}$$

式中，T_{ij} 为 i 国对 j 国的出口贸易额，x 为影响 i 国对 j 国贸易的主要因素，β 为待估计的参数向量，v_{ij} 为随机因素。由于测量造成了正常统计误差，它反映了统计误差等不可控因素引起的估计偏差，服从均值为 0 的正态分布。u_{ij} 为贸易非效率项，表示实际贸易与理想贸易之间的差距，其与 v_{ijt} 不相关，一般认为其服从半正态分布或截断正态分布。TE_{ij} 为贸易效率，T_{ij}^* 为 i 国对 j 国的贸易边界。

贸易效率 TE_{ij} 是实际贸易水平 T_{ij} 与理想贸易水平 T_{ij}^* 的比值为：

$$TE_{ij} = \frac{T_{ij}}{T_{ij}^*}$$

当 $u_{ijt} > 0$ 时，$TE_{ijt} \in (0, 1)$，双边贸易具有贸易非效率，实际贸易量小于理想贸易量；当 $u_{ijt} = 0$ 时，$TE_{ijt} = 1$，双边贸易不存在贸易无效率，实际贸易量等于理想贸易量。

贸易潜力 TP_{ij} 为：

$$TP_{ij} = 1 - TE_{ij}^k$$

7.2.2 模型设定、数据来源及模型结果

7.2.2.1 模型设定及数据来源

随机前沿引力模型的核心控制因素主要是短期内不随时间改变的客观变量，如双边国家的经济总量、人口规模、地理距离等。模型设定如下式：

$$\ln T_{ijt} = \beta_0 + \beta_1 \ln GDP_{it} + \beta_2 \ln GDP_{jt} + \beta_3 \ln Pop_{it} + \beta_4 \ln Pop_{jt} + \beta_5 \ln Dist_{ij} + \beta_6 border_t + \beta_7 lang_t + v_{ijt} - u_{ijt}$$

其中，被解释变量 T_{ijt} 是 t 时期出口国 i 对出口目的国 j 的出口贸易额，β_0 为模型的常数项，β_1、β_2、β_3、β_4、β_5、β_6、β_7 分别表示解释变量的回归系数，模型各变量的具体说明如下：

（1）经济因素。国际贸易问题中衡量经济规模的方式很多，大部分建议使用 GDP 作为代理变量（Jambor and Torok，2013）。GDP_{it} 是 t 时期出口国 i 的国内生产总值，GDP_{jt} 是 t 时期出口目的国 j 的国内生产总值。出口国经济规模越大，其对商品和服务的供给能力越强，更有能力维持并持续提升出口能力。出口目的国经济规模越大，其对商品种类和数量的需

求就越多，从而能够促进出口国出口商品数量的增加。

（2）人口因素。一个国家人口数量多，则市场规模大（Kahouli and Maktouf，2015），有利于规模经济，扩大与贸易伙伴国的贸易（Doan and Xing，2018）。Pop_{it} 是 t 时期出口国 i 的人口数量，Pop_{jt} 是 t 时期出口目的国 j 的人口数量。

（3）地理距离。地理距离代表运输成本，距离越远对应的贸易成本越高，从而导致出口国贸易量的减少（Chaney，2018）。$Dist_{ij}$ 是贸易国 i 与贸易国 j 国首都间地理距离。

（4）边界、共同语言等客观因素。边界、共同语言反映有特定的历史关系。

（5）v_{ijt} 是模型回归中服从正态分布的随机测量误差；u_{ijt} 则为贸易非效率项，表示影响出口国贸易的非效率影响因素。

本书采用世界贸易组织（WTO）HS 编码的农产品统计方法，贸易数据来自联合国贸易数据库（UN comtrade）①，截至 2023 年 7 月，贸易数据更新至 2022 年。经济指标选择以现价美元计算的 GDP，与人口数量指标均来自国际货币基金组织②。航运距离、是否有共同边界、是否有共同语言数据来自法国前景研究与国际中心（CEPII）数据库③。

7.2.2.2　模型结果

随机前沿引力模型与传统引力模型的区别主要是非效率因素是否存在，通过结果可以看出，$\mu \neq 0$，因此，使用随机前沿引力模型的估算更为精确。

通过似然比进行两个检验：①是否引入边界变量；②是否引入语音变量表似然比。检测结果如表 7-10 所示。

---

①　数据库网址：https：//comtrade.un.org/data.

②　数据库网址：https：//www.imf.org/en/Publications/WEO/weo-database/2023/April/download-entire-database.

③　数据库网址：http：//www.cepii.fr/cepii/en/bdd_modele/bdd.asp.

表 7-10　似然比检测结果

原假设	Prob>Chi^2	检验结论
不引入边界变量	0.7698	接受原假设
不引入语言变量	0.0000	拒绝原假设

资料来源：根据 UN Comtrade 数据库贸易数据测算。

根据以上检验结果，得到随机前沿引力模型的公式为：

$$\ln T_{ijt} = \beta_0 + \beta_1 \ln GDP_{it} + \beta_2 \ln GDP_{jt} + \beta_3 \ln Pop_{it} + \beta_4 \ln Pop_{jt} + \beta_5 \ln Dist_{ij} + \beta_6 lang_t + v_{ijt} - u_{ijt}$$

对 1998-2022 年中国对 RCEP10 个成员贸易出口情况进行模拟。因涉及年限较长，使用时变模型，计算后结果显示出 eta 是负数，并通过了显著性统计检验，表明样本的贸易效率和时间的变化相关。

计算非效率的波动占总波动的比例方法如下：

$$gamma = (sigma\_u)^2 / [(sigma\_u)^2 + (sigma\_v)^2]$$

通过计算可知在非效率呈指数分布的随机前沿模型中，$(sigma\_u)^2$ 为 0.6100，$(sigma\_v)^2$ 为 0.1303，通过计算得到 gamma 为 0.8239，非效率的波动占总波动的 82%，说明总波动主要为非效率因素波动所致，验证了随机前沿引力模型比传统引力模型更加适用，表明了非贸易效率影响使实际贸易值与理想贸易值之间产生差异。具体如表 7-11 与表 7-12 所示。

表 7-11　随机前沿引力模型的估算结果

变量	经济含义	系数	Z	P>|z|
lngdp_i	本国经济规模	0.1736916	0.197	−0.0899426
lngdp_j	进口国经济规模	0.8338677	0	0.7757251
lnpop_i	本国人口规模	10.44789	0.002	3.807435
lnpop_j	进口国人口规模	0.46627	0	0.4058274
ln$dist$	地理距离	−0.7409303	0	−0.9087494
$language$	边界、共同语言	1.759857	0	1.366358

续表

变量	经济含义	系数	Z	P>｜z｜
_cons		−56.4306	0.015	−102.0854
/mu		0.7858439	0.062	−0.0390257
/eta		−0.0409817	0	−0.0535333
/lnsigma^2		−0.3012767	0.612	−1.466192
/lgtgamma		1.542849	0.034	0.1146404
sigma^2		0.739873		0.2308027
gamma		0.8238785		0.5286287
sigma_u^2		0.6095654		−0.2528019
sigma_v^2		0.1303076		0.1105303

资料来源：根据 UN Comtrade 数据库贸易数据测算。

表 7-12　随机前沿引力模型的估算详细结果

lnex		Coefficient	Std.	err.	z	P>｜z｜	［95%conf. interval］
lngdp$_i$	本国经济规模	0.1736916	0.1345097	1.29	0.197	−0.0899426	0.4373257
lngdp$_j$	进口国经济规模	0.8338677	0.0296652	28.11	0	0.7757251	0.8920104
lnpop$_i$	本国人口规模	10.44789	3.388051	3.08	0.002	3.807435	17.08835
lnpop$_j$	进口国人口规模	0.46627	0.0308386	15.12	0	0.4058274	0.5267126
lndist	地理距离	−0.7409303	0.0856236	−8.65	0	−0.9087494	−0.5731112
language	边界、共同语言	1.759857	0.2007684	8.77	0	1.366358	2.153356
_cons		−56.4306	23.29372	−2.42	0.015	−102.0854	−10.77575
/mu		0.7858439	0.4208596	1.87	0.062	−0.0390257	1.610714
/eta		−0.0409817	0.006404	−6.4		−0.0535333	−0.0284301
/lnsigma^2		−0.3012767	0.5943555	−0.51	0.612	−1.466192	0.8636386
/lgtgamma		1.542849	0.7286911	2.12	0.034	0.1146404	2.971057
sigma^2		0.739873	0.4397476			0.2308027	2.371775
gamma		0.8238785	0.1057351			0.5286287	0.9512493
sigma_u^2		0.6095654	0.4399914			−0.2528019	1.471933
sigma_v^2		0.1303076	0.0100907			0.1105303	0.1500849

资料来源：根据 UN Comtrade 数据库贸易数据测算。

在模型估算中，中国经济因素（人均国民收入）弹性系数为 0.174，符号为正，但显著性程度不高，中国的经济发展对中国出口有一定影响，但 RCEP 成员的商品需求与中国的经济发展关系不大，所以影响并不显著。RCEP 成员经济因素（人均国民收入）弹性系数为 0.833，符号为正，对中国出口贸易效率影响显著，RCEP 成员的经济发展水平与中国出口贸易直接相关。

中国和 RCEP 成员的人口因素对出口贸易效率影响显著，符号均为正，中国人口的弹性系数为 10.448，RCEP 成员的人口弹性系数为 0.466，说明市场容量越大越有助于扩大双边贸易。比较而言，中国人口总量对贸易效率的影响要大得多。两国地理距离对出口效率呈现显著负向影响，出口贸易与贸易双方的地理距离成反比，系数为 -0.741，运输成本和相关费用阻碍贸易水平的提高。共同语言对贸易有着显著正向影响，系数为 1.760。

7.2.3　贸易效率分析

7.2.3.1　农产品贸易效率总体分析

通过时变随机前沿引力模型，获得 1998-2022 年中国与 RCEP 成员贸易效率估值，如图 7-3 所示。

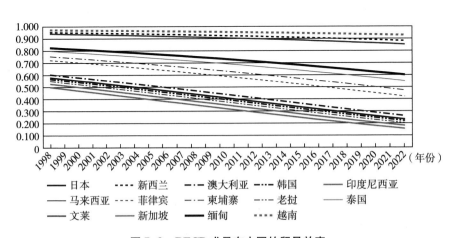

图 7-3　RECP 成员在中国的贸易效率

近 20 年来，中国对 14 个 RCEP 成员的农产品出口贸易效率基本呈现下滑趋势，结合前文贸易额的分析，在贸易量持续增长的情况下，贸易效率仍在降低，说明双边贸易条件在改善，贸易边界在拓展，但农产品贸易的增长速度远低于贸易边界的拓展幅度，贸易潜力有待挖掘。

我国对 14 个 RCEP 成员的农产品整体出口贸易效率可以分为三个类别：第一类是越南、文莱和新西兰，整体贸易效率基本维持在 0.8 以上，在 1998 年最高达到了 0.94 以上；第二类是缅甸、泰国、柬埔寨和菲律宾，整体贸易效率在 0.4~0.8，以缅甸为例，1998 年中国对缅甸农产品整体出口的贸易效率达到最大值为 0.825，但是到 2022 年下降至 0.6；第三类是澳大利亚、日本、马来西亚、韩国和老挝，其贸易效率基本处于 0.1~0.6。

2022 年中国对 RCEP 各成员的贸易效率与中国对其出口贸易额，如表 7-13 与图 7-4 所示。

表 7-13　2022 年 RCEP 各成员的贸易效率与中国对其出口贸易额

国家	贸易效率	贸易额（亿美元）
越南	0.93	54.82
新西兰	0.88	3.28
文莱	0.85	0.24
缅甸	0.60	2.90
泰国	0.55	48.21
柬埔寨	0.47	2.10
菲律宾	0.42	27.13
澳大利亚	0.26	4.04
日本	0.23	104.53
马来西亚	0.23	53.52
韩国	0.22	61.17
老挝	0.20	0.56

续表

国家	贸易效率	贸易额（亿美元）
印度尼西亚	0.18	26.85
新加坡	0.16	14.24

资料来源：根据 SFA 模型及 UN Comtrade 数据库贸易数据测算。

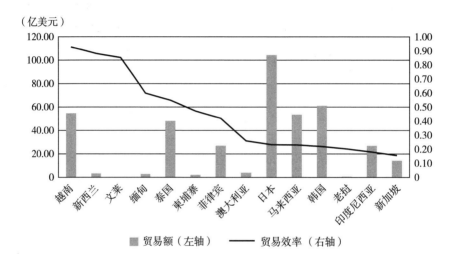

图 7-4　2022 年 RCEP 各成员的贸易效率与中国出口贸易额

　　贸易值的大小与贸易效率之间没有直接关联，与中国贸易额高的国家的贸易效率不一定高，例如，2022 年，日本作为我国第一大农产品出口目的地国家，其贸易效率仅位列倒数第五，与之相对地，越南的贸易效率最高，但是我国对其农产品贸易额仅排到第三位，次于日本和韩国。2022 年，与中国农产品贸易出口效率较高的国家依次是越南、新西兰、文莱、缅甸、泰国。

7.2.3.2　农产品贸细分类别贸易效率分析

　　（1）通过时变随机前沿引力模型，获得 1998—2022 年中国与 RCEP 成员动物类商品贸易效率估值，如图 7-5 所示。

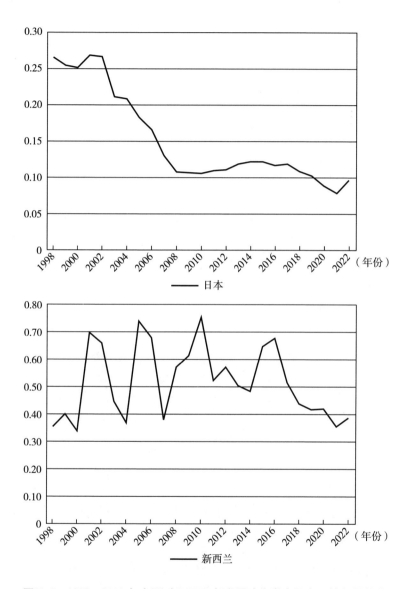

图 7-5 1998—2022 年中国对 RCEP 各成员动物类产品出口的贸易效率

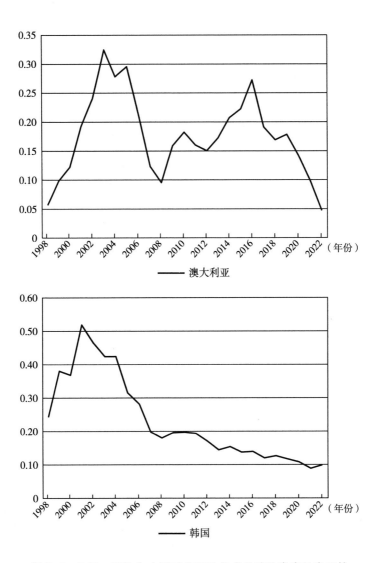

图 7-5　1998—2022 年中国对 RCEP 各成员动物类产品出口的

贸易效率（续图）

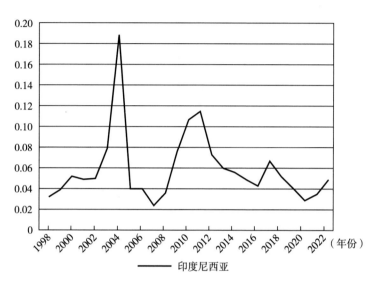

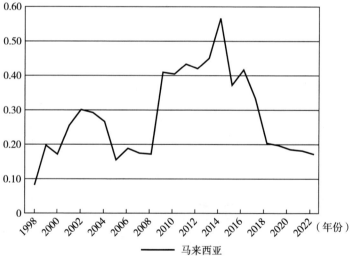

图 7-5　1998—2022 年中国对 RCEP 各成员动物类产品出口的
贸易效率（续图）

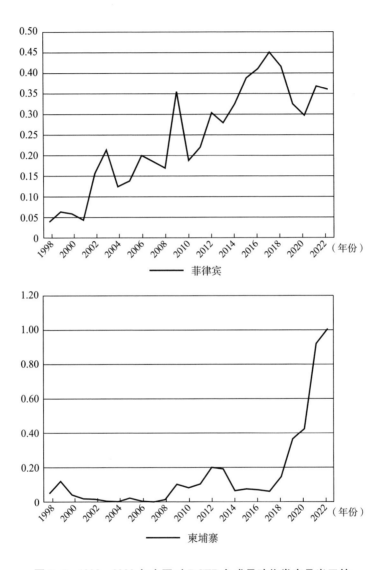

图 7-5 1998—2022 年中国对 RCEP 各成员动物类产品出口的
贸易效率（续图）

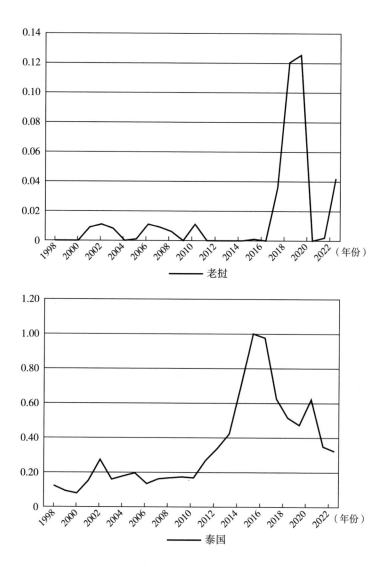

图 7-5　1998—2022 年中国对 RCEP 各成员动物类产品出口的
贸易效率（续图）

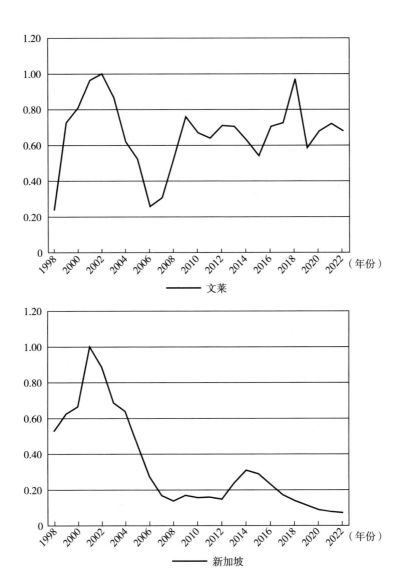

图 7-5　1998—2022 年中国对 RCEP 各成员动物类产品出口的

贸易效率（续图）

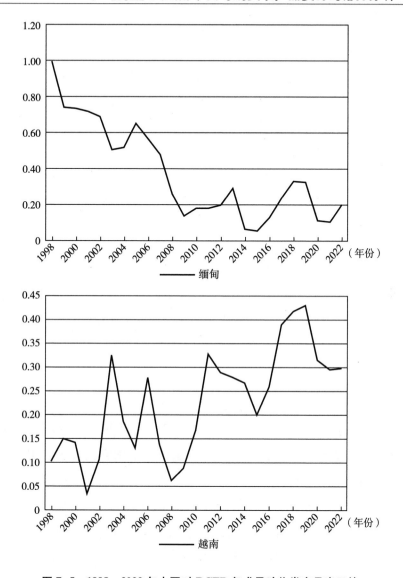

图 7-5　1998—2022 年中国对 RCEP 各成员动物类产品出口的
贸易效率（续图）

从走势上来看，中国对日本、韩国、印度尼西亚、新加坡、缅甸这五
个国家的动物类农产品出口贸易效率逐步下滑。在我国对相关动物类产品
出口贸易额不断增加的情况下，贸易效率下滑，表明我国同这些国家之间

在动物类产品方面的贸易潜力在不断提高。

中国对菲律宾、柬埔寨、越南的动物类农产品出口贸易效率则表现出逐步增长的趋势，且这三个国家的贸易效率均小于1，同时在出口额上，我国对这三个国家的动物类产品出口额也在不断增加，这表明我国和这几个国家在动物类产品的贸易正在不断得到加强。

我国与新西兰、澳大利亚、老挝、马来西亚、泰国以及文莱之间的贸易效率波动较大，但波动特点又有所不同。新西兰的波动幅度在 0.3～0.7，澳大利亚一直在低于 0.3 的水平下波动，文莱和老挝的效率波动突发性较强，泰国和马来西亚则在波动中持续上涨。

（2）通过时变随机前沿引力模型，获得 1998—2022 年中国与 RCEP 成员果蔬类商品贸易效率估值，如图 7-6 所示。

1998—2022 年，中国对 14 个 RCEP 成员的果蔬类产品出口贸易效率基本呈现出逐步增长趋势，说明中国对 RCEP 成员果蔬贸易增长速度快于理想贸易边界的拓展速度。

中国对 14 个 RCEP 成员果蔬类产品出口贸易效率可以分为三大类：一是贸易效率在 0.7~1，包括日本、马来西亚、新加坡、韩国，其中日本、韩国和新加坡都是亚洲的发达国家，对于果蔬类商品有较强需求；二是贸易效率在 0.3~0.6，只有越南一个国家，根据海关总署的数据，2021 年中国对越南的水果出口额为 11.5 亿美元，同比增长 18.5%，占中国水果总出口额的比重为 20%；三是贸易效率 0~0.3，包括泰国、菲律宾、印度尼西亚、澳大利亚、文莱、新西兰、缅甸、老挝、柬埔寨共 9 个国家，这些国家都处于亚热带地区，果蔬资源丰富。

（3）通过时变随机前沿引力模型，获得 1998-2022 年中国与 RCEP 成员食品加工类商品贸易效率估值，如图 7-7 所示。

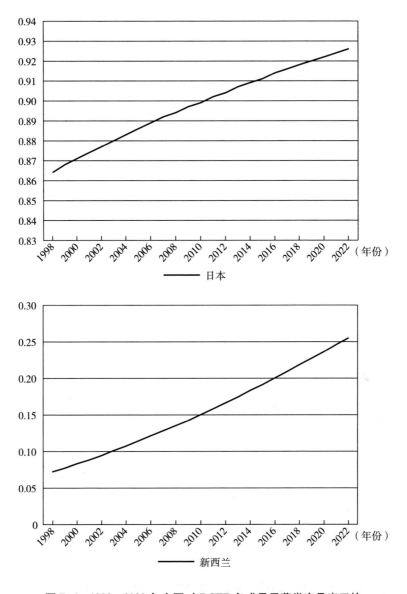

图 7-6 1998—2022 年中国对 RCEP 各成员果蔬类产品出口的
贸易效率

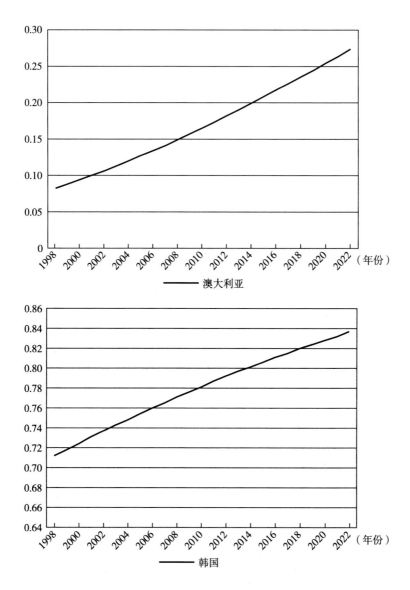

图 7-6　1998—2022 年中国对 RCEP 各成员果蔬类产品出口的

贸易效率（续图）

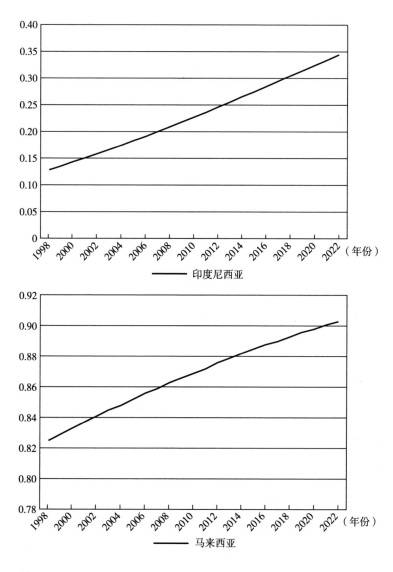

图 7-6　1998—2022 年中国对 RCEP 各成员果蔬类产品出口的

贸易效率（续图）

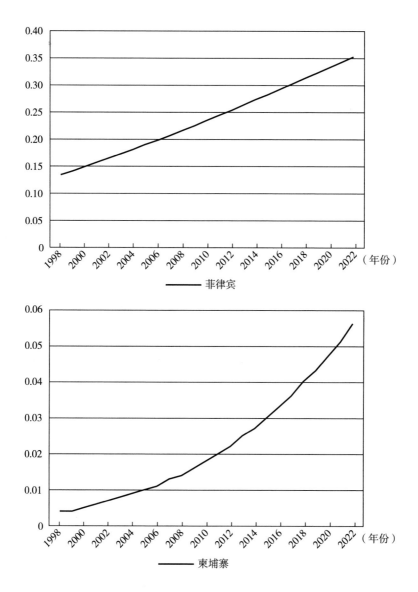

图 7-6　1998—2022 年中国对 RCEP 各成员果蔬类产品出口的
贸易效率（续图）

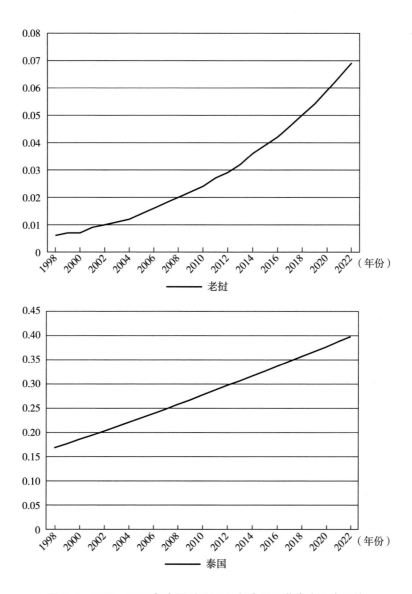

图 7-6　1998—2022 年中国对 RCEP 各成员果蔬类产品出口的

贸易效率（续图）

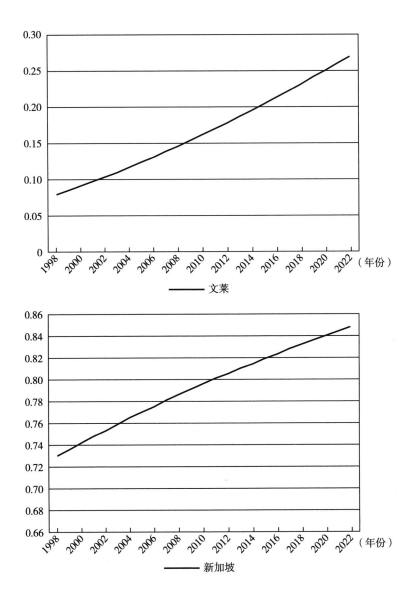

图 7-6　1998—2022 年中国对 RCEP 各成员果蔬类产品出口的
贸易效率（续图）

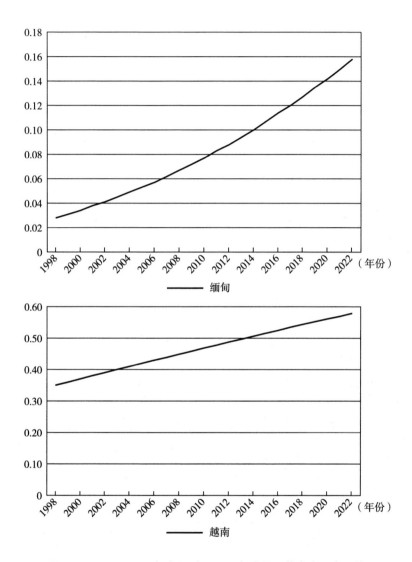

图 7-6 1998—2022 年中国对 RCEP 各成员果蔬类产品出口的

贸易效率（续图）

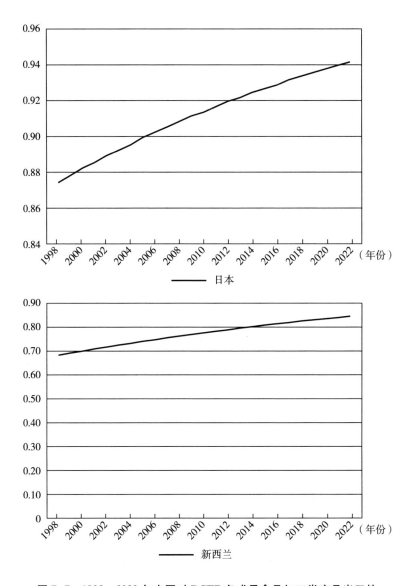

图 7-7　1998—2022 年中国对 RCEP 各成员食品加工类产品出口的
贸易效率

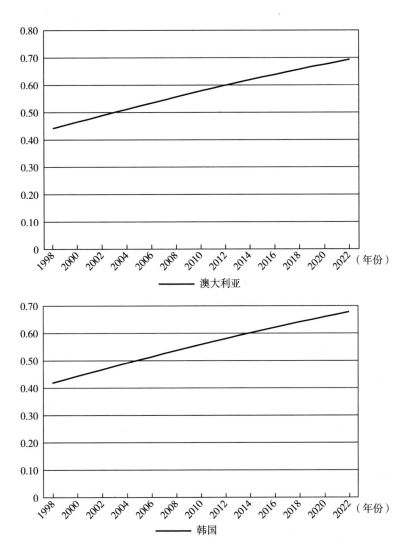

图 7-7 1998—2022 年中国对 RCEP 各成员食品加工类产品出口的

贸易效率（续图）

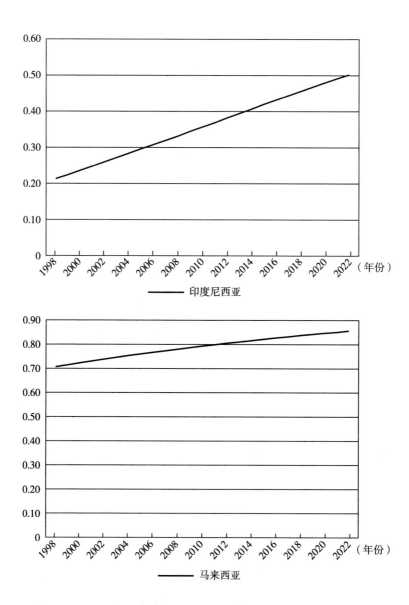

图 7-7 1998—2022 年中国对 RCEP 各成员食品加工类产品出口的
贸易效率（续图）

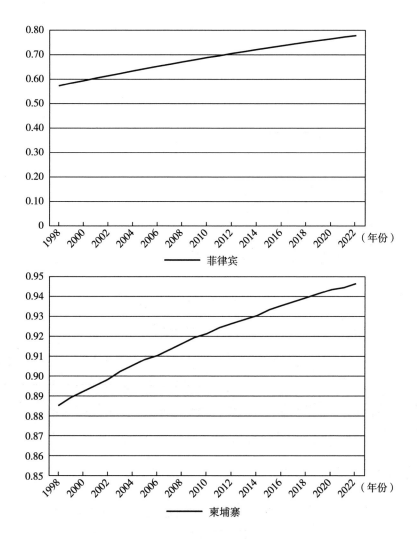

图 7-7   1998—2022 年中国对 RCEP 各成员食品加工类产品出口的
贸易效率（续图）

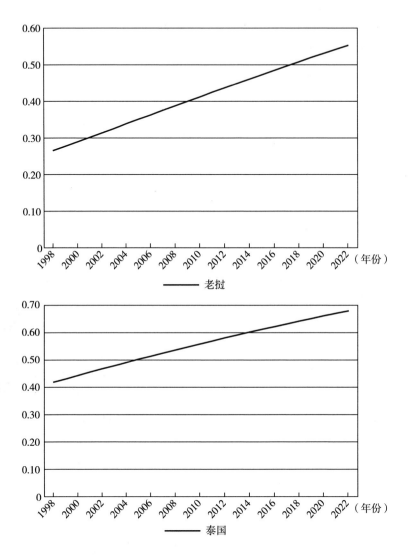

图 7-7　1998—2022 年中国对 RCEP 各成员食品加工类产品出口的贸易效率（续图）

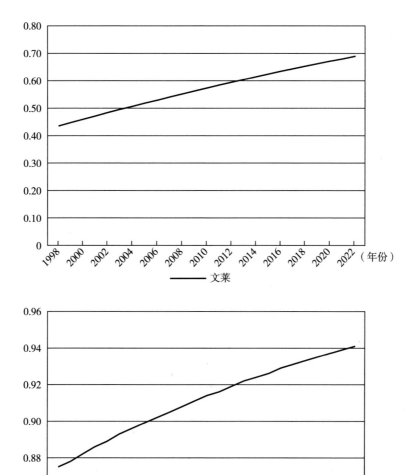

图 7-7　1998—2022 年中国对 RCEP 各成员食品加工类产品出口的
贸易效率（续图）

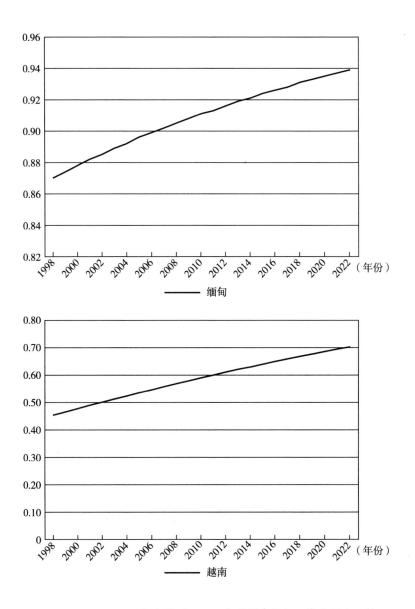

图 7-7　1998—2022 年中国对 RCEP 各成员食品加工类产品出口的

贸易效率（续图）

结合前文在贸易强度、贸易互补性方面的分析可知，我国在食品加工类农产品方面具备一定的竞争优势，1998-2022 年中国对 14 个 RCEP 成员的食品加工类商品出口贸易效率呈现逐步增长趋势，效率普遍较高，大部分国家在 0.8 以上，尤其是对日本和新西兰的出口贸易效率达到了 0.9 以上，这进一步佐证了我国在食品加工类产品上的优势地位。

8　RCEP 生效后代表性农产品的
关税变化

8.1　中国农产品贸易中代表性产品的选择

RCEP 的关税安排涉及多个国家和多个商品类别，根据 RCEP 的规定，关税安排根据商品的 HS 编码（商品编码）进行分类和设定。中国实施的是"国别关税减让"，中国针对东盟国家、澳大利亚、日本、韩国、新西兰分别有五张不同的关税减让表。

在分析关税对贸易影响时，主要依靠全球贸易分析项目的核心——GTAP 数据库，因此，本书根据其分类进行具体的关税变动分析。GTAP（Global Trade Analysis Project，GTAP）数据库是一个完整记录、公开可用的全球数据库，包含完整的双边贸易信息、运输和保护联系。GTAP 数据库是全球经济问题的一般均衡（AGE）分析工具，用于对全球贸易与发展等方面问题的定量经济分析。为了与后续测算统一，本章在关税分析中，参考了 GTAP 数据库的部门分类。GTAP 数据库共包含 57 个部门，其中与农业相关的有 16 个部门，具体数据如表 8-1 所示。本书重点关注初级农产品中，谷物和作物中包含的九大类产品，分别为：水稻（1），小麦（2），谷物及其他相关产品（3），蔬菜、水果、坚果（4），油料作物（5），糖料作物（6），植物纤维（7），农作物及相关产品（8），加工大米（9）。

表 8-1　GTAP 数据库中与农业相关的产业

类别		GTAP 部门	
谷物和作物	1	Paddy rice	水稻
	2	Wheat	小麦
	3	Cerealgrainsnec	谷物及其他相关产品
	4	Vegetables, fruit, nuts	蔬菜、水果、坚果
	5	Oilseeds	油料作物
	6	Sugarcane, sugar beet	糖料作物
	7	Plant-based fibers	植物纤维
	8	Cropsnec	农作物及相关产品
	9	Processed rice	加工大米
畜牧业及肉制品	10	Bovine cattle, sheep and goats, horses	活牲畜
	11	Animal products nec	动物制品及其他相关产品
	12	Rawmilk	生奶
	13	Bovine meat products	肉类
	14	Meat products nec	肉类制品及其他相关产品
林业与渔业	15	Forestry	林业
	16	Fishing	渔业

资料来源：根据 GTAP 数据库整理。

　　RCEP 各成员的关税承诺表非常详尽，具体商品类别关税的规定已经细化到 HS 编码的 6 位甚至 8 位，农产品相关细分产品的规定已达数千条。对应 GTAP 农产品相关部分，每个部分包含的细分产品众多，无法逐条统计，需要较为科学地选取具有关税代表性商品。以不断接近准确性为原则，以 GTAP 农产品分类为基础，通过不断地细分、不断地筛选，寻找代表性产品，并确定其 RCEP 下的关税水平。

在选择过程中，RCEP 于 2020 年 11 月 15 日正式签订，因此以 2020 年为观测年份，根据中国进口商品数量，从 UN Comtrade 数据库中计算同一商品类别中测算 HS 4 位编码中在同类别中的比例，得到中国具有代表性的商品。

8.1.1 中国代表性进口农产品的选择

中国初级进口农产品的筛选过程，如表 8-2 所示。

表 8-2 中国初级进口农产品的重点观测

	GTAP 部门分类		对应编码	中国进口四位价值占比比较高的商品	代表性进口商品
1	Paddy rice	水稻	1006 稻谷、大米（1006 同时包括水稻和加工大米，具体编码为 100610 和 100620）	1006 $1,458,970,228 100610 $11,021,771 100620 $1,166,936 ＊100610 占 100610 和 100620 比重的 90%	100610（稻谷）
2	Wheat	小麦	1001 小麦及混合麦	1001 $2,261,718,154	1001（小麦及混合麦）
3	Cereal grains nec	谷物及其他相关产品	1002 黑麦 1003 大麦 1004 燕麦 1005 玉米	1002 无数据 1003 $1,880,254,783 1004 $68,027,541 1005 $2,481,088,799 1005 占 1003、1004 和 1005 比重的 56%	1005（玉米）
4	Vegetables, fruit, nuts	蔬菜、水果、坚果	07 类蔬菜 08 类水果及坚果	0713 占 07 比重：54% 0810 占 08 比重：34% 0802 占 08 比重：12.9% 0804 比重：8% 0809 比重：15.8% 0810 比重：34% #重点观测 0713 #重点观测 0810/0809 ##比较进口量，最终重点观测 0810 081060（$2,305,026,885）占 0810（$4,119,670,583）比重的 56% ###重点观测 081060	081060（榴莲）

续表

GTAP 部门分类		对应编码	中国进口四位价值占比较高的商品	代表性进口商品
5	Oil seeds 油料作物	1201 大豆 1202 花生 1203 干椰子肉 1204 亚麻子 1205 油菜子 1206 葵花子 1207 其他含油子仁 1208 含油子仁的细粉 1209 种植用的种子、果实及孢子	*1201 占 12 所有比重：90% #重点观测 1201（大豆） 120190（$39,545,567,460）占 1201 的 100%	120190（大豆）
6	Sugar cane, sugar beet 糖料作物	1212 甜菜及甘蔗 1214 紫苜蓿等其他糖类作物	1212 $425,927,220 1214 $614,841,636 *1214 占总比重：59% #重点观测 1214（紫苜蓿等其他糖类作物） 121490（606812746）占 1214 的 99%	121490（多种饲料）
7	Plant-based fibers 植物纤维	06 活树及其他活植物、鲜茎、根及类似品、插花及装饰用笈叶	0601 占 06 比重 38% 0602 占 06 比重 39% #重点观测 0601/0602	0601（鳞茎、块茎、块根、球茎等）/0602（其他活植物）
8	Crops nec 农作物及相关产品	11 制粉工业产品；麦芽；淀粉；菊粉；面筋 09：咖啡、茶、马黛茶及调味香料 1210 啤酒花 1211 香料 1213 茎、秆及谷壳	*1108 占 11 比重：83% #重点观测 1108 *0904 占 09 比重：36% *0901 占 09 比重：25% #重点观测 0904/0901 *1211 占比重：73% #重点观测 1211 ##三类观测进口量量级：1108（木薯淀粉） 在 1108（$1,199,176,702）里，110814 占比为 94% ###重点观测 110814	110814（木薯淀粉）
9	Processed rice 加工大米	1006 稻谷、大米（1006 同时包括水稻和加工大米，加工大米具体为 100630 和 100640）	100630 $1,022,473,383 100640 $424,308,138 *100630 比重 100% #重点观测 100630（加工大米）	100630（加工大米）
06~12 求和			$71,272,868,043	

资料来源：根据 UN Comtrade 数据库贸易数据测算。

在水稻（1）类别中，水稻对应 HS 编码属于 1006，1006 同时包含水稻和加工大米两个细分类别，其中水稻相关的细分类别分别对应编码为 100610（稻谷）和 100620（糙米）。根据 UN Comtrade 的统计数据，2020 年中国进口的稻谷占到稻谷和糙米总量的 90%，因此水稻（1）中需要重点观测 100610（稻谷）的关税变化。

在小麦（2）类别中，小麦正好对应 HS 编码为 1001（小麦及混合麦），无细分编码数据，因此只需要重点观测 1001（小麦及混合麦）的关税变化。

在谷物及其他相关产品（3）类别中，可以对应的 HS 4 位编码包括 1002（黑麦）、1003（大麦）、1004（燕麦）、1005（玉米）四类。在四类产品中，除了 1002（黑麦）缺乏数据之外，2020 年中国进口 1005（玉米）的金额占到大麦、燕麦和玉米三种产品总数的 56%，因此需要重点观测 1005（玉米）的关税变化。

在蔬菜、水果、坚果（4）产品类别中，分别对应的 HS 编码为 07 类蔬菜和 08 类水果及坚果两大类：在 07 类蔬菜类别中，包含 0701（鲜或冷藏的马铃薯）、0702（鲜或冷藏的番茄）、0703（鲜或冷藏的洋葱、青葱、大蒜、韭葱及其他葱属蔬菜）、0704（鲜或冷藏的卷心菜、菜花等）等 14 个小类。在这些小类中，2020 年我国进口占比最高的产品主要有 0713（脱荚的干豆），达到 54%。

在 08 类水果及坚果类别中，包含 0801（鲜或干的椰子、巴西果及腰果）、0802（鲜或干的其他坚果）、0803（鲜或干的香蕉）等 14 个小类。在这些小类中，2020 年我国进口占比最高的产品主要有 0802（鲜或干的其他坚果）、0804（鲜或干的椰枣、无花果、菠萝、鳄梨、番石榴、芒果及山竹果）、0809（鲜的杏、樱桃、桃（包括油桃）、梅及李）、0810（其他鲜果）四个小类，占比分别为 12.9%、8%、15.8% 和 34%。在 0810 小类中我国进口最多的是 0810.60（榴莲），2020 年我国进口榴莲金额为 23.05 亿美元，在 0810 小类中占比为 56%。因此需要重点观测 081060（榴莲）的关税变化。

在油料作物（5）产品类别中，对应的 HS 编码有 1201（大豆）、1202（花生）、1203（干椰子肉）、1204（亚麻子）、1205（油菜子）、1206（葵花子）等总共 9 个小类，其中中国 1201（大豆）（具体包含黄大豆、黑大豆、青大豆等）进口量在这 9 个小类中占比为 90%。因此需要重点观测 120190（大豆）的关税变化。

在糖料作物（6）产品类别中，主要包含 1212（甜菜及甘蔗）和 1214（紫苜蓿等其他糖类作物）两个细分小类。其中，1214（紫苜蓿等其他糖类作物）进口额占整个糖料作物进口量的 59%。1214（紫苜蓿等其他糖类作物）具体包含 121410（紫苜蓿粗粉及团粒）和 121490（其他多种饲料）两个小类，其中 1214.90（其他多种饲料）占到 1214（紫苜蓿等其他糖类作物）进口总量的 99%。因此需要重点观测 1214.90（其他多种饲料）的关税变化。

在植物纤维（7）产品类别中，包含 0601（鳞茎、块茎、块根、球茎等）、0602（其他活植物）、0603（制花束或装饰用的插花及花蕾）、0604（制花束或装饰用的不带花及花蕾的植物）四个小类；其中，2020 年中国 0601（鳞茎、块茎、块根、球茎等）和 0602（其他活植物）进口额占比最大，占比分别为 38% 和 39%。0601 与 0602 占比差很小，因此需同时考虑。

在农作物及相关产品（8）中，包含 09（咖啡、茶、马黛茶及调味香料）、11（制粉工业产品；麦芽；淀粉；菊粉；面筋）、12（含油子仁及果实；杂项子仁及果实；工业用或药用植物；稻草、秸秆及饲料）三个大类。

09 类中包含 0901（咖啡，无论是否焙炒或浸除咖啡碱；咖啡豆荚及咖啡豆皮；含咖啡的咖啡代用品）、0902（茶，无论是否加香料）、0903（马黛茶）等十个小类；其中，2020 年中国 0901（咖啡，无论是否焙炒或浸除咖啡碱；咖啡豆荚及咖啡豆皮；含咖啡的咖啡代用品）、0904（胡椒；辣椒干及辣椒粉）的进口额占到整个 09 类别的比重分别为 25% 和 36%。

11 类中包含 1101（小麦或混合麦的细粉）、1102（其他谷物细粉，但小麦或混合麦的细粉除外）、1103（谷物的粗粒、粗粉及团粒）等 9 个小类；其中，2020 年中国 1108（淀粉；菊粉）的进口额占到整个 11 类别的比重为 83%，且其中 110814（木薯淀粉）的进口额占到 1108 小类的占比为 94%。

12 类包含 1210（鲜或干的啤酒花，无论是否研磨或制成团粒；蛇麻腺）、1211（主要用作香料、药料、杀虫、杀菌或类似用途的植物或这些植物的某部分（包括子仁及果实），鲜或干的，无论是否切割、压碎或研磨成粉）、1213（未经处理的谷类植物的茎、秆及谷壳，无论是否碎、碾磨、挤压或制成团粒）三个小类；在上述三小类中，1211（主要用作香料、药料、杀虫、杀菌或类似用途的植物或这些植物的某部分（包括子仁及果实），鲜或干的，无论是否切割、压碎或研磨成粉）占比为 73%。综合而言，需要重点观测 110814（木薯淀粉）的关税变化。

在加工大米（9）产品类别中，加工大米对应 HS 编码属于 1006，但 1006 同时包含水稻和加工大米，加工大米相关的细分分类分别对应的编码为 100630（精米，主要指半碾米或全碾米）和 100640（碎米），2020 年中国进口的主要是 100630（精米，主要指半碾米或全碾米），占比为 100%。因此重点观测 100630（加工大米）的关税变化。

8.1.2 中国代表性出口农产品的选择

中国初级农产品出口产品中的筛选如表 8-3 所示。

表 8-3 中国初级农产品出口中的重点观测

GTAP 部门分类		对应编码	中国出口四位价值占比较高的商品	代表性出口商品
1	Paddy rice	水稻	1006 稻谷、大米（1006 同时包括水稻和加工大米，具体编码为 100610 和 100620）	*100620 占 100610 和 100620 的比重：67%	100620（糙米）
2	Wheat	小麦	1001 小麦及混合麦	无	不出口

续表

GTAP 部门分类		对应编码	中国出口四位价值占比较高的商品	代表性出口商品
3	Cereal grains nec	谷物及其他相关产品	1002 黑麦 1003 大麦 1004 燕麦 1005 玉米	*1005 占 1003、1004 和 1005 的比重：97%	1005（玉米）
4	Vegetables, fruit, nuts	蔬菜、水果、坚果	07 类蔬菜 08 类水果及坚果	*0703 占 07 比重：27% 0712 占 07 比重：22% 08 如下（08-0814）08 \$7,063,595,973 *0805 占 08 比重：22%。 *0806 占 08 比重：18% *0808 占 08 比重：30% #重点观测 0703/0712 #重点观测 0808/0805 ##比较进口量，量级区别不大，最终重点观测 0703/0712/0808/0805 *070320（\$2,063,350,939）占 24% *071239（\$1,015,712,494）占 12% *080521①（\$1,162,072,621）占 14% *080810（\$1,449,614,857）占 17%	070320（蒜头） 080810（苹果） 080521（柑橘） 071239（金针菇、香菇等）
5	Oil seeds	油料作物	1201 大豆 1202 花生 1203 干椰子肉 1204 亚麻子 1205 油菜子 1206 葵花子 1207 其他含油子仁 1208 含油子仁的细粉 1209 种植用的种子、果实及孢子	*1206 占 1201~1209 总比重：48% #重点观测 1206（葵花子出口）全部为 120600	1206（葵花子出口）全部为 120600（葵花子种用）

---

① 在关税表中，没有 080521（柑橘），0805.20.10 对应的是焦柑，0805.20.20 对应的是阔叶柑橘，选择 0805.20 的关税计算。

续表

GTAP 部门分类		对应编码	中国出口四位价值占比较高的商品	代表性出口商品
6	Sugar cane, sugar beet	糖料作物	1212 甜菜及甘蔗 1214 紫苜蓿等其他糖类作物	1212 $581,803,669 1214 $325,692 *1212 总占比重：68% 121299（$528,544,149）占 1212 的 91%	1212(刺槐豆、海草及其他藻类、甜菜及甘蔗，果核、果仁等）为 121299 (其他：杏仁、白瓜子等)
7	Plant-based fibers	植物纤维	06 活树及其他活植物、鲜茎、根及类似品、插花及装饰用笈叶	*0602 占 06 比重：60% #重点观测 0602 060290 占 0602 的 94%	0602（其他活植物）060290（兰花、菊花、百合、康乃馨等）
8	Crops nec	农作物及相关产品	11 制粉工业产品；麦芽；淀粉；菊粉；面筋 09：咖啡、茶、马黛茶及调味香料 1210 啤酒花 1211 香料 1213 茎、秆及谷壳	*1108 占 11 比重：38% 1109 占 11 比重：16% 1107 占 11 比重：24% #重点观测 1108/1107/1109 *0902 占 09 比重：50% #重点观测 0902 1210 $325,650 1211 $931,661,386 1213 $2,957,794 *1211 比重：100% #重点观测 1211 ##三类观测进口量量级：1211 121190（$826,058,251）占 1211 的 89%	1211（香料、药料等）121190（各种中药材）
9	Processed rice	加工大米	1006 稻谷、大米（1006 同时包括水稻和加工大米，加工大米具体为 100630 和 100640）	*100630 比重：100%	100630（加工大米）
06~12 求和			$25,770,105,255	

资料来源：根据 UN Comtrade 数据库贸易数据测算。

在水稻（1）类别中，水稻对应 HS 编码属于 1006，1006 同时包含水稻和加工大米两个细分类别，其中水稻相关的细分分类分别对应的为100610（稻谷）和100620（糙米）。根据 UN Comtrade 的统计数据，2020年中国出口的糙米占到稻谷和糙米总量的 67%，因此水稻（1）中需要重点观测 100620（糙米）的关税变化。

在小麦（2）类别中，小麦对应 HS 编码为 1001（小麦及混合麦），但是中国当前不出口小麦，所以不用观察小麦类别关税的变化。

在谷物及其他相关产品（3）类别中，可以对应的 HS 4 位编码包括1002（黑麦）、1003（大麦）、1004（燕麦）、1005（玉米）四种。在四类产品中，2020 年中国出口 1005（玉米）的金额占到四种产品总数的97%，因此需要重点观测 1005（玉米）的关税变化。

在蔬菜、水果、坚果（4）产品类别中，分别对应的 HS 编码为 07 类蔬菜和 08 类水果及坚果两大类。在 07 类蔬菜类别中，包含 0701（鲜或冷藏的马铃薯）、0702（鲜或冷藏的番茄）、0703（鲜或冷藏的洋葱、青葱、大蒜、韭葱及其他葱属蔬菜）等 14 个小类。在这些小类中，2020 年我国出口占比最高的产品主要有 0703（鲜或冷藏的洋葱、青葱、大蒜、韭葱及其他葱属蔬菜）和 0712（干蔬菜）这两个小类，出口额占比分别为 27% 和 22%。在 0703 小类中占比最大的是大蒜类，包含蒜头、蒜苔及蒜苗（青蒜）其他蒜类，编号为 0703.20 系列产品在 07 类蔬菜中占比最高为 24%。在 0712 小类中包含香菇、金针菇、草菇、口蘑、牛肝菌以及其他菌种产品，编号为 0712.39 系列产品在 07 类蔬菜中占比最高为 12%。

在 08 类水果及坚果类别中，包含 0801（鲜或干的椰子、巴西果及腰果）、0802（鲜或干的其他坚果）、0803（鲜或干的香蕉，包括芭蕉）等14 个小类。在这些小类中，2020 年我国出口占比最高的产品主要有0805（鲜或干的柑橘属水果）和 0808（鲜的苹果、梨及榅桲），占比分别为 22% 和 30%。在 0805 小类中包含鲜或干的蕉柑和鲜或干的柑橘，编号为 080521 系列，080521 系列产品在 08 类蔬菜中占比最高，为 14%。在0808 小类中，中国出口最大的是苹果，编号为 080810 系列，在 08 类蔬菜中占比最高为 17%。此产品类别包括蔬菜、水果、坚果等，细分类别众多，没有哪个单一品种占有绝对比重，经筛选可重点观测 070320（蒜头）、080810（苹果）、080521（柑橘）、071239（金针菇、香菇等）。

在油料作物（5）产品类别中，对应的 HS 编码总共有 1201（大豆）、1202（花生）、1203（干椰子肉）、1204（亚麻子）、1205（油菜子）、1206（葵花子）等共 9 个小类，其中，中国 1206（葵花子）的出口量在这 9 个小类中占比为 48%，因此需要重点观测 1206（葵花子）的关税变化。

在糖料作物（6）产品类别中，主要包含 1212（甜菜及甘蔗）和 1214（紫苜蓿等其他糖类作物）两个细分小类，其中，中国 1212（甜菜及甘蔗）出口额占整个糖料作物出口量的 68%，因此需要重点观测 1212（甜菜及甘蔗）的关税变化。

在植物纤维（7）产品类别中，包含 0601（鳞茎、块茎、块根、球茎、根颈及根茎等）、0602（其他活植物、插枝及接穗等）、0603（制花束或装饰用的插花及花蕾等）、0604（制花束或装饰用的不带花及花蕾的植物枝、叶或其他部分等）四个小类，其中，2020 年中国 0602 系列商品出口额占到整个植物纤维类别的比重为 60%。在 0602 这个小类中，涵盖蘑菇菌丝、种用苗木、兰花等在内的 0602.90 系列在 0602 中的占比为 94%，因此需要观测其关税变化。

在农作物及相关产品（8）中，包含 09（咖啡、茶、马黛茶及调味香料）、11（制粉工业产品等）、12（含油子仁及果实）三个大类。09 类中包含 0901（咖啡）、0902（茶）、0903（马黛茶）等 10 个小类；其中，2020 年中国 0902（茶）的出口额占到整个 09 系列的比重为 50%。11 类中包含 1101（小麦或混合麦的细粉）、1102（其他谷物细粉，但小麦或混合麦的细粉除外）、1103（谷物的粗粒、粗粉及团粒）等 9 个小类，其中，中国 1107（麦芽，无论是否焙制）、1108（淀粉；菊粉）、1109（面筋，无论是否干制）三个小类的出口额占到整个 11 系列的比重分别为 24%、38%、16%。12 类包含 1201（大豆，无论是否破碎）、1202（未焙炒或未烹煮的花生）、1203（干椰子肉）等 14 个小类，其中，2020 年中

国 1211（主要用作香料、药料、杀虫、杀菌或类似用途的植物）的出口
额占到整个 12 系列的比重为 100%。在 1211 中，以当归、三七（田七）、
党参等主要用作药料的植物及其某部分为代表的 121190 系列占比最高，
为 89%。在此类别中，重点观测 1211（香料、药料等）中的 121190（各
种中药材）。

在加工大米（9）产品类别中，加工大米对应 HS 编码属于 1006，但
1006 同时包含水稻和加工大米，加工大米相关的细分类别分别对应的编
码为 100630（精米，主要指半碾米或全碾米）和 100640（碎米）。2020
年，中国出口主要是半碾米或全碾米，占比为 100%，因此需要重点观测
100630 的关税变化。

8.2 中国代表性农产品关税变化及特征

8.2.1 中国农产品关税变化

本书以代表性初级产品为观测对象，比较了主要产品原关税与 RCEP
生效后最终关税的情况，如表 8-4 所示。

表 8-4 RCEP 生效前与生效后（20 年期）关税变化情况

部门		东盟国家		澳大利亚		日本		韩国		新西兰	
		生效前	完成后	生效前	完成后	生效前	完成后	生效前	完成后	生效前	完成后
1	水稻	65%	U	65%	U	65%	U	65%	U	65%	U
2	小麦	65%	U	65%	U	65%	U	65%	U	65%	U
3	谷物及其他相关产品	65%	U	65%	U	65%	U	65%	U	65%	U
4	蔬菜、水果、坚果	20%	0%	20%	0	20%	0	20%	0	20%	0

续表

部门		东盟国家		澳大利亚		日本		韩国		新西兰	
		生效前	完成后	生效前	完成后	生效前	完成后	生效前	完成后	生效前	完成后
5	油料作物	3%	U	3%	U	3%	U	3%	U	3%	U
6	糖料作物	9%	0	9%	0	9%	0	9%	0	9%	0
7	植物纤维	6%	0	5%	0	10%	0	10%	0	6%	0
8	农作物及相关产品	10%	0	10%	0	10%	0	10%	0	10%	0
9	加工大米	65%	U	65%	U	65%	U	65%	U	65%	U

注：U 是指该货物对应的税号不能享受关税减免，0 是指该货物对应的税号在关税逐步削减后可以享受零关税。

资料来源：根据 RCEP 中国关税承诺表整理。

中国对 RCEP 成员农产品的进口关税并不是都有一定程度的关税减让，可分为两种情况：①对于水稻、小麦、谷物及其他相关产品、油料作物和加工大米五大类产品，中国对所有 RCEP 成员的关税税率维持现状，没有减让；②对于蔬菜、水果、坚果，糖料作物，植物纤维和农作物及相关产品四大类农产品，中国对所有 RCEP 成员的关税税率下调为 0，下调幅度为 100%。

中国农产品关税的具体减让情况，如表 8-5 所示。

表 8-5　中国农产品关税减让情况

	GTAP 部门		东盟国家	澳大利亚	日本	韩国	新西兰
1	Paddyrice	水稻	0	0	0	0	0
2	Wheat	小麦	0	0	0	0	0
3	Cerealgrainsnec	谷物及其他相关产品	0	0	0	0	0
4	Vegetables, fruit, nuts	蔬菜、水果、坚果	-100%	-100%	-100%	-100%	-100%
5	Oilseeds	油料作物	0	0	0	0	0
6	Sugarcane, sugarbeet	糖料作物	-100%	-100%	-100%	-100%	-100%
7	Plant-basedfibers	植物纤维	-100%	-100%	-100%	-100%	-100%

续表

	GTAP 部门		东盟国家	澳大利亚	日本	韩国	新西兰
8	Cropsnec	农作物及相关产品	−100%	−100%	−100%	−100%	−100%
9	Processedrice	加工大米	0	0	0	0	0

资料来源：根据 RCEP 中国关税承诺表整理。

8.2.2 中国对 RCEP 各成员的关税变化特征

8.2.2.1 对东盟国家、澳大利亚、新西兰的关税变化特征

中国对东盟国家、澳大利亚、新西兰的关税变化有共同之处，除了主粮类不承诺降税，其他类别多采用一次性降税的方式，逐步降税的情况很少，因此放在一起比较分析。

（1）RCEP 生效前后中国对东盟国家关税承诺。RCEP 生效前后中国对东盟国家关税承诺情况，如表 8-6 所示。

表 8-6 RCEP 生效前后中国对东盟国家关税承诺情况

	GTAP 部门	生效前	生效后 1 年	生效后 5 年	生效后 10 年	生效后 15 年	生效后 20 年	降税方式
1	水稻	65%	U	U	U	U	U	不承诺降税
2	小麦	65%	U	U	U	U	U	不承诺降税
3	谷物及其他相关产品	65%	U	U	U	U	U	不承诺降税
4	蔬菜、水果、坚果	20%	0	0	0	0	0	一次性降税
5	油料作物	3%	U	U	U	U	U	不承诺降税
6	糖料作物	9%	0	0	0	0	0	一次性降税
7	植物纤维	6%	2%	1.50%	1%	0.50%	0	逐步降税
8	农作物及相关产品	10%	0	0	0	0	0	一次性降税
9	加工大米	65%	U	U	U	U	U	不承诺降税

资料来源：根据 RCEP 中国关税承诺表整理。

东盟国家中除了新加坡之外，其余国家都是发展中国家，因此相比澳大利亚、日本、韩国、新西兰四个发达国家而言，中国针对东盟国家的关税减让、优惠力度更大。

　　在关税的降税方式上，基本可以分为不承诺降税、一次性降税和渐进式降税。①不承诺降税，即降税幅度为 0，涵盖水稻、小麦、谷物及其他相关产品、油料作物和加工大米 5 种。②一次性降税，且降低幅度为 100%，涵盖蔬菜、水果、坚果，糖料作物，农作物及相关产品 3 种。③渐进式降税，主要针对植物纤维类别的产品，在 RCEP 正式生效之前关税税率为 6%，生效后 1 年关税税率降低为 2%，生效后 5 年关税税率降低为 1.5%，生效后 10 年关税税率降低为 1%，生效后 15 年关税税率降低为 0.5%，生效后 20 年关税税率降低为 0。

　　（2）RCEP 生效前后中国对澳大利亚关税承诺。RCEP 生效前后中国对澳大利亚关税承诺情况，如表 8-7 所示。

表 8-7　RCEP 生效前后中国对澳大利亚关税承诺情况

	GTAP 部门	生效前	生效后 1 年	生效后 5 年	生效后 10 年	生效后 15 年	生效后 20 年	降税方式
1	水稻	65%	U	U	U	U	U	不承诺降税
2	小麦	65%	U	U	U	U	U	不承诺降税
3	谷物及其他相关产品	65%	U	U	U	U	U	不承诺降税
4	蔬菜、水果、坚果	20%	0	0	0	0	0	一次性降税
5	油料作物	3%	U	U	U	U	U	不承诺降税
6	糖料作物	9%	0	0	0	0	0	一次性降税
7	植物纤维	5%	0	0	0	0	0	一次性降税
8	农作物及相关产品	10%	0	0	0	0	0	一次性降税
9	加工大米	65%	U	U	U	U	U	不承诺降税

资料来源：根据 RCEP 中国关税承诺表整理。

中国对澳大利亚降低关税的方式可分为不承诺降税和一次性降税。①不承诺降税，即降税幅度为 0，涵盖水稻、小麦、谷物及其他相关产品、油料作物和加工大米 5 种；②一次性降税，且降税幅度为 100%，涵盖蔬菜、水果、坚果，糖料作物、植物纤维、农作物及相关产品 4 种。RCEP 正式生效后，澳大利亚的坚果、车厘子等独特的水果和蔬菜品种将会更为便捷地进入中国市场。

（3）RCEP 生效前后中国对新西兰关税承诺。RCEP 生效前后中国对新西兰关税承诺情况，如表 8-8 所示。

表 8-8　RCEP 生效前后中国对新西兰关税承诺情况

	GTAP 部门	生效前	生效后1 年	生效后5 年	生效后10 年	生效后15 年	生效后20 年	降税方式
1	水稻	65%	U	U	U	U	U	不承诺降税
2	小麦	65%	U	U	U	U	U	不承诺降税
3	谷物及其他相关产品	65%	U	U	U	U	U	不承诺降税
4	蔬菜、水果、坚果	20%	0	0	0	0	0	一次性降税
5	油料作物	3%	U	U	U	U	U	不承诺降税
6	糖料作物	9%	0	0	0	0	0	一次性降税
7	植物纤维	6%	0	0	0	0	0	一次性降税
8	农作物及相关产品	10%	0	0	0	0	0	一次性降税
9	加工大米	65%	U	U	U	U	U	不承诺降税

资料来源：根据 RCEP 中国关税承诺表整理。

中国对新西兰的关税除了在 RCEP 生效之前植物纤维关税为 6%，略高于中国对澳大利亚的关税税率外，其余关税税率以及 RCEP 生效后的关税调整方式与澳大利亚完全一致。

中国对新西兰降低关税的方式也分为不承诺降税和一次性降税。①不承诺降税，即降税幅度为 0，涵盖水稻、小麦、谷物及其他相关产品、油料作物和加工大米 5 种。②一次性降税，且降税幅度为 100%，涵盖蔬菜、水果、坚果，糖料作物，植物纤维，农作物及相关产品 4 种。RCEP 正式生效后有利于新西兰奇异果等特色农产品进入中国市场。

8.2.2.2　对日本、韩国的关税变化特征

日本和韩国作为发达国家，两国对国内的农产品采取严格的贸易保护措施，作为对等措施，在 RCEP 正式生效之后中国对日本和韩国两国的农产品关税降低程度低于东盟国家、澳大利亚、新西兰。

（1）RCEP 生效前后中国对日本关税承诺。RCEP 生效前后中国对日本关税承诺情况，如表 8-9 所示。

表 8-9　RCEP 生效前后中国对日本关税承诺情况

	GTAP 部门	生效前	生效后 1 年	生效后 5 年	生效后 10 年	生效后 15 年	生效后 20 年	降税方式
1	水稻	65%	U	U	U	U	U	不承诺降税
2	小麦	65%	U	U	U	U	U	不承诺降税
3	谷物及其他相关产品	65%	U	U	U	U	U	不承诺降税
4	蔬菜、水果、坚果	20%	18.20%	10.90%	1.80%	0	0	渐进式降税
5	油料作物	3%	U	U	U	U	U	不承诺降税
6	糖料作物	9%	8.20%	4.90%	0.80%	0	0	渐进式降税
7	植物纤维	10%	9.10%	5.50%	0.90%	0	0	渐进式降税
8	农作物及相关产品	10%	9.10%	5.50%	0.90%	0.00	0	渐进式降税
9	加工大米	65%	U	U	U	U	U	不承诺降税

资料来源：根据 RCEP 中国关税承诺表整理。

中国对日本降低关税的方式可以分为不承诺降税和渐进式降税。①不承诺降税，即降税幅度为 0，涵盖水稻、小麦、谷物及其他相关产品、油料作物、加工大米五种。②渐进式降税，涵盖蔬菜、水果、坚果，糖料作物，植物纤维，农作物及相关产品四种。蔬菜、水果、坚果的关税税率在

RCEP 正式生效之前和生效后第 1 年、第 5 年、第 10 年的关税税率分别为 20%、18.20%、10.90%、1.80%，第 15 年降低为 0。糖料作物的关税税率在 RCEP 正式生效之前和生效后第 1 年、第 5 年、第 10 年的关税税率分别为 9%、8.20%、4.90%、0.80%，第 15 年降低为 0。植物纤维的关税税率在 RCEP 正式生效之前和生效后第 1 年、第 5 年、第 10 年的关税税率分别为 10%、9.10%、5.50%、0.90%，第 15 年降低为 0。农作物及相关产品的关税税率在 RCEP 正式生效之前和生效后第 1 年、第 5 年、第 10 年的关税税率分别为 10%、9.10%、5.50%、0.90%，第 15 年降低为 0。

（2）RCEP 生效前后中国对韩国关税承诺。RCEP 生效前后中国对韩国关税承诺情况，如表 8-10 所示。

表 8-10　RCEP 生效前后中国对韩国关税承诺情况

	GTAP 部门	生效前	生效后 1 年	生效后 5 年	生效后 10 年	生效后 15 年	生效后 20 年	降税方式
1	水稻	65%	U	U	U	U	U	不承诺降税
2	小麦	65%	U	U	U	U	U	不承诺降税
3	谷物及其他相关产品	65%	U	U	U	U	U	不承诺降税
4	蔬菜、水果、坚果	20%	18%	10%	0	0	0	渐进式降税
5	油料作物	3%	U	U	U	U	U	不承诺降税
6	糖料作物	9%	0	0	0	0	0	一次性降税
7	植物纤维	10%	9%	5%	0	0	0	渐进式降税
8	农作物及相关产品	10%	9%	5%	0	0	0	渐进式降税
9	加工大米	65%	U	U	U	U	U	不承诺降税

资料来源：根据 RCEP 中国关税承诺表整理。

中国对韩国降低关税的方式也可以分为不承诺降税、一次性降税和渐进式降税。①不承诺降税，即降税幅度为 0，涵盖水稻、小麦、谷物及其

他相关产品、油料作物、加工大米五种。②糖料作物采取一次性降税，从
9% 直降为 0。③渐进式降税，涵盖蔬菜、水果、坚果，植物纤维，农作
物及相关产品三种。蔬菜、水果、坚果的关税税率在 RCEP 正式生效之前
和生效后第 1 年、第 5 年的关税税率分别为 20%、18%、10%，第 10 年
降低为 0。植物纤维的关税税率在 RCEP 正式生效之前和生效后第 1 年、
第 5 年的关税税率分别为 10%、9%、5%，第 10 年降低为 0。农作物及相
关产品的关税税率在 RCEP 正式生效之前和生效后第 1 年、第 5 年的关税
税率分别为 10%、9%、5%，第 10 年降低为 0。

8.3 中国农产品的关税变化

8.3.1 RCEP 生效前中国主要进口农产品及国内产量

随着中国居民消费水平整体的不断提升，中国对相关农产品的需求也
在不断增加。中国是农产品进口大国，2020 年农产品进口比重大于等于
1% 的产品，共计 27 种，如表 8-11 所示。

表 8-11 2020 年中国主要进口农产品及国内产量

序号	HS 编码	商品	进口额 （亿美元）	占农产品进口 额比重（%）	进口量 （万吨）	国内生产量 （万吨）
1	1201	大豆	395.28	24	10000.00	1596.71
2	203	猪肉	118.81	7	430.36	4113.33
3	202	牛肉	97.71	6	206.96	672.45
4	306	甲壳动物（虾蟹）	59.08	4	73.87	782.71
5	810	不常见水果	41.14	3	179.02	—
6	303	冷冻鱼	39.25	2	220.33	3746.9
7	207	禽肉	35.01	2	155.39	—

续表

序号	HS 编码	商品	进口额（亿美元）	占农产品进口额比重（%）	进口量（万吨）	国内生产量（万吨）
8	402	浓缩、加糖或其他甜物质的乳及奶油	33.31	2	100.31	—
9	206	动物内脏	27.64	2	129.47	—
10	1005	玉米	24.90	2	1129.42	26067
11	1001	小麦	22.60	1	815.16	13425
12	809	杏子，樱桃，桃子，李子	18.91	1	31.38	—
13	1003	大麦	18.80	1	807.95	95.65
14	204	羊肉	17.44	1	36.50	492.31
15	802	鲜或干的其他坚果	15.75	1	30.15	—
16	1006	稻谷、大米	14.59	1	291.14	21186
17	1205	油菜子，无论是否破碎	13.62	1	311.44	1404.9
18	1207	其他含油子仁及果实	13.18	1	108.48	—
19	401	生牛乳	13.09	1	103.98	3440.14
20	1108	淀粉；菊粉	11.99	1	284.46	—
21	307	软体动物（螺类、贝类）	11.85	1	40.16	1519.62
22	1007	食用高粱	11.56	1	481.35	290.94
23	713	脱荚的干豆	10.70	1	320.25	—
24	804	鲜或干的椰枣、无花果、菠萝、鳄梨、番石榴、芒果及山竹果	10.08	1	63.10	173.3
25	803	鲜或干的香蕉	9.33	1	174.74	1151.3
26	1202	花生	8.36	1	108.52	1799.3
27	404	乳清	8.18	1	62.60	—

注：2020 年中国农产品总进口额为 1610.00 亿美元。

资料来源：根据国家统计局和 UN Comtrade 数据库贸易数据整理。

大豆消费需求量快速增长，从 1996 年至今，大豆消费量翻了近三番，需求量超过 1 亿吨，2020 年，我国的大豆进口占到我国农产品进口总额的 24%。与快速增长的大豆需求相比，我国大豆生产发展却相对缓慢。其中，单产低、比较收益不高是制约大豆生产发展的重要原因。仅次于大豆且在 2020 年占到我国农产品进口总额 2% 以上的农产品还有猪肉，牛肉，甲壳动物（虾蟹），不常见水果，冷冻鱼，禽肉，浓缩、加糖或其他甜物质的乳及奶油，动物内脏和玉米。

玉米作为我国粮食作物之一，在我国也有非常高的产量，2020 年我国玉米产量为 26067 万吨，远超小麦的 13425 万吨。但是和我国进口大豆的原因一样，随着我国居民对于肉蛋奶等农副产品需求的增加，饲料粮需求随之增加，这就要求生产更多的玉米来满足饲料需求。玉米位居主粮之列，但有着"饲料之王"的称号，是最主要的饲用谷物，多用于饲料生产和工业深加工。玉米与豆粕同为重要饲料原料，随着国内畜牧业、玉米深加工产业的发展，玉米、大豆需求量逐渐上升。2020 年，我国对于玉米的进口量达到 1129.42 万吨，占到我国玉米总产量的 4.33%，进口总额为 24.9 亿美元，占到我国农产品进口总额的 2%。

作为全球最大的水果生产国和消费国，随着 RCEP 的深入实施，中国采取了低关税、快速检验检疫等政策措施，为进口水果开辟了更加便利的通道，越来越多国际水果品种进入中国市场。这种多元化的供应有利于满足消费者的需求，也有助于促进国内水果市场的进一步发展。RCEP 签订的当年，中国进口的不常见水果（主要是榴莲）占到农产品进口额总量的 3%，杏子、樱桃、桃子、李子占到农产品进口额总量的 1%。

8.3.2 中国主要进口农产品关税变化

中国进口农产品主要涉及 60 余种，中国各个产品在生效期 20 年内的关税变化，如表 8-12 所示。

表 8-12 中国主要进口农产品关税变化情况

序号	HS编码	商品	生效前	生效1年	生效5年	生效10年	生效15年	生效20年	备注
1	1201	大豆	3%	U	U	U	U	U	U 不变
2	203	猪肉	12%	0	0	0	0	0	—
3	202	牛肉	12%	11.40%	9%	6%	3%	0%	每年降低 0.6%

续表

序号	HS编码	商品	生效前	生效1年	生效5年	生效10年	生效15年	生效20年	备注
4	306	甲壳动物（虾蟹）	10%	0	0	0	0	0	—
5	810	不常见水果（如榴莲、火龙果、红毛丹、莲雾）	20%	0	0	0	0	0	—
6	303	冷冻鱼	12%	0	0	0	0	0	—
7	207	禽肉	20%	18%	10%	0%	0%	0%	每年降低2%
8	402	浓缩、加糖的乳及奶油	10%	9.50%	7.50%	5%	2.50%	0%	每年降低0.5%（20年）
9	206	动物内脏	12%	0	0	0	0	0	—
10	1005	玉米	65%	U	U	U	U	U	U不变
11	1001	小麦	65%	U	U	U	U	U	U不变
12	809	樱桃及桃子	10%	0	0	0	0	0	—
13	1003	大麦	3%	0	0	0	0	0	—
14	204	羊肉	15%	0%	0%	0%	0%	0%	—
15	802	鲜或干的其他坚果（榛子、栗子、核桃未去壳）	25%	23.80%	18.80%	12.50%	6.30%	0%	每年降低1.2%
16	1006	稻谷、大米	65%	U	U	U	U	U	U不变
17	1205	油菜子，无论是否破碎	9%	U	U	U	U	U	U不变
18	1207	其他含油子仁及果实	15%	0	0	0	0	0	—
19	401	生牛乳	15%	14.30%	11.30%	7.50%	3.80%	0%	每年降低0.7%
20	1108	淀粉（主要进口木薯淀粉）	10%	0	0	0	0	0	—
21	307	软体动物（螺类、贝类）	14%	0	0	0	0	0	—
22	1007	食用高粱	2%	0	0	0	0	0	—
23	713	脱荚的干豆（绿豆、红豆）	3%	0	0	0	0	0	—
24	804	鲜或干的芒果及山竹果等	15%	0	0	0	0	0	—
25	803	鲜或干的香蕉	10%	0	0	0	0	0	—
26	1202	花生	15%	0	0	0	0	0	—
27	404	乳清	6%	5.40%	3%	0	0	0	每年降低0.6%
28	714	红薯类似根茎	13%	0	0	0	0	0	

续表

序号	HS编码	商品	生效前	生效1年	生效5年	生效10年	生效15年	生效20年	备注
29	806	葡萄	13%	0	0	0	0	0	—
30	1214	苜蓿等饲料	5%	0	0	0	0	0	—
31	304	鱼片	12%	0	0	0	0	0	每年降低1.5%
32	307	贝类	10%	0	0	0	0	0	—
33	712	干蔬菜	13%	0	0	0	0	0	每年降低3%
34	303	冻鱼	12%	0	0	0	0	0	每年降低2%
35	703	葱蒜	13%	0	0	0	0	0	每年降低2%
36	902	茶	15%	U	U	U	U	U	U不变
37	808	苹果和梨	10%	0	0	0	0	0	—
38	1302	植物液汁	6%	0	0	0	0	0	—
39	805	柑橘	12%	0	0	0	0	0	每年降低2%
40	710	冷冻蔬菜	13%	0	0	0	0	0	每年降低1.7%
41	806	葡萄	10%	0	0	0	0	0	鲜
42	504	动物内脏	20%	18%	10%	0	0	0	—
43	1006	稻谷、大米	65%	U	U	U	U	U	U不变
44	306	甲壳动物（虾蟹）	15%	0	0	0	0	0	每年降低0.7%
45	1211	具有用途的植物（香料、药料、杀虫、杀菌）	6%	0	0	0	0	0	—
46	505	羽毛	10%	0	0	0	0	0	—
47	709	其他新鲜蔬菜	13%	0	0	0	0	0	—
48	802	坚果	25%	23.80%	18.80%	12.50%	6.30%	0%	以带壳
49	910	姜	15%	0	0	0	0	0	每年降低1.5%
50	704	卷心菜	13%	0	0	0	0	0	—
51	207	家禽	20%	18%	10%	0	0	0	每年降低2%
52	301	活鱼	10.50%	0	0	0	0	0	—
53	1206	葵花子	15%	0	0	0	0	0	—
54	904	胡椒	20%	18%	10%	0	0	0	每年降低2%
55	1212	甜菜、甘蔗	20%	18%	10%	0	0	0	—
56	713	脱荚的干豆（绿豆、红豆）	7%	0	0	0	0	0	—

续表

序号	HS编码	商品	生效前	生效1年	生效5年	生效10年	生效15年	生效20年	备注
57	305	腌鱼	16%	14.40%	8%	0	0	0	——
58	706	鲜或冷藏的胡萝卜、萝卜	13%	0	0	0	0	0	每年降低1.7%
59	701	鲜或冷藏的马铃薯	13%	0	0	0	0	0	每年降低2%
60	103	猪（Swine）	3%	0	0	0	0	0	——

资料来源：根据 RCEP 中国关税承诺表整理。

RCEP 正式生效之后，关税变化情况可以分为关税调整和关税不调整两大类，其中最终降为 0 又可以分为一次性直接降为 0 和渐进式降为 0 两种，如表 8-13 所示。

表 8-13　中国主要进口产品关税变化方式

进口关税变化方式		商品数量	份额占比
最终降为 0	一次性直接降为 0	41	68.33%
	渐进式降为 0	12	20.00%
不降低关税		7	11.67%
合计		60	100.00%

资料来源：根据 RCEP 中国关税承诺表整理。

8.3.2.1　直接降为 0 的产品

我国在 RCEP 正式实施之后对总共 41 种农产品的关税税率一次性降低为 0，如表 8-14 所示。

表 8-14　中国主要进口产品中一次性直接降为零的产品

序号	HS编码	商品	生效前	生效1年	生效5年	生效10年	生效15年	生效20年
1	203	猪肉	12%	0	0	0	0	0

续表

序号	HS编码	商品	生效前	生效1年	生效5年	生效10年	生效15年	生效20年
2	306	甲壳动物（虾蟹）	10%	0	0	0	0	0
3	810	不常见水果（如榴莲、火龙果、红毛丹、莲雾）	20%	0	0	0	0	0
4	303	冷冻鱼	12%	0	0	0	0	0
5	206	动物内脏	12%	0	0	0	0	0
6	809	樱桃及桃子	10%	0	0	0	0	0
7	1003	大麦	3%	0	0	0	0	0
8	204	羊肉	15%	0	0	0	0	0
9	1207	其他含油子仁及果实	15%	0	0	0	0	0
10	1108	淀粉（主要进口木薯淀粉）	10%	0	0	0	0	0
11	307	软体动物（螺类、贝类）	14%	0	0	0	0	0
12	1007	食用高粱	2%	0	0	0	0	0
13	713	脱荚的干豆（绿豆、红豆）	3%	0	0	0	0	0
14	804	鲜或干的芒果及山竹果等	15%	0	0	0	0	0
15	803	鲜或干的香蕉	10%	0	0	0	0	0
16	1202	花生	15%	0	0	0	0	0
17	714	红薯类似根茎	13%	0	0	0	0	0
18	806	葡萄	13%	0	0	0	0	0
19	1214	苜蓿等饲料	5%	0	0	0	0	0
20	304	鱼片	12%	0	0	0	0	0
21	307	贝类	10%	0	0	0	0	0
22	712	干蔬菜	13%	0	0	0	0	0
23	303	冻鱼	12%	0	0	0	0	0
24	703	葱蒜	13%	0	0	0	0	0
25	808	苹果和梨	10%	0	0	0	0	0
26	1302	植物液汁	6%	0	0	0	0	0
27	805	柑橘	12%	0	0	0	0	0
28	710	冷冻蔬菜	13%	0	0	0	0	0
29	806	葡萄	10%	0	0	0	0	0
30	306	甲壳动物（虾蟹）	15%	0	0	0	0	0

续表

序号	HS 编码	商品	生效前	生效 1 年	生效 5 年	生效 10 年	生效 15 年	生效 20 年
31	1211	具有用途的植物（香料、药料、杀虫、杀菌）	6%	0	0	0	0	0
32	505	羽毛	10%	0	0	0	0	0
33	709	其他新鲜蔬菜	13%	0	0	0	0	0
34	910	姜	15%	0	0	0	0	0
35	704	卷心菜	13%	0	0	0	0	0
36	301	活鱼	10.50%	0	0	0	0	0
37	1206	葵花子	15%	0	0	0	0	0
38	713	脱荚的干豆（绿豆、红豆）	7%	0	0	0	0	0
39	706	鲜或冷藏的胡萝卜、萝卜	13%	0	0	0	0	0
40	701	鲜或冷藏的马铃薯	13%	0	0	0	0	0
41	103	猪（Swine）	3%	0	0	0	0	0

资料来源：根据 RCEP 中国关税承诺表整理。

对这 41 种农产品按照动物类产品、果蔬类产品和食品加工类产品进行分类，如表 8-15 所示。

表 8-15 中国主要进口产品中一次性直接降为零的产品的具体类别

序号	HS 编码	商品	生效前	所属类别
1	203	猪肉	12%	动物类产品
2	306	甲壳动物（虾蟹）	10%	动物类产品
3	810	不常见水果（如榴莲、火龙果、红毛丹、莲雾）	20%	果蔬类产品
4	303	冷冻鱼	12%	动物类产品
5	206	动物内脏	12%	动物类产品
6	809	樱桃及桃子	10%	果蔬类产品
7	1003	大麦	3%	果蔬类产品
8	204	羊肉	15%	动物类产品
9	1207	其他含油子仁及果实	15%	果蔬类产品

续表

序号	HS 编码	商品	生效前	所属类别
10	1108	淀粉（主要进口木薯淀粉）	10%	食品加工类产品
11	307	软体动物（螺类、贝类）	14%	动物类产品
12	1007	食用高粱	2%	果蔬类产品
13	713	脱荚的干豆（绿豆、红豆）	3%	果蔬类产品
14	804	鲜或干的芒果及山竹果等	15%	食品加工类产品
15	803	鲜或干的香蕉	10%	果蔬类产品
16	1202	花生	15%	果蔬类产品
17	714	红薯类似根茎	13%	果蔬类产品
18	806	葡萄	13%	果蔬类产品
19	1214	苜蓿等饲料	5%	果蔬类产品
20	304	鱼片	12%	食品加工类产品
21	307	贝类	10%	动物类产品
22	712	干蔬菜	13%	食品加工类产品
23	303	冻鱼	12%	动物类产品
24	703	葱蒜	13%	果蔬类产品
25	808	苹果和梨	10%	果蔬类产品
26	1302	植物液汁	6%	食品加工类产品
27	805	柑橘	12%	果蔬类产品
28	710	冷冻蔬菜	13%	果蔬类产品
29	806	葡萄	10%	果蔬类产品
30	306	甲壳动物（虾蟹）	15%	动物类产品
31	1211	具有用途的植物（香料、药料、杀虫、杀菌）	6%	果蔬类产品
32	505	羽毛	10%	动物类产品
33	709	其他新鲜蔬菜	13%	果蔬类产品
34	910	姜	15%	果蔬类产品
35	704	卷心菜	13%	果蔬类产品
36	301	活鱼	10.50%	动物类产品
37	1206	葵花子	15%	果蔬类产品
38	713	脱荚的干豆（绿豆、红豆）	7%	果蔬类产品
39	706	鲜或冷藏的胡萝卜、萝卜	13%	果蔬类产品

续表

序号	HS 编码	商品	生效前	所属类别
40	701	鲜或冷藏的马铃薯	13%	果蔬类产品
41	103	猪（Swine）	3%	动物类产品

资料来源：根据 RCEP 中国关税承诺表整理。

动物类产品共 12 种、果蔬类产品共 24 种、食品加工类产品共 5 种，三类农产品的占比如表 8-16 所示。

表 8-16　中国主要进口产品中一次性直接降为零的产品具体类别占比

农产品分类	涉及农产品数量	占比
动物类产品	12 种	29.27%
果蔬类产品	24 种	58.54%
食品加工类产品	5 种	12.20%
合计	41 种	100.00%

资料来源：根据 RCEP 中国关税承诺表整理。

从分类中可以看出，果蔬类产品占比最大，我国对所有进口水果、蔬菜、大麦、食用高粱、花生等产品一次性降低关税为 0。在这 41 种农产品中，不常见水果（如榴莲、火龙果、红毛丹、莲雾）的关税税率在生效前最高为 20%。在一次性降低关税的动物类产品中，猪肉类产品包含在内。我国作为全球重要的猪肉消费国，降低猪肉关税有助于我国平抑国内猪肉价格大幅波动，满足国内居民对于猪肉的需求。食品加工类产品主要涉及淀粉（主要进口木薯淀粉）、鲜或干的芒果及山竹果等、鱼片、干蔬菜、植物液汁五种产品。

8.3.2.2　渐进式降税的产品

中国主要进口产品中渐进式降税总共涉及 12 种产品，如表 8-17 所示。

表 8-17　中国主要进口产品中渐进式降税的产品

序号	HS编码	商品	生效前	生效1年	生效5年	生效10年	生效15年	生效20年	降税方式
1	0202	牛肉	12%	11.40%	9%	6%	3%	0%	每年降低0.6%
2	0207	禽肉	20%	18%	10%	0	0	0	每年降低2%
3	0402	浓缩、加糖的乳及奶油	10%	9.50%	7.50%	5%	2.50%	0	每年降低0.5%（20年）
4	0802	鲜或干的其他坚果（榛子、栗子、核桃未去壳）	25%	23.80%	18.80%	12.50%	6.30%	0	每年降低1.2%
5	0401	生牛乳	15%	14.30%	11.30%	7.50%	3.80%	0	每年降低0.7%
6	0404	乳清	6%	5.40%	3%	0	0	0	每年降低0.6%
7	0504	动物内脏	20%	18%	10%	0	0	0	
8	0802	坚果	25%	23.80%	18.80%	12.50%	6.30%	0	
9	0207	家禽	20%	18%	10%	0	0	0	每年降低2%
10	0904	胡椒	20%	18%	10%	0	0	0	每年降低2%
11	1212	甜菜、甘蔗	20%	18%	10%	0	0	0	
12	0305	腌鱼	16%	14.40%	8%	0	0	0	

资料来源：根据 RCEP 中国关税承诺表整理。

在这 12 种产品中，禽肉、乳清、动物内脏、家禽、胡椒、甜菜、甘蔗和腌鱼总共 7 种产品在 10 年内降低为 0，其余 7 种产品的关税税率下降均在 20 年内完成。将上述 12 种产品按照动物类产品、果蔬类产品和食品加工类产品进行分类，如表 8-18 所示。

表 8-18　中国主要进口产品中渐进式降税的产品的具体类别

序号	HS 编码	内容	所属类别
1	0202	牛肉	动物类产品
2	0207	禽肉	动物类产品
3	0402	浓缩、加糖的乳及奶油	食品加工类产品
4	0802	鲜或干的其他坚果（榛子、栗子、核桃未去壳）	果蔬类产品

续表

序号	HS 编码	内容	所属类别
5	0401	生牛乳	动物类产品
6	0404	乳清	动物类产品
7	0504	动物内脏	动物类产品
8	0802	坚果	果蔬类产品
9	0207	家禽	动物类产品
10	0904	胡椒	果蔬类产品
11	1212	甜菜、甘蔗	果蔬类产品
12	0305	腌鱼	食品加工类产品

资料来源：根据 RCEP 中国关税承诺表整理。

动物类产品、果蔬类产品、食品加工类产品三大类别的种类占比如表8-19 所示。

表 8-19　中国主要进口产品中渐进式降税的产品的具体类别

农产品分类	涉及农产品数量	占比
动物类产品	6 种	50.00%
果蔬类产品	4 种	33.33%
食品加工类产品	2 种	16.67%
合计	12 种	100.00%

资料来源：根据 RCEP 中国关税承诺表整理。

在中国采用渐进式降税的产品中，动物类产品占比最高，占比为50%，其余依次为果蔬类产品和食品加工类产品。渐进式降税的产品中RCEP 生效前关税税率最高的产品为鲜或干的其他坚果（榛子、栗子、核桃未去壳）和坚果，关税税率为 25%，在 RCEP 协定正式生效后，两种产品均在 20 年内降低为 0。

通过渐进式降低关税，一方面，实现促进 RCEP 成员之间彼此降低关税门槛，最终促进区域内经济发展的目标；另一方面，通过拉长降低关税时间能够最大限度地降低关税下降对我国本土相关农产品产业的冲击，为中国农产品生产种植留出发展时间。

8.3.2.3 不降低关税产品

我国对大豆、玉米、小麦等涉及我国农业根本利益的 7 种产品维持关税税率现状，如表 8-20 所示。

表 8-20　中国主要进口产品中完全不降低关税的产品

序号	HS 编码	产品	生效前	生效1年	生效5年	生效10年	生效15年	生效20年
1	1201	大豆	3%	U	U	U	U	U
2	1005	玉米	65%	U	U	U	U	U
3	1001	小麦	65%	U	U	U	U	U
4	1006	稻谷、大米	65%	U	U	U	U	U
5	1205	油菜籽（无论是否破碎）	9%	U	U	U	U	U
6	0902	茶	15%	U	U	U	U	U
7	1006	稻谷、大米	65%	U	U	U	U	U

资料来源：根据 RCEP 中国关税承诺表整理。

在大豆和油菜籽两种可用于食用油的农产品中，尤其是大豆，我国主要依赖于进口，其中美国和巴西是我国重要的大豆进口来源国，对此我国设置了 3% 相对较低的关税水平。除此之外，玉米、小麦、大米等涉及民生的农产品全部维持 65% 的高税率，限制进口。

对于关系到我国民生的重要农产品，我国奉行不承诺降低关税的原则，依然维持 RCEP 生效前原有关税税率。此举能够对涉及我国核心利益的农产品进行有效保护，避免其受到国外进口农产品的影响。

8.4 RCEP 成员对中国农产品关税变化

8.4.1 日本农产品的关税变化

通过观察日本在 RCEP 中的关税承诺，了解日本在初级农产品方面关税变化，如表 8-21 所示。

表 8-21 日本农产品的关税承诺情况

	GTAP 部门		生效前	生效后1 年	生效后5 年	生效后10 年	生效后15 年	生效后20 年	降税特点
1	Paddy rice	水稻	180%	U	U	U	U	U	不承诺降税
2	Wheat	小麦	180%	U	U	U	U	U	不承诺降税
3	Cereal grains nec	谷物及其他相关产品	180%	U	U	U	U	U	不承诺降税
4	Vegetables, fruit, nuts	蔬菜、水果、坚果	10.00%	9.40%	7.00%	4.00%	1.00%	0.00	逐步降税
5	Oil seeds	油料作物	0	0	0	0	0	0	零关税
6	Sugar cane, sugar beet	糖料作物	80%	U	U	U	U	U	不承诺降税
7	Plant-based fibers	植物纤维	0	0	0	0	0	0	零关税
8	Crops nec	农作物及相关产品	20%	0	0	0	0	0	一次性降税
9	Processed rice	加工大米	180%	U	U	U	U	U	不承诺降税

资料来源：根据 RCEP 中国关税承诺表整理。

日本在 RCEP 框架下对进口农产品的关税减让可以分为不承诺降税、零关税、大幅逐步降税、一次性降税四种。在 RCEP 框架下，日本对水稻、小麦、谷物及其他相关产品、糖料作物、加工大米总共 5 种产品不承诺降税，占总比重的 56%。日本对油料作物、植物纤维两种产品的原关税已经为 0，不存在下调的空间。

在初级农产品中，日本降税的品种只有蔬菜、水果、坚果和农作物及相关产品，其中对于农作物及相关产品的关税税率在 RCEP 正式实施后则是一次性降低为 0，而对蔬菜、水果、坚果仅为小幅逐步降税，第一年由当前的 10% 下调至 9.4%，以后每年逐步下降，直到第 20 年下降为 0。按照中国对日本出口额大小，蔬菜、水果、坚果类别中占比最大的依次是070320（大蒜、蒜头等）、080810（苹果）、080521（橙子、橘子等），三种产品的出口额占比分别为 24%、17%、14%，关税税率依次为 3%、17%、17%。这三种产品在 RCEP 正式生效后关税税率逐步降低，直到 20 年关税最终降低为 0。

8.4.2 澳大利亚农产品的关税变化

通过观察澳大利亚在 RCEP 中的关税承诺，了解澳大利亚在初级农产品方面关税变化，如表 8-22 所示。

表 8-22 澳大利亚农产品的关税承诺情况

	GTAP 部门		生效前	生效后 1 年	生效后 5 年	生效后 10 年	生效后 15 年	生效后 20 年	降税特点
1	Paddy rice	水稻	0	0	0	0	0	0	零关税
2	Wheat	小麦	0	0	0	0	0	0	零关税
3	Cereal grains nec	谷物及其他相关产品	0	0	0	0	0	0	零关税
4	Vegetables, fruit, nuts	蔬菜、水果、坚果	0	0	0	0	0	0	零关税
5	Oil seeds	油料作物	0	0	0	0	0	0	零关税
6	Sugar cane, sugar beet	糖料作物	0	0	0	0	0	0	零关税

续表

	GTAP 部门		生效前	生效后 1 年	生效后 5 年	生效后 10 年	生效后 15 年	生效后 20 年	降税特点
7	Plant-based fibers	植物纤维	0	0	0	0	0	0	零关税
8	Crops nec	农作物及相关产品	0	0	0	0	0	0	零关税
9	Processed rice	加工大米	0	0	0	0	0	0	零关税

资料来源：根据 RCEP 中国关税承诺表整理。

澳大利亚作为一个农业发达国家，积极推进自由贸易和开放市场政策，因此其农产品进口关税基本都为零。在 RCEP 生效之前，全部 9 种农产品都已经采取零关税政策。从关税方面来看，对中国农产品出口澳大利亚没有促进作用。

8.4.3 韩国初级农产品的关税变化

通过观察韩国在 RCEP 中的关税承诺，了解韩国在初级农产品方面关税变化，如表 8-23 所示。

表 8-23 韩国关税承诺情况

	GTAP 部门		生效前	生效后 1 年	生效后 5 年	生效后 10 年	生效后 15 年	生效后 20 年	降税特点
1	Paddy rice	水稻	180%	U	U	U	U	U	不承诺降税
2	Wheat	小麦	3%	0	0	0	0	0	一次性降税
3	Cereal grains nec	谷物及其他相关产品	630%	U	U	U	U	U	不承诺降税
4	Vegetables, fruit, nuts	蔬菜、水果、坚果	360%	U	U	U	U	U	不承诺降税
5	Oil seeds	油料作物	25%	23.30%	16.70%	8.30%	0	0	大幅逐步降税

续表

	GTAP 部门		生效前	生效后1年	生效后5年	生效后10年	生效后15年	生效后20年	降税特点
6	Sugar cane, sugar beet	糖料作物	8%	U	U	U	U	U	不承诺降税
7	Plant-based fibers	植物纤维	8%	7.20%	4	0	0	0	小幅逐步降税
8	Crops nec	农作物及相关产品	8%	7.20%	4%	0	0	0	小幅逐步降税
9	Processed rice	加工大米	180%	U	U	U	U	U	不承诺降税

注：10% 及以上降税为大幅降税，10% 以下降税为小幅降税。

资料来源：根据 RCEP 中国关税承诺表整理。

韩国本身是一个农业资源禀赋非常匮乏的国家，其国内农协拥有非常强大的力量，能够影响政府对农业政策的制定，因此其对于农产品的进口关税调整持谨慎态度。在 RCEP 框架下，韩国对于进口农产品的关税减让可以分为不承诺降税、一次性降税、大幅逐步降税、小幅逐步降税四种。

不承诺降税的产品主要涉及水稻、蔬菜、水果、坚果，糖料作物，加工大米四种产品，占 44%；参与降税的产品占 56%，其中一次性降税的产品是小麦，在 RCEP 正式实施后，一次性将小麦的关税税率降低为 0，大幅逐步降税的产品是油料作物，关税税率由原来的 25% 在 RCEP 正式实施后逐步降低为 0，小幅逐步降税主要涉及植物纤维和农作物及相关产品两种农产品，关税税率都是在 RCEP 正式实施后从 8% 逐步降低为 0。

8.4.4 新西兰农产品的关税变化

通过观察新西兰在 RCEP 中的关税承诺，了解新西兰在初级农产品方面关税变化，如表 8-24 所示。

表 8-24 新西兰农产品的关税承诺情况

	GTAP 部门		生效前	生效后 1 年	生效后 5 年	生效后 10 年	生效后 15 年	生效后 20 年	降税特点
1	Paddy rice	水稻	0	0	0	0	0	0	零关税
2	Wheat	小麦	0	0	0	0	0	0	零关税
3	Cereal grains nec	谷物及其他相关产品	0	0	0	0	0	0	零关税
4	Vegetables, fruit, nuts	蔬菜、水果、坚果	0	0	0	0	0	0	零关税
5	Oil seeds	油料作物	0	0	0	0	0	0	零关税
6	Sugar cane, sugar beet	糖料作物	0	0	0	0	0	0	零关税
7	Plant-based fibers	植物纤维	0	0	0	0	0	0	零关税
8	Crops nec	农作物及相关产品	0	0	0	0	0	0	零关税
9	Processed rice	加工大米	0	0	0	0	0	0	零关税

资料来源：根据 RCEP 中国关税承诺表整理。

新西兰情况与澳大利亚类似，在 RECP 生效前即对所有农产品实施零关税。实施 RCEP 不影响其关税，因此从关税方面来看，对中国农产品出口新西兰没有促进作用。

8.4.5 文莱农产品的关税变化

通过观察文莱在 RCEP 中的关税承诺，了解文莱在初级农产品方面关税变化，如表 8-25 所示。

表 8-25 文莱农产品的关税承诺情况

	GTAP 部门		生效前	生效后 1 年	生效后 5 年	生效后 10 年	生效后 15 年	生效后 20 年	降税特点
1	Paddy rice	水稻	0	0	0	0	0	0	零关税

续表

	GTAP 部门		生效前	生效后 1 年	生效后 5 年	生效后 10 年	生效后 15 年	生效后 20 年	降税特点
2	Wheat	小麦	0	0	0	0	0	0	零关税
3	Cereal grains nec	谷物及其他相关产品	0	0	0	0	0	0	零关税
4	Vegetables, fruit, nuts	蔬菜、水果、坚果	0	0	0	0	0	0	零关税
5	Oil seeds	油料作物	0	0	0	0	0	0	零关税
6	Sugar cane, sugar beet	糖料作物	0	0	0	0	0	0	零关税
7	Plant-based fibers	植物纤维	0	0	0	0	0	0	零关税
8	Crops nec	农作物及相关产品	0	0	0	0	0	0	零关税
9	Processed rice	加工大米	0	0	0	0	0	0	零关税

资料来源：根据 RCEP 中国关税承诺表整理。

文莱现代农业未发展起来，目前仅有少量的水稻、橡胶、胡椒，以及椰子、木瓜等热带水果。文莱每年需要 3 万吨大米，98%需要从泰国进口，80%水果需要从其他国家进口，96%肉食品也依赖进口。中国对文莱出口的蔬菜、水果、坚果产品中按照出口金额依次为 070320（蒜头、蒜苔及蒜苗（青蒜））、080810（苹果）、080520（蕉柑），中国对文莱这三种产品的出口金额在整个蔬菜、水果、坚果产品类别中的占比依次为 24%、17%、14%。

文莱非常支持农产品进口，它在 RCEP 正式实施前即对所有农产品采取零关税政策。实施 RCEP 不影响关税，因此从关税方面来看，对中国农产品出口文莱没有促进作用。

8.4.6　柬埔寨农产品的关税变化

通过观察柬埔寨在 RCEP 中的关税承诺，了解柬埔寨在初级农产品方面关税变化，如表 8-26 所示。

表 8-26　柬埔寨农产品的关税承诺情况

	GTAP 部门		生效前	生效后 1 年	生效后 5 年	生效后 10 年	生效后 15 年	生效后 20 年	降税特点
1	Paddy rice	水稻	7%	7%	6%	4%	0	0	小幅逐步降税，15 年降税为 0
2	Wheat	小麦	0	0	0	0	0	0	零关税
3	Cereal grains nec	谷物及其他相关产品	7%	7%	5%	4%	0	0	小幅逐步降税，15 年降税为 0
4	Vegetables, fruit, nuts	蔬菜、水果、坚果	7%	7%	6.50%	6%	3.50%	3.50%	小幅逐步降税，20 年降税为 0
5	Oil seeds	油料作物	15%	15%	11%	7%	0	0	大幅逐步降税，15 年降税为 0
6	Sugar cane, sugar beet	糖料作物	15%	15%	11%	7%	0	0	大幅逐步降税，15 年降税为 0
7	Plant-based fibers	植物纤维	15%	0	0	0	0	0	一次性降税
8	Crops nec	农作物及相关产品	35%	0	0	0	0	0	一次性降税
9	Processed rice	加工大米	7%	7%	6%	4%	0	0	小幅逐步降税，15 年降税为 0

资料来源：根据 RCEP 中国关税承诺表整理。

柬埔寨在 RCEP 框架下对进口农产品的关税减让可以分为小幅逐步降税、零关税、大幅逐步降税、一次性降税四种情况。RCEP 生效前，在柬埔寨农产品中零关税只有小麦一种产品。

小幅逐步降税的有水稻，谷物及其他相关产品，蔬菜、水果、坚果，加工大米四种产品，这四种产品的关税税率都是从 7% 逐步小幅下降，除了蔬菜、水果、坚果产品最终降低为 3.5% 之外，其余产品的关税税率最终都降低为 0。大幅逐步降税的有油料作物和糖料作物两种产品，关税税率都是从 15% 直接大幅下调，在 RCEP 生效后 15 年内降为 0。一次性降

RCEP 与中国农产品贸易：区域条件、贸易变化与前景展望

税的有植物纤维和农作物及相关产品两种产品，在 RCEP 正式生效之后，关税税率分别从 15% 和 35% 一次性降低为 0。柬埔寨在 RCEP 中降税幅度很大，但多是逐步减税，在 15~20 年才会达到零关税，降幅缓慢，短期来看，对中国农产品出口影响有限。

8.4.7 印度尼西亚农产品的关税变化

通过观察印度尼西亚在 RCEP 中的关税承诺，了解印度尼西亚在初级农产品方面关税变化，如表 8-27 所示。

表 8-27 印度尼西亚农产品的关税承诺情况

	GTAP 部门		生效前	生效后 1 年	生效后 5 年	生效后 10 年	生效后 15 年	生效后 20 年	降税特点
1	Paddy rice	水稻	7%	7%	6%	4%	0	0	小幅逐步降税，15 年降税为 0
2	Wheat	小麦	0	0	0	0	0	0	零关税
3	Cereal grains nec	谷物及其他相关产品	7%	7%	6%	4	0	0	小幅逐步降税，15 年降税为 0
4	Vegetables, fruit, nuts	蔬菜、水果、坚果	7%	7%	7%	5%	4%	4%	小幅逐步降税，20 年降税为 0
5	Oil seeds	油料作物	15%	15%	11%	7%	0	0	大幅逐步降税，15 年降税为 0
6	Sugar cane, sugar beet	糖料作物	15%	15%	11%	7%	0	0	大幅逐步降税，15 年降税为 0
7	Plant-based fibers	植物纤维	0	0	0	0	0	0	零关税
8	Crops nec	农作物及相关产品	35%	0	0	0	0	0	一次性降税
9	Processed rice	加工大米	7%	7%	6%	4	0	0	小幅逐步降税，15 年降税为 0

资料来源：根据 RCEP 中国关税承诺表整理。

印度尼西亚在 RCEP 框架下对进口农产品的关税减让可以分为小幅逐

步降税、零关税、大幅逐步降税、一次性降税四种情况。在 RCEP 生效前，印度尼西亚在小麦、植物纤维两种产品的关税为 0。

小幅逐步降税的产品有水稻，谷物及其他相关产品，蔬菜、水果、坚果，加工大米四种产品。这四种产品在 RCEP 正式生效之前关税税率都为 7%，除了蔬菜、水果、坚果类产品最终降为 4% 之外，其余三种产品最终全部降低为 0。大幅逐步降税的产品有油料作物、糖料作物两种产品，关税税率都从 15% 直接大幅下调，最终降低为 0。一次性降税的产品有农作物及相关产品，在 RCEP 正式生效之后，关税税率由 35% 一次性降低为 0。

印度尼西亚在 RCEP 中，降税幅度很大，除了小麦、植物纤维两种产品已经为零关税外，其他产品全部降税，从关税方面看，对中国农产品出口有促进作用。

8.4.8 老挝农产品的关税变化

通过观察老挝在 RCEP 中的关税承诺，了解老挝在初级农产品方面关税变化，如表 8-28 所示。

表 8-28 老挝农产品的关税承诺情况

	GTAP 部门		生效前	生效后 1 年	生效后 5 年	生效后 10 年	生效后 15 年	生效后 20 年	降税特点
1	Paddy rice	水稻	5%	U	U	U	U	U	不承诺降税
2	Wheat	小麦	5%	0	0	0	0	0	一次性降税为 0
3	Cereal grains nec	谷物及其他相关产品	5%	5	5	5	5	0	小幅逐步降税，从生效 15 年开始降税，20 年降税为 0
4	Vegetables, fruit, nuts	蔬菜、水果、坚果	40%	40%	40%	40%	40%	20%	大幅逐步降税，从生效 15 年开始降税，20 年降税为 0
5	Oil seeds	油料作物	20%	20%	20%	20%	20%	20%	不承诺降税

续表

	GTAP 部门		生效前	生效后1年	生效后5年	生效后10年	生效后15年	生效后20年	降税特点
6	Sugar cane, sugar beet	糖料作物	5%	5%	5%	5%	5%	0	小幅逐步降税，从生效15年开始降税，20年降税为0
7	Plant-based fibers	植物纤维	10%	10%	5%	3%	0	0	小幅逐步降税，15年降税为0
8	Crops nec	农作物及相关产品	5%	5%	5%	5%	5%	0	小幅逐步降税，从生效15年开始降税，20年降税为0
9	Processed rice	加工大米	5%	U	U	U	U	U	不承诺降税

资料来源：根据 RCEP 中国关税承诺表整理。

老挝在 RCEP 框架下对进口农产品的关税减让可以分为不承诺降税、一次性降税、小幅逐步降税、大幅逐步降税四种情况。

老挝不承诺降税的品种有三类，包括水稻、加工大米和油料作物，其初始税率并不高，在 RCEP 协议正式生效之后依然维持 5% 的关税税率。一次性降税有小麦一种产品，关税税率在 RCEP 正式实施后由 5% 一次性降低为 0。老挝小幅逐步降税的产品包括谷物及其他相关产品、糖料作物、植物纤维和农作物及相关产品四种，除了植物纤维的关税税率 RCEP 生效前为 10% 之外，其余三种产品的关税税率都是 5%，这四种产品的关税税率在正式实施后在 15~20 年内降低为 0，关税能带来的效果很小。大幅逐步降税的产品有蔬菜、水果、坚果，这种产品的关税税率在 RCEP 正式生效之后 15 年依然维持 40% 的高额关税税率，直到第 20 年关税税率才下调至 20%。

老挝通过关税重点保护油料作物和蔬菜、水果、坚果类，其他产品多数在 RCEP 生效前的关税并不高，仅有 5%，有的在 15~20 年降为 0，有的保持不变，从关税方面看，对中国农产品出口并没有促进作用。

8.4.9　马来西亚农产品的关税变化

通过观察马来西亚在 RCEP 中的关税承诺，了解马来西亚在初级农产品方面关税变化，如表 8-29 所示。

表 8-29　马来西亚农产品的关税承诺情况

	GTAP 部门		生效前	生效后1 年	生效后5 年	生效后10 年	生效后15 年	生效后20 年	降税特点
1	Paddy rice	水稻	40%	U	U	U	U	U	不承诺降税
2	Wheat	小麦	0	0	0	0	0	0	零关税
3	Cereal grains nec	谷物及其他相关产品	0	0	0	0	0	0	零关税
4	Vegetables，fruit，nuts	蔬菜、水果、坚果	1%	0.5%	0	0	0	0	小幅逐步降税，基本零关税
5	Oil seeds	油料作物	0	0	0	0	0	0	零关税
6	Sugar cane，sugar beet	糖料作物	5%	5%	4%	0	0	0	小幅逐步降税，10 年后降税为 0
7	Plant-based fibers	植物纤维	0	0	0	0	0	0	零关税
8	Crops nec	农作物及相关产品	0	0	0	0	0	0	零关税
9	Processed rice	加工大米	40%	U	U	U	U	U	不承诺降税

资料来源：根据 RCEP 中国关税承诺表整理。

马来西亚在 RCEP 框架下对于进口农产品的关税减让可以分为不承诺降税、小幅逐步降税、零关税三种情况。不承诺降税的农产品有水稻和加工大米，在 RCEP 正式生效之前有 40%的关税。零关税的产品包括小麦、谷物及其他相关产品、油料作物、植物纤维、农作物及相关产品五类。小幅逐步降税的农产品有蔬菜、水果、坚果，但由于其原始税率很低，所以降税幅度并不明显，糖料作物的税率从 5%下降，10 年后降税为 0，变化幅度很小。

8.4.10 缅甸农产品的关税变化

通过观察缅甸在 RCEP 中的关税承诺，了解缅甸在初级农产品方面关税变化，如表 8-30 所示。

表 8-30 缅甸农产品的关税承诺情况

	GTAP 部门		生效前	生效后 1 年	生效后 5 年	生效后 10 年	生效后 15 年	生效后 20 年	降税特点
1	Paddy rice	水稻	5%	5%	5%	5%	5%	5%	不承诺降税
2	Wheat	小麦	0	0	0	0	0	0	零关税
3	Cereal grains nec	谷物及其他相关产品	0	0	0	0	0	0	零关税
4	Vegetables, fruit, nuts	蔬菜、水果、坚果	10%	9%	8%	7%	3%	0	大幅逐步降税，20 年逐步降税为 0
5	Oil seeds	油料作物	1%	0	0	0	0	0	一次性降税
6	Sugar cane, sugar beet	糖料作物	5%	0	0	0	0	0	一次性降税
7	Plant-based fibers	植物纤维	0	0	0	0	0	0	零关税
8	Crops nec	农作物及相关产品	1%	1%	1%	1%	0	0	小幅逐步降税，关税基本为 0
9	Processed rice	加工大米	5%	5%	5%	5%	5%	5%	不承诺降税

资料来源：根据 RCEP 中国关税承诺表整理。

缅甸在 RCEP 框架下对进口农产品的关税减让可以分为不承诺降税、零关税、大幅逐步降税、小幅逐步降税四种情况。

不承诺降税的有水稻和加工大米，这两种农产品是缅甸重要的粮食作物，因此缅甸政府对大米和水稻的进口维持原有税率，但关税很低，仅为5%。缅甸对小麦、谷物及其他相关产品、植物纤维三种本国不能生产的产品实行零关税措施，鼓励进口。小幅逐步降税的有农作物及相关产品，其关税税率仅有 1%，在 RCEP 生效 10 年之后下调为 0。一次性降税的有油料作物、糖料作物两种产品，都是在 RCEP 正式生效后，税率分别由 1% 和 5% 直接降为 0。大幅逐步降税的有蔬菜、水果、坚果产品，关税税率由 RCEP 生效之前的 10% 最终逐年下调至 0。中国对缅甸出口的蔬菜、水果、坚果产品中，占比最大的分别为 070320（蒜头、蒜苔及蒜苗）、080810（苹果）、080521（柑橘）、071239（香菇、金针菇、草菇、口蘑、牛肝菌）四种产品，四种产品的出口额占比分别为 24%、17%、14%、12%。从关税方面来看，对中国农产品出口有促进作用。

8.4.11 菲律宾农产品的关税变化

通过观察菲律宾在 RCEP 中的关税承诺，了解菲律宾在初级农产品方面关税变化，如表 8-31 所示。

表 8-31　菲律宾农产品的关税承诺情况

	GTAP 部门		生效前	生效后 1 年	生效后 5 年	生效后 10 年	生效后 15 年	生效后 20 年	降税特点
1	Paddy rice	水稻	U	U	U	U	U	U	不承诺降税
2	Wheat	小麦	0	0	0	0	0	0	零关税
3	Cereal grains nec	谷物及其他相关产品	7%	0	0	0	0	0	一次性降税
4	Vegetables, fruit, nuts	蔬菜、水果、坚果	10%	5%	5%	5%	5%	5%	大幅逐步降税，生效后一次性从 10% 到 5%
5	Oil seeds	油料作物	1%	0	0	0	0	0	一次性降税
6	Sugar cane, sugar beet	糖料作物	3%	0	0	0	0	0	一次性降税
7	Plant-based fibers	植物纤维	3%	0	0	0	0	0	一次性降税
8	Crops nec	农作物及相关产品	3%	0	0	0	0	0	一次性降税
9	Processed rice	加工大米	180%	U	U	U	U	U	不承诺降税

资料来源：根据 RCEP 中国关税承诺表整理。

菲律宾在 RCEP 框架下对进口农产品的关税减让可以分为不承诺降税、零关税、一次性降税、大幅逐步降税四种情况。

不承诺降税产品有水稻和加工大米，菲律宾对这两种能够自主生产的农产品采取关税保护。菲律宾对于小麦这种本国无法生产的农产品采取零关税政策。一次性降税的产品包括谷物及其他相关产品、油料作物、糖料作物、植物纤维、农作物及相关产品，这些产品在 RCEP 协定正式生效后，关税全部一次性降低为 0。这些产品的原税率分别为 1%、3%、3% 和 3%，可以看出，因原关税水平较低，一次性降税带来的影响不大。大幅逐步降税的是蔬菜、水果、坚果类，在 RCEP 正式生效之后，关税税率从 RCEP 生效之前的 10% 在 20 年内下降 5%，效果也并不明显。

8.4.12 新加坡农产品的关税变化

通过观察新加坡在 RCEP 中的关税承诺，了解新加坡在初级农产品方面关税变化，如表 8-32 所示。

表 8-32 新加坡农产品的关税承诺情况

	GTAP 部门		生效前	生效后 1 年	生效后 5 年	生效后 10 年	生效后 15 年	生效后 20 年	降税特点
1	Paddy rice	水稻	0	0	0	0	0	0	零关税
2	Wheat	小麦	0	0	0	0	0	0	零关税
3	Cereal grains nec	谷物及其他相关产品	0	0	0	0	0	0	零关税
4	Vegetables, fruit, nuts	蔬菜、水果、坚果	0	0	0	0	0	0	零关税
5	Oil seeds	油料作物	0	0	0	0	0	0	零关税
6	Sugar cane, sugar beet	糖料作物	0	0	0	0	0	0	零关税
7	Plant-based fibers	植物纤维	0	0	0	0	0	0	零关税
8	Crops nec	农作物及相关产品	0	0	0	0	0	0	零关税

续表

	GTAP 部门		生效前	生效后1年	生效后5年	生效后10年	生效后15年	生效后20年	降税特点
9	Processed rice	加工大米	0	0	0	0	0	0	零关税

资料来源：根据 RCEP 中国关税承诺表整理。

新加坡是一个城市化发达国家，本身国土面积狭小，并不具备农业发展所需要的资源禀赋，因此新加坡通过大力发展国际贸易，从全球范围内大量进口农产品来满足国内需求，也因此新加坡对所有农产品均采取零关税措施。从关税方面来看，对中国农产品出口并没有促进作用。

8.4.13　泰国农产品的关税变化

通过观察泰国在 RCEP 中的关税承诺，了解泰国在初级农产品方面关税变化，如表 8-33 所示。

表 8-33　泰国农产品的关税承诺情况

	GTAP 部门		生效前	生效后1年	生效后5年	生效后10年	生效后15年	生效后20年	降税特点
1	Paddy rice	水稻	180%	U	U	U	U	U	不承诺降税
2	Wheat	小麦	0	0	0	0	0	0	零关税
3	Cereal grains nec	谷物及其他相关产品	2.75Baht/kg（16%）	0	0	0	0	0	一次性降税为0
4	Vegetables, fruit, nuts	蔬菜、水果、坚果	40%	20%	20%	20%	20%	20%	大幅逐步降税，20年降税至20%
5	Oil seeds	油料作物	30%	28%	20%	10%	0	0	大幅逐步降税，15年降税为0
6	Sugar cane, sugar beet	糖料作物	30%	27%	15%	0	0	0	大幅逐步降税，10年降税为0
7	Plant-based fibers	植物纤维	30%	0	0	0	0	0	一次性降税
8	Crops nec	农作物及相关产品	27%	24%	13.50%	0	0	0	大幅逐步降税，10年降税为0

续表

	GTAP 部门		生效前	生效后 1 年	生效后 5 年	生效后 10 年	生效后 15 年	生效后 20 年	降税特点
9	Processed rice	加工大米	180%	U	U	U	U	U	不承诺降税

资料来源：根据 RCEP 中国关税承诺表整理。

泰国在 RCEP 框架下对进口农产品的关税减让可以分为不承诺降税、零关税、一次性降税、大幅逐步降税四种情况。泰国在农产品方面的关税很高，农业是泰国重点保护的产业。

不承诺降税的有大米和加工大米，这两种农产品是泰国重要的粮食作物，也是其重要的出口农产品，因此泰国政府对大米和加工大米维持现状，不承诺降税，当前税率为 180%。和绝大多数东南亚国家一样，泰国依赖小麦进口，其对于小麦实施零关税措施。泰国仅大米、小麦这类主粮没有关税变化，其他产品关税变化明显。

一次性降税的有谷物及其他相关产品和植物纤维两种农产品，在 RCEP 正式实施后，泰国政府将谷物及其他相关产品和植物纤维两种农产品的关税税率一次性调低为 0。谷物及其他相关产品的当前关税为 2.75 泰铢/公斤（根据当前价格测算，税率在 16% 左右），植物纤维的当前税率在 30%。

大幅逐步降税的产品有蔬菜、水果、坚果，油料作物，糖料作物和农作物及相关产品四种农产品。在 RCEP 正式生效后，蔬菜、水果、坚果类产品从 40% 下降至 20%，依然保持较高的关税；其余三类由 30% 在生效后 10~15 年内逐步下降为 0。

8.4.14 越南农产品的关税变化

通过观察越南在 RCEP 中的关税承诺，了解越南在初级农产品方面关税变化，如表 8-34 所示。

表 8-34 越南农产品的关税承诺情况

	GTAP 部门		生效前	生效后 1 年	生效后 5 年	生效后 10 年	生效后 15 年	生效后 20 年	降税特点
1	Paddy rice	水稻	40%	40%	40%	40%	40%	40%	不承诺降税
2	Wheat	小麦	5%	0	0	0	0	0	一次性降税为 0
3	Cereal grains nec	谷物及其他相关产品	0	0	0	0	0	0	零关税
4	Vegetables, fruit, nuts	蔬菜、水果、坚果	20%	18%	10%	0	0	0	小幅逐步降税，10 年降税为 0
5	Oil seeds	油料作物	10%	0	0	0	0	0	一次性降税为 0
6	Sugar cane, sugar beet	糖料作物	10%	0	0	0	0	0	一次性降税为 0
7	Plant-based fibers	植物纤维	0	0	0	0	0	0	零关税
8	Crops nec	农作物及相关产品	10%	0	0	0	0	0	一次性降税为 0
9	Processed rice	加工大米	180%	U	U	U	U	U	不承诺降税

资料来源：根据 RCEP 中国关税承诺表整理。

越南在 RCEP 框架下对进口农产品的关税减让可以分为不承诺降税、一次性降税、零关税和大幅逐步降税四种情况。

不承诺降税的有水稻和加工大米。越南是大米的重要生产国之一，因此其对于水稻和加工大米两种农产品维持现状，不降低关税。越南政府对谷物及其他相关产品、植物纤维两种农产品一直维持零关税。

RECP 正式生效后，越南政府大幅降低小麦、油料作物、糖料作物、农作物及相关产品四类的关税税率，分别由 5%、10%、10% 和 10% 一次性降低为 0。在 RCEP 正式实施后，越南政府对蔬菜、水果、坚果的关税税率从 20% 在生效后 10 年内逐步降低为 0。

8.5 RCEP 成员的关税变化特征

8.5.1 中国对 RCEP 成员国农产品进口关税的变化特征

根据前文对 RCEP 下中国对各国的关税变化分析，从产品视角，其主要呈现三个特征：

一是果蔬市场基本即刻放开，短期影响明显。在果蔬类产品中，中国对不常见水果（如榴莲、火龙果、红毛丹、莲雾）、樱桃及桃子、坚果也有很高的市场需求，占到中国果蔬类产品进口总额的 3.34%、1.54%、1.28%。鲜或干的芒果及山竹果等、鲜或干的香蕉、葡萄也位列前 30 种进口商品中。榴莲、火龙果、红毛丹、莲雾等原进口关税是 20%，芒果及山竹果等是 15%，其他水果多为 10%，在新的关税下均即刻降为 0。中国蔬菜类原有进口关税为 13% 左右，在 RCEP 正式生效后所有蔬菜类的进口关税均降为 0。中国在果蔬市场是一次性降税，短期内可能导致国内果蔬市场竞争加剧，国内企业面临较大的竞争压力。

二是主粮明确高关税，油料市场略加保护。中国国内主要的生产粮食（大米、小麦、玉米）都保持 65% 的高关税，并且在区域协定中申请获得免削减权利，确保中国粮食安全不动摇，维护国内种植热情，保持中国大部分农民的利益，使国内农业免受市场冲击。中国是油料产品的主要进口国，主要进口的油料作物是大豆，占比达到 90%，这也是中国细分种类中进口量最大的品种，约占中国进口量的 32.13%。中国继续发展自身油料产业的战略是比较明确的，因此中国对大豆申请获得免削减权利，保持了油料产业 3% 的关税，给予国内种植业一定的发展空间。中国对于其他粮食如大麦、高粱等，采取全面放开市场的政策，然而大麦、高粱等产品的关税本身不高，分别从 3%、2% 降低到 0。

三是取消了糖料作物和植物纤维的关税，短期影响明显。我国是糖料生产、植物纤维的消费和贸易大国。RCEP 生效前，中国对糖料作物（甘蔗、甜菜）的进口关税是 9% 左右，对植物纤维的进口关税是 5%~10%，生效后都是一次性降为 0。近年来，中国提高糖料自给率，随着国内甘蔗"双高"（高产高糖）基地的建成，以及南方甘蔗种植机械化率提高，中国糖的自给率稳定在 70%~80%。随着关税的下降，泰国、澳大利亚等糖料生产大国会对我国糖产业产生影响，国内成本过高的问题将更加凸显。在植物纤维方面，中国进口较多的是橡胶。中国作为全球最大的橡胶消费国之一，需求量巨大，而国内橡胶产能无法满足市场需求，同时，中国橡胶加工产业发展迅速，对原材料橡胶的需求量持续增长。中国通过进口橡胶可以确保供应稳定，支持产业发展。中国放开橡胶等关税，对国内橡胶产业的发展会产生一定影响。

综合来看，RCEP 对中国进口市场的变化主要体现在果蔬类、糖料作物和橡胶等纤维作物领域。

根据前文对 RCEP 下中国对各国的关税变化的分析，从国别视角来看，其展现出了个别产品方面的降税差异化。例如，在蔬菜、水果、坚果，植物纤维，农作物及相关产品的关税表中，中国对东盟国家、澳大利亚、新西兰都是生效后立即从 20% 左右降税为 0，但对日本和韩国实行的是 10 年或 15 年降税为 0 的方式，这是因为中国同东盟、澳大利亚、新西兰已有双边协议，在 RCEP 中需要给予更深一步的关税减让。具体如表 8-35 所示。

表 8-35　中国初级农产品进口关税的变化情况

GTAP 部门		东盟		澳大利亚		新西兰		日本		韩国	
		原关税	降税情况	原关税	降税情况	原关税	降税情况	原关税	降税情况	原关税	降税情况
1	水稻	65%	不承诺降税	65%	不承诺降税	65%	不承诺降税	65%	不承诺降税	65%	不承诺降税

续表

GTAP 部门		东盟		澳大利亚		新西兰		日本		韩国	
		原关税	降税情况	原关税	降税情况	原关税	降税情况	原关税	降税情况	原关税	降税情况
2	小麦	65%	不承诺降税	65%	不承诺降税	65%	不承诺降税	65%	不承诺降税	65%	不承诺降税
3	谷物及其他相关产品	65%	不承诺降税	65%	不承诺降税	65%	不承诺降税	65%	不承诺降税	65%	不承诺降税
4	蔬菜、水果、坚果	20%	一次性降税为0	20%	一次性降税为0	20%	一次性降税为0	20%	15年降税为0	20%	10年降税为0
5	油料作物	3%	不承诺降税	3%	不承诺降税	3%	不承诺降税	3%	不承诺降税	3%	不承诺降税
6	糖料作物	9%	一次性降税为0	9%	一次性降税为0	9%	一次性降税为0	9%	15年降税为0	9%	一次性降税为0
7	植物纤维	6%	20年降税为0	5%	一次性降税为0	6%	一次性降税为0	10%	15年降税为0	10%	10年降税为0
8	农作物及相关产品	10%	一次性降税为0	10%	一次性降税为0	10%	一次性降税为0	10%	15年降税为0	10%	10年降税为0
9	加工大米	65%	不承诺降税	65%	不承诺降税	65%	不承诺降税	65%	不承诺降税	65%	不承诺降税

资料来源：根据 RCEP 中国关税承诺表整理。

8.5.2　RCEP 成员对中国农产品关税的变化特征

不同国家（地区）因为农业发展情况不同，对农产品进口态度亦不相同，具体反映在对不同农产品的关税税率以及在 RCEP 框架下关税减让的幅度不同。根据 RCEP 不同成员农产品关税情况，有以下四个特征：

一是澳大利亚、新西兰、文莱、新加坡在 RCEP 生效前已经基本开放初级农产品市场，此四国对农产品的进口在 15 个成员中限制最少。澳大利亚、新西兰本身农业发达，两国也是全球范围内重要的农产品出口国，且相关农产品具有明显竞争优势，无需关税保护国内的农业，而文莱和新加坡两国不是农业生产国，严重依赖国外农产品的进口。这四个国家对于农产品的进口设置了很低的关税税率，如表 8-36 所示。

表 8-36　RCEP 之前澳大利亚、新西兰、文莱、新加坡的农产品税率

		部门	澳大利亚	新西兰	文莱	新加坡
谷物和作物	1	水稻	0	0	0	0
	2	小麦	0	0	0	0
	3	谷物及其他相关产品	0	0	0	0
	4	蔬菜、水果、坚果	0	0	0	0
	5	油料作物	0	0	0	0
	6	糖料作物	0	0	0	0
	7	植物纤维	0	0	0	0
	8	农作物及相关产品	0	0	0	0
	9	加工大米	0	0	0	0

资料来源：根据 RCEP 中国关税承诺表整理。

　　二是日本和韩国 RCEP 降税仅覆盖部分农产品。日本和韩国两个发达国家对进口农产品有强劲需求，但是日本和韩国对自身农业的自给率也有明确要求，在放开农产品市场方面保持谨慎态度。在初级农产品中，日本有 56% 的农产品不承诺降税，有两种产品在 RCEP 前已是零关税，参与降税的品种只有两类，分别是蔬菜、水果、坚果和农作物及相关产品。对农作物及相关产品的关税税率在 RCEP 正式实施后一次性降低为 0，而对蔬菜、水果、坚果仅为小幅逐步降税，且每年在上一年的基础上降幅为 6%，直到第 20 年下降为 0。

　　韩国约占到中国农产品进口总额的 6.38%。在初级农产品中，韩国有 44% 的农产品不承诺降税，包括主粮和蔬菜、水果、坚果类产品。RCEP 正式实施后，直接降税的仅有小麦，由 3% 下调至 0。油料作物、植物纤维、农作物及相关产品每年在上一年的基础上降税的幅度是 7%~10%，10~15 年内降至为 0。日本、韩国的农产品税率变化，如表 8-37 所示。

表 8-37   日本和韩国的农产品税率变化

部门		日本		韩国	
		原关税	关税变化	原关税	关税变化
谷物和作物	1 水稻	180%	不承诺降税	180%	不承诺降税
	2 小麦	180%	不承诺降税	3%	一次性降税为 0
	3 谷物及其他相关产品	180%	不承诺降税	630%	不承诺降税
	4 蔬菜、水果、坚果	10.00%	20 年降为 0	360%	不承诺降税
	5 油料作物	0	已为零关税	25%	每年降低 7%，生效 15 年后关税为 0
	6 糖料作物	80%	不承诺降税	8%	不承诺降税
	7 植物纤维	0	已为零关税	8%	每年降低 10%，生效 10 年后关税为 0
	8 农作物及相关产品	20%	生效后即刻降税为 0	8%	每年降低 10%，生效 10 年后关税为 0
	9 加工大米	180%	不承诺降税	180%	不承诺降税

资料来源：根据 RCEP 中国关税承诺表整理。

三是东盟中的马来西亚、缅甸、老挝、柬埔寨，受降税影响很小。此四国本身在农产品的生产和进口上并不具备优势，对农产品的贸易政策没有过多的变化。四国相关农产品税率变化情况，如表 8-38 所示。

表 8-38   马来西亚、缅甸、老挝、柬埔寨的农产品税率

部门		马来西亚		缅甸		老挝		柬埔寨	
谷物和作物	1 水稻	40%	不承诺降税	5%	不承诺降税	5%	不承诺降税	7%	15 年降税为 0
	2 小麦	0%	零关税	0	零关税	5%	一次性降税为 0	0	零关税
	3 谷物及其他相关产品	0%	零关税	0	零关税	5%	从生效 15 年开始降税，20 年降税为 0	7%	15 年降税为 0
	4 蔬菜、水果、坚果	1%	基本零关税	10%	20 年逐步降税为 0	40%	从生效 15 年开始降税，20 年降税为 0	7%	20 年降税为 0

续表

部门			马来西亚		缅甸		老挝		柬埔寨
谷物和作物	5	油料作物	0	零关税	1%	一次性降税	20%	不承诺降税	15%	15 年降税为 0
	6	糖料作物	5%	10 年后降税为 0	5%	一次性降税	5%	从生效 15 年开始降税，20 年降税为 0	15%	15 年降税为 0
	7	植物纤维	0%	零关税	0	零关税	10%	15 年降税为 0	15%	一次性降税为 0
	8	农作物及相关产品	0%	零关税	1%	关税基本为 0	5%	从生效 15 年开始降税，20 年降税为 0	35%	一次性降税为 0
	9	加工大米	40%	不承诺降税	5%	不承诺降税	5%	不承诺降税	7%	15 年降税为 0

资料来源：根据 RCEP 中国关税承诺表整理。

马来西亚除了不参与降税的水稻和加工大米，以及已经是零关税的五类产品（小麦、谷物及其他相关产品、油料作物、植物纤维、农作物及相关产品），仅剩两类产品的关税有所调整。蔬菜、水果、坚果类产品的原始税率很低，约 1%，降税幅度并不明显。糖料作物的税率从 5% 下降，10 年后降税为 0，变化幅度很小。

缅甸整体税率很低，不参与降税的有水稻和加工大米，关税也只有 5%；已经是零关税或基本为零关税的有四类产品，即小麦、谷物及其他相关产品、植物纤维、农作物及相关产品。参与降税的共三种：油料作物和糖料作物是一次性降税，但初期税率仅为 1% 和 5%；缅甸保护蔬菜、水果、坚果类产品市场，20 年内逐步由 10% 降税为 0。

老挝通过关税重点保护油料作物，关税保持 20% 不降税，水稻和大米也不降税，但仅为 5%。老挝对小麦给予了从 5% 一次降税为 0 的承诺，其他产品尽管承诺降低关税，但时间点非常靠后，在 RCEP 生效 15 年后才开始削减。

柬埔寨参与降税的产品数量多，降税幅度为 7%～35%，但是多是逐步减税，在 15～20 年才会达到零关税，降幅缓慢。柬埔寨在植物纤维、农作物及相关产品两类产品上给予了直接降税，确实有利于其他国家的出口。

总体来看，马来西亚、缅甸、老挝、柬埔寨均对水稻和加工大米维持了不削减关税的政策，但它们的原关税并不高。其他产品上，尽管各国的降税情况不同，但由于各种原因，或是零关税产品，或是原关税水平低，或是生效期靠后，导致降税带来的贸易变化预期不明显。

四是东盟中的印度尼西亚、泰国、越南、菲律宾农产品竞争力强，降税明显。此四国是发展中国家，但是属于东盟中经济发展很好的国家，农业部门在国家经济中的比重大，其在农产品的生产和出口上具有一定的优势①。这些国家早期对大多数农产品的进口设置了很高的关税，以保护扶持本国农业发展，但在 RCEP 协定中，农产品方面降税明显，有助于进一步促进他国农产品的进口。此四国农产品的关税设置，如表 8-39 所示。

表 8-39　印度尼西亚、缅甸、泰国和越南的农产品税率

	部门	印度尼西亚		泰国		越南		菲律宾	
谷物和作物	1 水稻	7%	15 年降税为 0	180%	不承诺降税	40%	不承诺降税	U	不承诺降税
	2 小麦	0	零关税	0	零关税	5%	一次性降税为 0	0	零关税
	3 谷物及其他相关产品	7%	15 年降税为 0	16%	一次性降税为 0	0	零关税	7%	一次性降税
	4 蔬菜、水果、坚果	7%	20 年降税为 0	40%	20 年降税至 20%	20%	10 年降税为 0	10%	大幅逐步降税，生效后一次性从 10% 到 5%
	5 油料作物	15%	15 年降税为 0	30%	15 年降税为 0	10%	一次性降税为 0	1%	一次性降税
	6 糖料作物	15%	15 年降税为 0	30%	10 年降税为 0	10%	一次性降税为 0	3%	一次性降税
	7 植物纤维	0%	零关税	30%	一次性降税为 0	0	零关税	3%	一次性降税

---

① 根据贸易竞争指数测算。

续表

	部门		印度尼西亚		泰国		越南		菲律宾	
谷物和作物	8	农作物及相关产品	35%	一次性降税	27%	10 年降税为 0	10%	一次性降税为 0	3%	一次性降税
	9	加工大米	7%	15 年降税为 0	180%	不承诺降税	180%	不承诺降税	180%	不承诺降税

资料来源：根据 RCEP 中国关税承诺表整理。

印度尼西亚除已有的两个零关税产品外，其余产品均不同程度地降税，绝大部分是 15~20 年逐步降税，短期内不明显，只有农作物及相关产品的税率，立即由 35% 一次性降到 0，降税力度非常大。

泰国原关税水平很高，除了重点保护的大米和稻米（关税在 180%）以及完全放开的小麦（零关税），其他农产品一般都在 30%~40%。RCEP 生效后，泰国多数农产品都参与了降税，其中，谷物及其他相关产品、植物纤维关税降幅很大，一次性降到 0；油料、糖料作物逐步降税至 0；蔬菜、水果、坚果类产品从 40% 逐年降到 20%。泰国发展自身主粮、果蔬业的目标比较明确。

越南在 RCEP 生效前的市场开放度优于印度尼西亚和泰国，在谷物及其他相关产品、植物纤维等方面都是零关税，但重点保护水稻、大米和果蔬类市场。在 RCEP 协议中，越南在小麦、油料作物、糖料作物、农作物及相关产品四类产品的关税税率由 5%~10% 一次性降低为 0。越南放松对蔬菜、水果、坚果类产品市场的管控，关税税率从 20% 在生效 10 年内逐步降低为 0。在 RCEP 协议中，越南关税减让幅度非常大。

菲律宾与其他东盟国家相比关税水平不算高，除了重点保护的大米和稻米（关税在 180%）以及完全放开的小麦（零关税），其余均在 10% 以下。RCEP 生效后，菲律宾的谷物及其他相关产品、油料作物、糖料作物、植物纤维和农作物及相关产品五类产品一次性降低关税为 0，削减力度较大。菲律宾对蔬菜、水果、坚果类产品保留一定的关税水平，RCEP 生效后关税税率一次性从 10% 降到 5%，而后一直保持 5% 的关税。

9 RCEP 下中国农产品贸易的
前瞻性研究

9.1 基于 GTAP 数据库构建农产品关税冲击

9.1.1 GTAP 数据库在区域经济合作测算中的应用

关于区域经济合作经济效应的模拟评估研究，学者所用的代表模型为可计算一般均衡（Computable General Equilibrium，CGE）模型，其中最具代表性的是基于美国普渡大学全球贸易分析项目（Global Trade Analysis Project，GTAP）而建立的 GTAP 模型。GTAP 模型是根据新古典经济理论设计的多国（地区）与多部门的模型，可对政策调整的影响进行定量分析，即通过将政策情形表示为对最初市场均衡的"冲击"，求解出世界体系经过调整后达到的新均衡，前后均衡的差别即为"冲击"的影响。因其预测的科学性而被全球学者广泛应用于研究政策调整所带来的影响。

在 GTAP 模型架构中，建立能够详细描述每个国家（地区）生产、消费、政府支出等行为的子模型，通过国际商品贸易关系将各子模型联结起来，构成一个多国多部门的一般均衡模型。在利用此模型进行政策仿真时，可以同时研究该政策对各国（地区）各部门生产、进出口、商品价格、要素供需、要素报酬、国内生产总值以及社会福利水平等方面的影响。当今世界主要经济组织，如世界贸易组织、国际货币基金组织、世界银行等，均已采用 GTAP 模型对国际经济进行分析，并取得了良好的成果[①]。当前应用 GTAP 进行贸易测算的研究依然广泛，魏景赋和李明哲（2024）基于 GTAP 模型对印度视角的 RCEP 贸易损益模拟进行了研究，曾勇、彭水军和黄峰（2024）基于 SbA-GTAP 模型研究了中日韩自贸区的贸易增加值效应及福利影响。

9.1.2　GTAP 数据库要素的动态递归

GTAP 第 10 版数据库包含了全球 141 个国家和地区、65 个经济部门的数据。这些数据由美国普渡大学全球贸易分析项目组基于全球投入产出表以及各国（地区）的关税、进出口、GDP、人口等主要经济统计数据整合而成。

由于 GTAP 数据库中的数据为 2014 年的数据，为了使研究更贴近当前情况，本书参考了 Ahmed 等（2020）、李新兴等（2020）、许玉洁等（2021）、魏景赋和阴艺轩（2022）的研究，将 GTAP 数据库中的 GDP、人口、实际资本存量、劳动力等数据从 2014 年动态递归至 2022 年，以此作为比较的基准。

各要素指标的平均增长率，如表 9-1 所示。

表 9-1　2014-2022 年各个指标平均增长率　　　　单位:%

国家	GDP	资本	人口	非熟练劳动力	熟练劳动力
中国	53.53	74.62	3.20	5.15	27.49
越南	49.58	54.27	7.04	11.33	11.87

① 资料来源：https://www.cabit.com.cn/products/dec/gtap/index.htm。

续表

国家	GDP	资本	人口	非熟练劳动力	熟练劳动力
印度尼西亚	38.80	47.32	8.32	25.04	21.59
文莱	-5.48	11.87	0.12	-1.50	3.90
柬埔寨	51.83	69.20	10.95	42.52	57.08
泰国	26.23	24.87	2.21	13.86	9.82
老挝	54.43	65.06	11.14	33.75	43.97
菲律宾	50.48	45.94	10.48	16.57	22.21
马来西亚	32.93	36.39	9.74	19.72	38.06
新加坡	19.98	33.24	6.72	11.09	19.67
缅甸	52.97	71.47	4.83	24.29	27.46
日本	8.86	7.00	-1.65	4.42	15.76
韩国	17.72	30.82	1.38	7.49	20.13
澳大利亚	18.67	21.48	9.29	11.59	18.14
新西兰	21.08	22.95	6.42	7.03	17.50
世界其他国家和地区	17.69	22.27	10.81	16.42	14.84

资料来源：CEPII 数据库，http：//www.cepii.fr/CEPII/en/bdd_modele/bdd_modele_item.asp？id=11。

9.1.3 GTAP 的关税模型及类别划分

在 GTAP 模型中，关税嵌入模型为：

$$tms_{i,r,s} = pms_{i,r,s} - tm_{i,s} + pcif_{i,r,s}$$

$tms_{i,r,s}$ 代表货物 i 从 r 地运输到 s 地时的双边进口关税，$pms_{i,r,s}$ 代表货物 i 从 r 地运输到 s 地时的成本，$tm_{i,s}$ 代表货物 i 从 r 地运输到 s 地时的单一国家税率，$pcif_{i,r,s}$ 代表货物 i 从 r 地运输到 s 地时的到岸价格。此模型通常用于反映贸易关税变化导致的贸易条件的改善。本书利用这一外生变量来描述中美贸易冲突导致的关税变化。

为了聚焦测试 RCEP 的效果，本书将 GTAP 数据库 141 个国家或地区划分为 16 个组别：RCEP 15 个成员各自为一个组别，其余国家和地区为一个组别，具体分类为中国、日本、韩国、澳大利亚、新西兰、越南、印度尼西亚、文莱、柬埔寨、泰国、老挝、菲律宾、马来西亚、新加坡、缅甸以及世界其他国家和地区。

为了聚焦研究初级农产品（农田作物），将 GTAP 数据库 65 个行业划分为 10 个组别：GTAP 数据库中的 9 个农产品类别各自为一个组别，其余产品为一个组别，具体分类为：水稻，小麦，谷物及其他相关产品，蔬菜、水果、坚果，油料作物，糖料作物，植物纤维，农作物及相关产品，加工大米，其他行业。在要素方面，采用 GTAP 数据库原始划分，主要考虑资本、非熟练劳动力、熟练劳动力、土地和自然资源。GTAP 数据库中与初级农产品相关的类别，如表 9-2 所示。

表 9-2　GTAP 数据库中与初级农产品相关的类别展示

Number	Code	Description (Detailed Sector Breakdown)	中文	Description
1	PDR	Paddy rice	水稻	Paddy Rice：rice，husked and unhusked
2	WHT	Wheat	小麦	Wheat：wheat and meslin
3	GRO	Cereal grains nec	谷物及其他相关产品	Other Grains：maize（corn），barley，rye，oats，other cereals
4	V_F	Vegetables，fruit，nuts	蔬菜、水果、坚果	Veg & Fruit：vegetables，fruitvegetables，fruit and nuts，potatoes，cassava，truffles
5	OSD	Oil seeds	油料作物	Oil Seeds：oil seeds and oleaginous fruit；soy beans，copra
6	C_B	Sugar cane，sugar beet	糖料作物	Cane & Beet：sugar cane and sugar beet
7	PFB	Plant-based fibers	植物纤维	Plant Fibres：cotton，flax，hemp，sisal and other raw vegetable materials used in textiles

续表

Number	Code	Description (Detailed Sector Breakdown)	中文	Description
8	OCR	Crops nec	农作物及相关产品	Other Crops: live plants; cut flowers and flower buds; flower seeds and fruit seeds; vegetable seeds, beverage and spice crops, unmanufactured tobacco, cereal straw and husks, unprepared, whether or not chopped, ground, pressed or in the form of pellets; swedes, mangolds, fodder roots, hay, lucerne (alfalfa), clover, sainfoin, forage kale, lupines, vetches and similar forage products, whether or not in the form of pellets, plants and parts of plants used primarily in perfumery, in pharmacy, or for insecticidal, fungicidal or similar purposes, sugar beet seed and seeds of forage plants, other raw vegetable materials
9	PCR	Processed rice	加工大米	Processed Rice: rice, semi-or wholly milled

资料来源：根据 GTAP 数据库资料整理。

9.2 基于 GTAP 数据库的农产品贸易情景设定

9.2.1 中国从 RCEP 成员进口的关税冲击情景设置

在 RCEP 中国关税承诺表中，部分产品采取了渐进式降税的策略，在 GTAP 冲击中，设置了按第 1 年、第 5 年、第 10 年、第 15 年、第 20 年五种情景分别与基准情景进行对比，从宏观层面（GDP、居民福利、进出口变化）以及微观层面（农业产出变化）这两个层面对 RCEP 的经济效应进行衡量，从而更清晰地呈现出 RCEP 给中国和 RCEP 成员带来的变化，如表9-3 至表9-7 所示。

表 9-3　中国对东盟国家设定的进口关税

		GTAP 部门		重点观测	生效前	生效后 1 年	生效后 5 年	生效后 10 年	生效后 15 年	生效后 20 年
谷 物 和 作 物	1	Paddy rice	水稻	100610	65%	65%	65%	65%	65%	65%
	2	Wheat	小麦	1001	65%	65%	65%	65%	65%	65%
	3	Cereal grains nec	谷物及其他相关产品	1005	65%	65%	65%	65%	65%	65%
	4	Vegetables, fruit, nuts	蔬菜、水果、坚果	0810 (081060)	20%	0	0	0	0	0
	5	Oil seeds	油料作物	1201 (120190)	3%	3%	3%	3%	3%	3%
	6	Sugar cane, sugar beet	糖料作物	1214 (121490)	9%	0	0	0	0	0
	7	Plant-based fibers	植物纤维	0601/0602 (060290)	6%	2%	1.50%	1%	0.50%	0
	8	Crops nec	农作物及相关产品	1108 (110814)	10%	0	0	0	0	0
	9	Processed rice	加工大米	100630	65%	65%	65%	65%	65%	65%

资料来源：根据 RCEP 中国关税承诺表整理。

表 9-4　中国对澳大利亚设定的进口关税

		GTAP 部门		重点观测	生效前	生效后 1 年	生效后 5 年	生效后 10 年	生效后 15 年	生效后 20 年
谷 物 和 作 物	1	Paddy rice	水稻	100610	65%	65%	65%	65%	65%	65%
	2	Wheat	小麦	1001	65%	65%	65%	65%	65%	65%
	3	Cereal grains nec	谷物及其他相关产品	1005	65%	U	U	U	U	U
	4	Vegetables, fruit, nuts	蔬菜、水果、坚果	0810 (081060)	20%	0	0	0	0	0
	5	Oil seeds	油料作物	1201 (120190)	3%	3%	3%	3%	3%	3%

续表

	GTAP 部门		重点观测	生效前	生效后 1 年	生效后 5 年	生效后 10 年	生效后 15 年	生效后 20 年
谷物和作物	6	Sugar cane, sugar beet	糖料作物	1214 (121490)	9%	0	0	0	0	0
	7	Plant-based fibers	植物纤维	0601/0602 (060290)	5%	0	0	0	0	0
	8	Crops nec	农作物及相关产品	1108 (110814)	10%	0	0	0	0	0
	9	Processed rice	加工大米	100630	65%	65%	65%	65%	65%	65%

资料来源：根据 RCEP 中国关税承诺表整理。

表 9-5　中国对日本设定的进口关税

	GTAP 部门		重点观测	生效前	生效后 1 年	生效后 5 年	生效后 10 年	生效后 15 年	生效后 20 年
谷物和作物	1	Paddy rice	水稻	100610	65%	65%	65%	65%	65%	65%
	2	Wheat	小麦	1001	65%	65%	65%	65%	65%	65%
	3	Cereal grains nec	谷物及其他相关产品	1005	65%	65%	65%	65%	65%	65%
	4	Vegetables, fruit, nuts	蔬菜、水果、坚果	0810 (081060)	20%	18.20%	10.90%	1.80%	0	0
	5	Oil seeds	油料作物	1201 (120190)	3%	3%	3%	3%	3%	3%
	6	Sugar cane, sugar beet	糖料作物	1214 (121490)	9%	8.20%	4.90%	0.80%	0	0
	7	Plant-based fibers	植物纤维	0601/0602 (060290)	10%	9.10%	5.50%	0.90%	0	0
	8	Crops nec	农作物及相关产品	1108 (110814)	10%	9.10%	5.50%	0.90%	0.00%	0
	9	Processed rice	加工大米	100630	65%	65%	65%	65%	65%	65%

资料来源：根据 RCEP 中国关税承诺表整理。

表 9-6　中国对韩国设定的进口关税

		GTAP 部门		重点观测	生效前	生效后 1 年	生效后 5 年	生效后 10 年	生效后 15 年	生效后 20 年
谷物和作物	1	Paddy rice	水稻	100610	65%	65%	65%	65%	65%	65%
	2	Wheat	小麦	1001	65%	65%	65%	65%	65%	65%
	3	Cereal grains nec	谷物及其他相关产品	1005	65%	65%	65%	65%	65%	65%
	4	Vegetables, fruit, nuts	蔬菜、水果、坚果	0810 (081060)	20%	18%	10%	0	0	0
	5	Oil seeds	油料作物	1201 (120190)	3%	3%	3%	3%	3%	3%
	6	Sugar cane, sugar beet	糖料作物	1214 (121490)	9%	0	0	0	0	0
	7	Plant-based fibers	植物纤维	0601/0602 (060290)	10%	9%	5%	0	0	0
	8	Crops nec	农作物及相关产品	1108 (110814)	10%	9%	5%	0	0	0
	9	Processed rice	加工大米	100630	65%	65%	65%	65%	65%	65%

资料来源：根据 RCEP 中国关税承诺表整理。

表 9-7　中国对新西兰设定的进口关税

		GTAP 部门		重点观测	生效前	生效后 1 年	生效后 5 年	生效后 10 年	生效后 15 年	生效后 20 年
谷物和作物	1	Paddy rice	水稻	100610	65%	65%	65%	65%	65%	65%
	2	Wheat	小麦	1001	65%	65%	65%	65%	65%	65%
	3	Cereal grains nec	谷物及其他相关产品	1005	65%	65%	65%	65%	65%	65%
	4	Vegetables, fruit, nuts	蔬菜、水果、坚果	0810 (081060)	20%	0	0	0	0	0
	5	Oil seeds	油料作物	1201 (120190)	3%	3%	3%	3%	3%	3%

续表

	GTAP 部门		重点观测	生效前	生效后1年	生效后5年	生效后10年	生效后15年	生效后20年
谷物和作物	6	Sugar cane, sugar beet / 糖料作物	1214 (121490)	9%	0	0	0	0	0
	7	Plant-based fibers / 植物纤维	0601/0602 (060290)	6%	0	0	0	0	0
	8	Crops nec / 农作物及相关产品	1108 (110814)	10%	0	0	0	0	0
	9	Processed rice / 加工大米	100630	65%	65%	65%	65%	65%	65%

资料来源：根据 RCEP 中国关税承诺表整理。

9.2.2 中国对 RCEP 成员出口的关税冲击情景设置

在 RCEP 各成员的关税承诺表中，有部分国家部分产品采取了渐进式降税的策略，对应五种情景模拟：按关税承诺表第 1 年进行削减、按关税承诺表第 5 年进行削减、按关税承诺表第 10 年进行削减、按关税承诺表第 15 年进行削减、按关税承诺表第 20 年进行削减。RCEP 各成员对中国设置的关税水平区别较大，如表 9-8 至表 9-21 所示。

表 9-8　日本关税承诺表对中国的关税设定

	GTAP 部门	GTAP 部门	生效前	生效后1年	生效后5年	生效后10年	生效后15年	生效后20年
谷物和作物	1	Paddy rice / 水稻	180%	180%	180%	180%	180%	180%
	2	Wheat / 小麦	180%	180%	180%	180%	180%	180%
	3	Cereal grains nec / 谷物及其他相关产品	180%	180%	180%	180%	180%	180%
	4	Vegetables, fruit, nuts / 蔬菜、水果、坚果	10.00%	9.40%	7.00%	4.00%	1.00%	0
	5	Oil seeds / 油料作物	0	0	0	0	0	0

续表

	GTAP 部门	GTAP 部门	生效前	生效后 1 年	生效后 5 年	生效后 10 年	生效后 15 年	生效后 20 年
谷物和作物	6 Sugar cane, sugar beet	糖料作物	80%	80%	80%	80%	80%	80%
	7 Plant-based fibers	植物纤维	0	0	0	0	0	0
	8 Crops nec	农作物及相关产品	20%	0	0	0	0	0
	9 Processed rice	加工大米	180%	180%	180%	180%	180%	180%

资料来源：根据 RCEP 日本关税承诺表整理。

表 9-9　澳大利亚关税承诺表对中国的关税设定

	GTAP 部门	GTAP 部门	生效前	生效后 1 年	生效后 5 年	生效后 10 年	生效后 15 年	生效后 20 年
谷物和作物	1 Paddy rice	水稻	0	0	0	0	0	0
	2 Wheat	小麦	0	0	0	0	0	0
	3 Cereal grains nec	谷物及其他相关产品	0	0	0	0	0	0
	4 Vegetables, fruit, nuts	蔬菜、水果、坚果	0	0	0	0	0	0
	5 Oil seeds	油料作物	0	0	0	0	0	0
	6 Sugar cane, sugar beet	糖料作物	0	0	0	0	0	0
	7 Plant-based fibers	植物纤维	0	0	0	0	0	0
	8 Crops nec	农作物及相关产品	0	0	0	0	0	0
	9 Processed rice	加工大米	0	0	0	0	0	0

资料来源：根据 RCEP 澳大利亚关税承诺表整理。

表 9-10　韩国关税承诺表对中国的关税设定

		GTAP 部门	GTAP 部门	生效前	生效后1年	生效后5年	生效后10年	生效后15年	生效后20年
谷物和作物	1	Paddy rice	水稻	180%	180%	180%	180%	180%	180%
	2	Wheat	小麦	3%	0	0	0	0	0
	3	Cereal grains nec	谷物及其他相关产品	630%	630%	630%	630%	630%	630%
	4	Vegetables, fruit, nuts	蔬菜、水果、坚果	360%	360%	360%	360%	360%	360%
	5	Oil seeds	油料作物	25%	23.30%	16.70%	8.30%	0	0
	6	Sugar cane, sugar beet	糖料作物	8%	8%	8%	8%	8%	8%
	7	Plant-based fibers	植物纤维	8%	7.20%	4	0	0	0
	8	Crops nec	农作物及相关产品	8%	7.20%	4%	0	0	0
	9	Processed rice	加工大米	180%	180%	180%	180%	180%	180%

资料来源：根据 RCEP 韩国关税承诺表整理。

表 9-11　新西兰关税承诺表对中国的关税设定

		GTAP 部门	GTAP 部门	生效前	生效后1年	生效后5年	生效后10年	生效后15年	生效后20年
谷物和作物	1	Paddy rice	水稻	0	0	0	0	0	0
	2	Wheat	小麦	0	0	0	0	0	0
	3	Cereal grains nec	谷物及其他相关产品	0	0	0	0	0	0
	4	Vegetables, fruit, nuts	蔬菜、水果、坚果	0	0	0	0	0	0
	5	Oil seeds	油料作物	0	0	0	0	0	0
	6	Sugar cane, sugar beet	糖料作物	0	0	0	0	0	0
	7	Plant-based fibers	植物纤维	0	0	0	0	0	0
	8	Crops nec	农作物及相关产品	0	0	0	0	0	0
	9	Processed rice	加工大米	0	0	0	0	0	0

资料来源：根据 RCEP 新西兰关税承诺表整理。

表 9-12　文莱关税承诺表对中国的关税设定

		GTAP 部门	GTAP 部门	生效前	生效后 1 年	生效后 5 年	生效后 10 年	生效后 15 年	生效后 20 年
谷物和作物	1	Paddy rice	水稻	0	0	0	0	0	0
	2	Wheat	小麦	0	0	0	0	0	0
	3	Cereal grains nec	谷物及其他相关产品	0	0	0	0	0	0
	4	Vegetables, fruit, nuts	蔬菜、水果、坚果	0	0	0	0	0	0
	5	Oil seeds	油料作物	0	0	0	0	0	0
	6	Sugar cane, sugar beet	糖料作物	0	0	0	0	0	0
	7	Plant-based fibers	植物纤维	0	0	0	0	0	0
	8	Crops nec	农作物及相关产品	0	0	0	0	0	0
	9	Processed rice	加工大米	0	0	0	0	0	0

资料来源：根据 RCEP 文莱关税承诺表整理。

表 9-13　柬埔寨关税承诺表对中国的关税设定

		GTAP 部门	GTAP 部门	生效前	生效后 1 年	生效后 5 年	生效后 10 年	生效后 15 年	生效后 20 年
谷物和作物	1	Paddy rice	水稻	7%	7%	6%	4%	0	0
	2	Wheat	小麦	0	0	0	0	0	0
	3	Cereal grains nec	谷物及其他相关产品	7%	7%	5%	4%	0	0
	4	Vegetables, fruit, nuts	蔬菜、水果、坚果	7%	7%	6.50%	6%	3.50%	3.50%
	5	Oil seeds	油料作物	15%	15%	11%	7%	0	0
	6	Sugar cane, sugar beet	糖料作物	15%	15%	11%	7%	0	0
	7	Plant-based fibers	植物纤维	15%	0	0	0	0	0
	8	Crops nec	农作物及相关产品	35%	0	0	0	0	0
	9	Processed rice	加工大米	7%	7%	6%	4%	0	0

资料来源：根据 RCEP 柬埔寨关税承诺表整理。

表9-14　印度尼西亚关税承诺表对中国的关税设定

		GTAP 部门	GTAP 部门	生效前	生效后1 年	生效后5 年	生效后10 年	生效后15 年	生效后20 年
谷物和作物	1	Paddy rice	水稻	7%	7%	6%	4%	0	0
	2	Wheat	小麦	0	0	—	—	—	—
	3	Cereal grains nec	谷物及其他相关产品	7%	7%	6%	4	0	0
	4	Vegetables, fruit, nuts	蔬菜、水果、坚果	7%	7%	7%	5%	4%	4%
	5	Oil seeds	油料作物	15%	15%	11%	7%	0	0
	6	Sugar cane, sugar beet	糖料作物	15%	15%	11%	7%	0	0
	7	Plant-based fibers	植物纤维	0%	0	—	—	—	—
	8	Crops nec	农作物及相关产品	35%	0%	0	0	0	0
	9	Processed rice	加工大米	7%	7%	6%	4	0	0

资料来源：根据 RCEP 印度尼西亚关税承诺表整理。

表9-15　老挝关税承诺表对中国的关税设定

		GTAP 部门	GTAP 部门	生效前	生效后1 年	生效后5 年	生效后10 年	生效后15 年	生效后20 年
谷物和作物	1	Paddy rice	水稻	5%	5%	5%	5%	5%	5%
	2	Wheat	小麦	5%	0	0	0	0	0
	3	Cereal grains nec	谷物及其他相关产品	5%	5	5	5	5	0
	4	Vegetables, fruit, nuts	蔬菜、水果、坚果	40%	40%	40%	40%	40%	20%
	5	Oil seeds	油料作物	20%	20%	20%	20%	20%	20%
	6	Sugar cane, sugar beet	糖料作物	5%	5%	5%	5%	5%	0
	7	Plant-based fibers	植物纤维	10%	10%	5%	3%	0	0
	8	Crops nec	农作物及相关产品	5%	5%	5%	5%	5%	0
	9	Processed rice	加工大米	5%	5%	5%	5%	5%	5%

资料来源：根据 RCEP 老挝关税承诺表整理。

表 9-16　马来西亚关税承诺表对中国的关税设定

		GTAP 部门	GTAP 部门	生效前	生效后 1 年	生效后 5 年	生效后 10 年	生效后 15 年	生效后 20 年
谷物和作物	1	Paddy rice	水稻	40%	40%	40%	40%	40%	40%
	2	Wheat	小麦	0	0	0	0	0	0
	3	Cereal grains nec	谷物及其他相关产品	0	0	0	0	0	0
	4	Vegetables, fruit, nuts	蔬菜、水果、坚果	1%	1%	0	0	0	0
	5	Oil seeds	油料作物	0	0	0	0	0	0
	6	Sugar cane, sugar beet	糖料作物	5%	5%	4%	0	0	0
	7	Plant-based fibers	植物纤维	0	0	0	0	0	0
	8	Crops nec	农作物及相关产品	0	0	0	0	0	0
	9	Processed rice	加工大米	40%	40%	40%	40%	40%	40%

资料来源：根据 RCEP 马来西亚关税承诺表整理。

表 9-17　缅甸关税承诺表对中国的关税设定

		GTAP 部门	GTAP 部门	生效前	生效后 1 年	生效后 5 年	生效后 10 年	生效后 15 年	生效后 20 年
谷物和作物	1	Paddy rice	水稻	5%	5%	5%	5%	5%	5%
	2	Wheat	小麦	0	0	0	0	0	0
	3	Cereal grains nec	谷物及其他相关产品	0	0	0	0	0	0
	4	Vegetables, fruit, nuts	蔬菜、水果、坚果	10%	9%	8%	7%	3%	0
	5	Oil seeds	油料作物	1%	0	0	0	0	0
	6	Sugar cane, sugar beet	糖料作物	5%	0	0	0	0	0
	7	Plant-based fibers	植物纤维	0	0	0	0	0	0
	8	Crops nec	农作物及相关产品	1%	1%	1%	1%	0	0
	9	Processed rice	加工大米	5%	5%	5%	5%	5%	5%

资料来源：根据 RCEP 缅甸关税承诺表整理。

表9-18　菲律宾关税承诺表对中国的关税设定

		GTAP 部门	GTAP 部门	生效前	生效后1年	生效后5年	生效后10年	生效后15年	生效后20年
谷物和作物	1	Paddy rice	水稻	180%	180%	180%	180%	180%	180%
	2	Wheat	小麦	0	0	0	0	0	0
	3	Cereal grains nec	谷物及其他相关产品	7%	0	0	0	0	0
	4	Vegetables, fruit, nuts	蔬菜、水果、坚果	10%	5%	5%	5%	5%	5%
	5	Oil seeds	油料作物	1%	0	0	0	0	0
	6	Sugar cane, sugar beet	糖料作物	3%	0	0	0	0	0
	7	Plant-based fibers	植物纤维	3%	0	0	0	0	0
	8	Crops nec	农作物及相关产品	3%	0	0	0	0	0
	9	Processed rice	加工大米	180%	180%	180%	180%	180%	180%

资料来源：根据 RCEP 菲律宾关税承诺表整理。

表9-19　新加坡关税承诺表对中国的关税设定

		GTAP 部门	GTAP 部门	生效前	生效后1年	生效后5年	生效后10年	生效后15年	生效后20年
谷物和作物	1	Paddy rice	水稻	0	0	0	0	0	0
	2	Wheat	小麦	0	0	0	0	0	0
	3	Cereal grains nec	谷物及其他相关产品	0	0	0	0	0	0
	4	Vegetables, fruit, nuts	蔬菜、水果、坚果	0	0	0	0	0	0
	5	Oil seeds	油料作物	0	0	0	0	0	0
	6	Sugar cane, sugar beet	糖料作物	0	0	0	0	0	0
	7	Plant-based fibers	植物纤维	0	0	0	0	0	0
	8	Crops nec	农作物及相关产品	0	0	0	0	0	0
	9	Processed rice	加工大米	0	0	0	0	0	0

资料来源：根据 RCEP 新加坡关税承诺表整理。

表 9-20　泰国关税承诺表对中国的关税设定

		GTAP 部门	GTAP 部门	生效前	生效后1年	生效后5年	生效后10年	生效后15年	生效后20年
谷物和作物	1	Paddy rice	水稻	180%	180%	180%	180%	180%	180%
	2	Wheat	小麦	0	0	0	0	0	0
	3	Cereal grains nec	谷物及其他相关产品	16%	0	0	0	0	0
	4	Vegetables, fruit, nuts	蔬菜、水果、坚果	40%	20%	20%	20%	20%	20%
	5	Oil seeds	油料作物	30%	28%	20%	10%	0	0
	6	Sugar cane, sugar beet	糖料作物	30%	27%	15%	0	0	0
	7	Plant-based fibers	植物纤维	30%	0	0	0	0	0
	8	Crops nec	农作物及相关产品	27%	24%	13.50%	0	0	0
	9	Processed rice	加工大米	180%	180%	180%	180%	180%	180%

资料来源：根据 RCEP 泰国关税承诺表整理。

表 9-21　越南关税承诺表对中国的关税设定

		GTAP 部门	GTAP 部门	生效前	生效后1年	生效后5年	生效后10年	生效后15年	生效后20年
谷物和作物	1	Paddy rice	水稻	40%	40%	40%	40%	40%	40%
	2	Wheat	小麦	5%	0	0	0	0	0
	3	Cereal grains nec	谷物及其他相关产品	0	0	0	0	0	0
	4	Vegetables, fruit, nuts	蔬菜、水果、坚果	20%	18%	10%	0	0	0
	5	Oil seeds	油料作物	10%	0	0	0	0	0
	6	Sugar cane, sugar beet	糖料作物	10%	0	0	0	0	0
	7	Plant-based fibers	植物纤维	0	0	0	0	0	0
	8	Crops nec	农作物及相关产品	10%	0	0	0	0	0
	9	Processed rice	加工大米	180%	180%	180%	180%	180%	180%

资料来源：根据 RCEP 越南关税承诺表整理。

9.3 中国与 RCEP 各成员农产品贸易测算结果分析

9.3.1 RCEP 成员社会福利的变动分析

在 RCEP 正式实施后，各成员通过削减关税，促进了不同国家之间贸易的增长。对于 RCEP 成员而言，进口产品关税降低，有助于居民在同等支出的情况下，购买到更多符合自己需求的进口消费品，在一定程度上提升了成员国的福利水平。本书通过 GTAP 模型进行定量分析，在 RCEP 正式实施 1 年（情景一）、5 年（情景二）、10 年（情景三）、15 年（情景四）、20 年（情景五）各国和地区福利变动，如表 9-22 所示。

表 9-22 关税削减各情境下各国社会福利的变动

单位：百万美元

国家	情景一	情景二	情景三	情景四	情景五
中国	1471.53	1430.43	1387.19	1338.24	1336.99
越南	221.83	262.59	310.47	310.79	310.8
印度尼西亚	27.85	30.98	38.79	39.22	39.37
文莱	-1.16	-1.11	-1.06	-1.05	-1.05
柬埔寨	-1.91	-2	-2.06	-2.02	-2.02
泰国	515.53	510.8	504.44	501.97	501.88
老挝	-0.96	-1.51	-1.66	-1.66	-1.22
菲律宾	57.57	57	56.29	55.06	54.69
马来西亚	-17.23	-16.79	-15.79	-15.82	-15.77
新加坡	-2.97	-1.96	-0.45	-0.44	-0.39
缅甸	2.3	1.09	-0.45	-0.83	-0.73
日本	1.67	13.02	26.84	34.18	35.86

续表

国家	情景一	情景二	情景三	情景四	情景五
韩国	−74.16	−207.77	−378.29	−555.42	−555.3
澳大利亚	53.53	51.91	49.71	50.06	50
新西兰	16.52	15.44	14.13	13.7	13.55
世界其他国家和地区	−819.91	−777.75	−730.15	−701.11	−698

注：情景一是指 RCEP 生效 1 年，情景二是指 RCEP 生效 5 年，情景三是指 RCEP 生效 10 年，情景四是指 RCEP 生效 15 年，情景五是指 RCEP 生效 20 年，后表同。

资料来源：根据 GTAP 数据库测算。

GTAP 的测算结果显示，以初级农产品（农作物）承诺关税税率测算，RCEP 正式实施后，对不同国家社会影响不同。对于绝大多数 RCEP 成员而言，RCEP 正式实施后，因为农产品进口关税下降，普通居民能够受益，进而增加社会福利，如中国、越南、泰国、印度尼西亚等。以中国为例，中国是农产品的最大受益者，但是考虑到中国庞大的人口规模，这些社会福利变动反映在每个人身上效果并不明显，比如在实施第一年，中国社会福利变动最大，总额为 1471.53 百万美元，2022 年中国的人口是 14.12 亿人，平均每人享受福利变动仅为 0.1 美元，影响微弱。同时，福利的增加仅体现在关税生效的第一年，随着 RCEP 生效时间的推移中国的福利水平还略有下降。

此外，有些国家的社会福利不增反降，如韩国。农产品韩国国土面积狭小，无法满足国内农产品的需求，本应该大量进口农产品，但韩国有很强的农业自主性，国内农协具有强势力量，韩国政府对大多数进口农产品维持非常高的关税税率，即使在 RCEP 实施后，韩国对于谷物类和果蔬类产品依然维持原高额关税税率不变。从农产品角度来看，RCEP 对韩国的社会影响为负，社会福利为负。

除了中国和韩国两个极端案例外，其余绝大多数成员都因为 RCEP 的实施而受益。本书通过对 RCEP 正式实施之后对各国和地区社会福利变化幅度和趋势进行分析，如表 9-23 所示。

表 9-23　关税削减后各情境下各国和地区社会福利的变动分析

单位:%

国家	情景二与情景一相比	情景三与情景二相比	情景四与情景三相比	情景五与情景四相比
中国	-2.79	-3.02	-3.53	-0.09
越南	18.37	18.23	0.10	0.00
印度尼西亚	11.24	25.21	1.11	0.38
文莱	4.31	4.50	0.94	0.00
柬埔寨	-4.71	-3.00	1.94	0.00
泰国	-0.92	-1.25	-0.49	-0.02
老挝	-57.29	-9.93	0.00	26.51
菲律宾	-0.99	-1.25	-2.19	-0.67
马来西亚	2.55	5.96	-0.19	0.32
新加坡	34.01	77.04	2.22	11.36
缅甸	-52.61	-141.28	84.44	-12.05
日本	679.64	106.14	27.35	4.92
韩国	-180.16	-82.07	-46.82	0.02
澳大利亚	-3.03	-4.24	0.70	-0.12
新西兰	-6.54	-8.48	-3.04	-1.09
世界其他国家和地区	5.14	6.12	3.98	0.44

资料来源：根据 GTAP 数据库测算。

RCEP 正式实施后，由于生效第一年即刻降税的产品品种较多，之前扭曲的农产品关系得以恢复，社会福利普遍增加，随着 RCEP 实施时间的推移，部分国家因为农产品关税税率下降所带来的社会福利出现波动，并因为边际效应而不断弱化。当到 RCEP 实施 20 年之后，仅有老挝、新加坡和缅甸三个国家存在一定波动，其余国家和地区的社会福利波动基本趋近于 0。

9.3.2　RCEP 成员经济水平的变动分析

在农产品方面，削减关税税率有助于促进各国和地区之间的农产品贸易，加大存量农产品的销售规模，此外，还可以带动农产品的种植，增加相关国家GDP。本书通过GTAP模型进行定量分析，在RCEP正式实施1年后、5年后、10年后、15年后、20年后各国和地区经济水平变动，如表9-24所示。

表9-24　关税削减后各情境下各国和地区GDP的变动　　单位:%

国家	情景一	情景二	情景三	情景四	情景五
中国	0.01	0.0096	0.0091	0.0088	0.0087
越南	0.012	0.0307	0.053	0.053	0.0529
印度尼西亚	0.0034	0.0035	0.0042	0.0042	0.0042
文莱	0	0	0	0	0
柬埔寨	−0.003	−0.0029	−0.0028	−0.0027	−0.0027
泰国	0.0163	0.0169	0.0177	0.0172	0.0172
老挝	−0.0014	−0.0011	−0.0008	−0.0008	0.0025
菲律宾	−0.002	−0.0019	−0.0018	−0.0018	−0.0017
马来西亚	−0.0003	−0.0003	−0.0003	−0.0003	−0.0003
新加坡	−0.0001	0	0	0	0
缅甸	0.0005	0.0009	0.0014	0.0038	0.0052
日本	0.0013	0.0013	0.0014	0.0016	0.0016
韩国	−0.0034	−0.0111	−0.0211	−0.0311	−0.0311
澳大利亚	0.0001	0.0002	0.0002	0.0003	0.0003
新西兰	−0.0003	−0.0003	−0.0003	−0.0002	−0.0002
世界其他国家和地区	−0.0003	−0.0002	−0.0002	−0.0001	−0.0001

资料来源：根据GTAP数据库测算。

通过GTAP模型定量分析可知，RCEP成员之间农产品贸易对于GDP的影响偏小，不到0.01%。具体到影响趋势上，当进行关税削减时，中国、越南、印度尼西亚、泰国、缅甸、日本、澳大利亚的GDP将略有上升，其中越南受益最大，柬埔寨、老挝、菲律宾、马来西亚、韩国、新西兰和世界其他国家和地区的GDP略有下降，其中韩国GDP受损最大。文莱和新加坡的GDP变动不大。

随着时间的推移，农产品关税削减给中国、柬埔寨、新西兰带来的经济水平提升效用减弱，最高值出现在生效 1 年时，但越南、印度尼西亚、文莱、泰国、老挝、菲律宾、马来西亚、新加坡、缅甸、日本、韩国和澳大利亚会随着关税生效期的延长，经济促进作用将显现。

在 RCEP 关税承诺表生效 20 年时，越南的 GDP 增长率最高，为 0.05%；其次是泰国，GDP 增加 0.02%。韩国 GDP 降低最多，为 0.03%；其次是柬埔寨，为 0.003%。

9.4 RCEP 对中国农产品产量及贸易影响分析

9.4.1 产量变动分析

RCEP 正式实施后，关税的降低会改变成员之间农产品的贸易格局，进而影响各国农产品供给与需求关系。本书通过 GTAP 模型进行定量分析，在 RCEP 正式实施 1 年后、5 年后、10 年后、15 年后、20 年后，中国相关农产品的产量变化预测，如表 9-25 所示。

表 9-25　关税削减后各情境下中国产量的变动　　　　　单位:%

农产品	情景一	情景二	情景三	情景四	情景五
水稻	0.05	0.04	0.04	0.04	0.04
小麦	0.03	0.02	0.01	0.01	0.01
谷物及其他相关产品	0.02	0.02	0.01	0.01	0.01
蔬菜、水果、坚果	-0.32	-0.29	-0.25	-0.24	-0.24
油料作物	0.13	0.25	0.4	0.56	0.56
糖料作物	0.02	0.02	0.01	0.01	0.01
植物纤维	-0.47	-0.47	-0.47	-0.48	-0.49
农作物及相关产品	0.55	0.65	0.69	0.69	0.69

续表

农产品	情景一	情景二	情景三	情景四	情景五
加工大米	0.05	0.04	0.04	0.04	0.04

资料来源：根据 GTAP 数据库测算。

　　RCEP 生效后，中国蔬菜、水果、坚果类产品和植物纤维的产量下降，水稻、小麦、谷物及其他相关产品、油料作物、糖料作物、农作物及相关产品、加工大米以及其他行业的产量上升，其中，农作物及相关产品的产量上升最多，但其包含类别有 20 余项，平均到每个产品数量很少。

　　随着关税生效期的延长，水稻、小麦、谷物及其他相关产品、糖料作物等的产量会比生效前有所下降，而油料作物、农作物及相关产品的产量会随着生效期的延长而有所增长。蔬菜、水果、坚果类产品和植物纤维属于产量下降的类别，但关税削减对蔬菜、水果、坚果类产品的产量影响逐步减弱，而对植物纤维有所加重。

　　在 RCEP 生效后 20 年时，农作物及相关产品的产量增长率最高，为 0.69%，其次是油料作物，产量增加 0.56%，植物纤维产量降低最多，降低了 0.49%。

9.4.2　出口变动分析

　　RCEP 的生效推动形成统一的区域大市场，成员之间的农产品贸易将会更加便利，进而促进部分国家农产品出口。本书通过 GTAP 模型进行定量分析，在 RCEP 正式实施 1 年后、5 年后、10 年后、15 年后、20 年后，对中国相关农产品的出口变化预测，如表 9-26 所示。

表 9-26　关税削减后各情境下中国出口的变动　　　　单位:%

农产品	情景一	情景二	情景三	情景四	情景五
水稻	2.94	3.46	4.76	4.65	4.64
小麦	0.62	0.4	0.15	0.06	0.05

续表

农产品	情景一	情景二	情景三	情景四	情景五
谷物及其他相关产品	1.03	1.1	1.31	1.28	1.45
蔬菜、水果、坚果	4.96	8.2	12.54	13.14	13.41
油料作物	3.17	14.7	28.67	41.94	41.93
糖料作物	0.67	1.16	1.73	1.66	1.66
植物纤维	1.83	3.33	5.21	5.17	5.17
农作物及相关产品	24.1	28.36	30.69	31.02	31
加工大米	1.74	1.66	1.58	1.54	1.53

资料来源：根据 GTAP 数据库测算。

从趋势上来看，RCEP 的正式实施会促进中国包含水稻、小麦、谷物及其他相关产品等在内总共 9 种产品出口的增长，主要是由于部分国家放松了相关领域的进口关税，但中国关注农产品安全，对此保留了关税削减的权利，中国增加了出口空间。

随着关税生效期的延长，小麦和加工大米的出口增加会减少。水稻，谷物及其他相关产品，蔬菜、水果、坚果，油料作物，糖料作物，植物纤维，农作物及相关产品的出口变动会随着关税削减力度增强而增强。出口量预计增加较多的产品是蔬菜、水果、坚果类产品，油料作物，以及农作物及相关产品，并且这些产品的出口量将随着 RCEP 生效期的延长而增加。

9.4.3 进口变动分析

RCEP 正式实施后，随着进口农产品关税税率的下降，进口农产品价格下降，影响我国相关农产品的进口数量。通过 GTAP 模型进行定量分析，在 RCEP 正式实施 1 年后、5 年后、10 年后、15 年后、20 年后，中国相关农产品的进口变化预测，如表 9-27 所示。

表9-27　关税削减后各情境下中国的进口变动　　　单位:%

	情景一	情景二	情景三	情景四	情景五
水稻	-0.51	-0.32	-0.11	-0.02	-0.01
小麦	-0.31	-0.2	-0.08	-0.04	-0.03
谷物及其他相关产品	-0.06	-0.04	-0.01	0	0
蔬菜、水果、坚果	12.05	12.32	12.66	12.71	12.72
油料作物	-0.05	0.02	0.11	0.18	0.18
糖料作物	0.04	0.13	0.24	0.27	0.28
植物纤维	1.34	1.4	1.46	1.49	1.5
农作物及相关产品	4.14	4.68	5.26	5.35	5.35
加工大米	-1.98	-1.87	-1.74	-1.71	-1.71

资料来源：根据 GTAP 数据库测算。

以香蕉、榴莲、山竹等为代表的国外进口水果深受中国消费者的欢迎，因此当进口关税税率下降后，将会进一步刺激中国消费，因此蔬菜、水果、坚果类产品的进口量在生效初期将出现两位数增长，且后续保持高位运行。同时，RCEP 也会刺激中国对植物纤维、农作物及相关产品等农产品的进口。中国对水稻、小麦和谷物及其他相关产品等保留了关税削减的权利，所以进口数量不增加。

9.5　多种贸易情景下中国农产品出口变动分析

关税的削减减少了产品跨国流通的阻碍，有利于中国农产品的出口。本书具体测算了 RCEP 正式实施 1 年后、5 年后、10 年后、15 年后、20 年后，中国对各个国家和地区的农产品出口变动。

9.5.1　RCEP 生效 1 年出口变动分析

中国与 RCEP 成员之间按承诺对关税进行削减第 1 年，部分国家对农产品进口关税尚未完全降低，这在一定程度上抑制了中国的农产品出口。本书通过 GTAP 模型对中国对各国和地区的农产品出口进行定量分析，如表 9-28 所示。

表 9-28　情境一下中国向各国和地区的出口变化　　单位:%

国家	水稻	小麦	谷物及相关产品	蔬菜、水果、坚果	油料作物	糖料作物	植物纤维	农作物及相关产品	加工大米	其他行业
越南	4.79	43.26	0.56	7.11	0.78	3.19	1	0.02	3.97	-0.05
印度尼西亚	1.5	0.9	0.38	1.57	0.59	0.75	0.76	161.4	3.27	-0.04
文莱	0.98	0.59	0.24	2.47	0.31	0.23	0.6	0.6	7.52	-0.05
柬埔寨	2.66	1.12	2.73	3.15	4.2	1.27	56.32	171.67	2.78	0
泰国	10.01	0.69	38.21	46.18	8.43	16.16	115.66	20.96	4.79	-0.06
老挝	6.83	40.99	2.26	5.65	3.77	0.61	1.56	6.79	4.23	0.01
菲律宾	3.58	0.64	19.23	14.58	6.53	13.52	16.12	21.37	4.12	-0.03
马来西亚	2.68	0.94	0.24	1.17	0.63	0.69	1.1	0.21	3.76	-0.03
新加坡	1.2	0.89	0.26	1.87	0.3	0.7	0.7	0.71	4.32	-0.05
缅甸	1.9	1.03	2.57	3.74	3.34	21.58	0.65	1.02	2.89	0
日本	0.82	0.68	0.22	3.13	0.28	0.32	0.78	101.01	1.86	-0.04
韩国	1.28	26.72	0.21	1.55	6.05	0.41	4.29	4.53	1.31	-0.04
澳大利亚	1.9	0.89	0.35	1.94	0.43	0.65	2.42	0.15	2.63	0
新西兰	1.38	1.22	0.32	1.78	0.34	2.05	0.91	1.26	2.44	0.01
世界其他国家和地区	1.03	0.54	0.2	0.66	0.28	0.41	0.5	-0.26	1.74	-0.06

资料来源：根据 GTAP 数据库测算。

中国出口变动最大的农产品主要集中在小麦、糖料作物、植物纤维、农作物及相关产品、加工大米五大类，其中变化较大的产品主要集中在植物纤维和农作物及相关产品。

按照中国对各国的农产品出口增幅可分为两大类：

一是中国对各国的农产品出口变动仅为个位数，包括文莱、马来西亚、新加坡、澳大利亚、新西兰，且恰好中国对这些国家出口增长类别均为加工大米。在他国降低水稻、大米等关税的情况下，促进了中国大米的出口。但是，中国大米的竞争力并不强，整体出口增幅不大。

二是中国对各国的农产品出口变动幅度在两位数以上，主要集中在小麦和农作物及相关产品，小麦的出口国家为越南、老挝、韩国，农作物及相关产品的出口国家为印度尼西亚、柬埔寨、菲律宾、日本，在一定程度上表明之前关税抑制了中国农产品的出口。

9.5.2 RCEP 生效 5 年出口变动分析

中国与 RCEP 成员之间按承诺对关税进行削减第 5 年。通过 GTAP 模型本书对中国向各国和地区的农产品出口进行定量分析，如表 9-29 所示。

表 9-29　情境二下中国向各国和地区的出口变动　　　　单位：%

国家	水稻	小麦	谷物及相关产品	蔬菜、水果、坚果	油料作物	糖料作物	植物纤维	农作物及相关产品	加工大米	其他行业
越南	0.47	0.35	0.19	−15.36	−0.01	−0.16	−2.99	−8.31	2.33	−0.02
印度尼西亚	4.41	42.95	0.47	23.51	44.51	39.48	0.93	53.77	3.74	−0.02
文莱	7.17	0.65	2.71	1.39	17.08	14.51	0.64	160.84	7.9	−0.04
柬埔寨	0.66	0.35	0.16	2.16	−0.02	0.14	0.47	0.07	7.27	−0.04
泰国	11.69	0.87	7.41	4.54	20.53	14.87	56.23	171.04	7.45	0.01
老挝	9.49	0.45	38.07	45.9	37.94	53.44	115.55	70.94	4.59	−0.05
菲律宾	6.17	29.46	2.1	5.18	3.26	0.43	22.71	5.33	4.01	0.02
马来西亚	3.25	0.41	19.1	14.42	6.2	13.37	16.05	20.78	3.9	−0.03
新加坡	2.24	0.7	0.17	3.16	0.29	4.3	0.98	−0.29	3.56	−0.03
缅甸	0.72	0.63	0.18	1.61	0.02	0.56	0.59	0.19	4.11	−0.05
日本	1.39	0.8	2.37	5.37	3.08	0.68	0.53	0.7	2.67	0
韩国	0.54	0.44	0.14	10.43	−0.03	0.2	0.7	100.65	1.74	−0.04
澳大利亚	1.15	26.54	0.14	1.28	28.25	0.35	17.97	21.98	1.3	−0.05

续表

国家	水稻	小麦	谷物及相关产品	蔬菜、水果、坚果	油料作物	糖料作物	植物纤维	农作物及相关产品	加工大米	其他行业
新西兰	1.54	0.64	0.27	1.66	0.11	0.51	2.3	-0.31	2.48	0
世界其他国家和地区	1.04	0.97	0.24	1.56	0.07	1.78	0.79	0.74	2.29	0.01

资料来源：根据 GTAP 数据库测算。

与生效后 1 年相比，中国农产品出口增长的产品类别覆盖范围扩大。在小麦、糖料作物、植物纤维、农作物及相关产品、加工大米五种农产品的基础上，中国农产品出口增长的类别增加了蔬菜、水果、坚果类产品和油料作物两种农产品。

因 RCEP 生效后多数国家产品为一次性降税，在生效后 5 年时，中国对部分国家出口产品的影响减弱，仅针对逐渐式降税的产品有所增长，除了印度尼西亚依然保持农作物及相关产品作为从中国进口变动幅度最大的产品，其余国家均改变了变动幅度最大的产品种类。

中国与 RCEP 成员之间按承诺对关税进行削减第 5 年时的情况，相比第 1 年的情况出现了变化，如表 9-30 所示。

表 9-30　情境二下相比情景一中国向各国和地区出口的变动比值

单位:%

国家	水稻	小麦	谷物及相关产品	蔬菜、水果、坚果	油料作物	糖料作物	植物纤维	农作物及相关产品	加工大米	其他行业
越南	-4.12	-29.95	-0.37	-20.98	-0.78	-3.25	-3.95	-8.33	-1.58	0.03
印度尼西亚	2.87	41.67	0.09	21.60	43.66	38.44	0.17	-41.17	0.46	0.02
文莱	6.13	0.06	2.46	-1.05	16.72	14.25	0.04	159.28	0.35	0.01
柬埔寨	-1.95	-0.76	-2.50	-0.96	-4.05	-1.12	-35.73	-63.16	4.37	-0.04
泰国	1.53	0.18	-22.28	-28.49	11.16	-1.11	-27.56	124.07	2.54	0.07
老挝	2.49	-28.75	35.02	38.10	32.93	52.51	112.24	60.07	0.35	-0.06
菲律宾	2.50	28.64	-14.37	-8.20	-3.07	-11.53	5.68	-13.22	-0.11	0.05

国家	水稻	小麦	谷物及相关产品	蔬菜、水果、坚果	油料作物	糖料作物	植物纤维	农作物及相关产品	加工大米	其他行业
马来西亚	0.56	-0.53	18.81	13.10	5.54	12.59	14.79	20.53	0.13	0.00
新加坡	1.03	-0.19	-0.09	1.27	-0.01	3.57	0.28	-0.99	-0.73	0.02
缅甸	-1.16	-0.40	-2.33	-2.05	-3.21	-17.29	-0.06	-0.82	1.19	-0.05
日本	0.57	0.12	2.15	2.17	2.79	0.36	-0.25	-49.90	0.80	0.04
韩国	-0.73	-20.74	-0.07	8.74	-5.73	-0.21	-3.44	91.95	0.42	0.00
澳大利亚	-0.74	25.42	-0.21	-0.65	27.70	-0.30	15.18	21.80	-1.30	-0.05
新西兰	0.16	-0.57	-0.05	-0.12	-0.23	-1.51	1.38	-1.55	0.04	-0.01
世界其他国家和地区	0.01	0.43	0.04	0.89	-0.21	1.36	0.29	1.00	0.54	0.07

资料来源：根据 GTAP 数据库测算。

从整体上来看，表9-30 中共 126 个数据，其中数值为负数的数据为 63 个，占比为 50%。RCEP 生效 5 年之后相比生效 1 年时，中国对部分国家的出口增长和下降趋势基本相当，表明随着 RCEP 成员关税税率的不断下降，初期因为关税税率下降带动的中国农产品出口效应逐步减弱。

具体到相关国家和相关产品上，主要集中在小麦、谷物及相关产品、油料作物、糖料作物、植物纤维、农作物及相关产品和加工大米等种类。其中变化幅度明显（>90%）的主要集中在植物纤维和农作物及相关产品两大类，集中在文莱、泰国、老挝、韩国四个国家，表明中国的植物纤维和农作物及相关产品竞争优势明显，且四国对中国的植物纤维和农作物及相关产品具有较强的依赖性。

9.5.3　RCEP 生效 10 年出口变动分析

中国与 RCEP 成员之间按承诺对关税进行削减第 10 年。通过 GTAP 模型本书对中国向各国和地区的农产品出口进行定量分析，如表9-31 所示。

表 9-31　情境三下中国对各国和地区的出口变动　　　单位:%

国家	水稻	小麦	谷物及相关产品	蔬菜、水果、坚果	油料作物	糖料作物	植物纤维	农作物及相关产品	加工大米	其他行业
越南	0.23	0.19	0.13	−15.77	−0.3	−0.27	−3.13	−9.35	2.18	−0.02
印度尼西亚	3.95	42.57	0.37	44.01	44.07	39.14	0.84	53.41	3.47	0
文莱	18.59	0.37	7.42	6.12	33.43	28.13	0.5	160.37	17.25	−0.03
柬埔寨	0.27	0.08	0.08	1.92	−0.4	0.03	0.31	−0.26	6.96	−0.04
泰国	30.11	0.57	9.64	5.89	36.79	28.47	56.13	170.53	2.42	0.01
老挝	8.85	0.18	37.91	45.55	74.85	100.06	115.41	135.48	4.36	−0.05
菲律宾	5.51	15.11	1.93	4.63	2.68	0.26	31.12	4.33	3.77	0.02
马来西亚	2.87	0.14	18.95	14.23	5.81	13.2	15.95	20.28	3.63	−0.03
新加坡	1.77	0.42	0.08	3	−0.07	19.26	0.85	−0.66	3.31	−0.03
缅甸	0.24	0.35	0.09	1.35	−0.32	0.42	0.46	−0.24	3.84	−0.05
日本	0.77	0.53	2.12	6.94	2.77	21.06	0.38	0.39	2.39	0
韩国	0.21	0.17	0.06	19.55	−0.39	0.06	0.61	100.41	1.6	−0.04
澳大利亚	1.02	26.33	0.05	0.95	56.51	0.3	35.09	44.02	1.3	−0.05
新西兰	1.1	0.36	0.18	1.31	−0.26	0.35	2.16	−0.66	2.31	0
世界其他国家和地区	0.62	0.67	0.15	1.29	−0.24	1.45	0.65	0.31	2.12	0.01

资料来源：根据 GTAP 数据库测算。

在 RCEP 生效 10 年后，中国出口增长的农产品种类进一步集中，集中在油料作物、糖料作物、植物纤维、农作物及相关产品、加工大米。

中国与 RCEP 成员之间按承诺对关税进行削减第 10 年的情况，相比第 5 年的情况出现了变化，如表 9-32 所示。

表 9-32　情境三下相比情景二中国向各国和地区出口的变动比值

单位:%

国家	水稻	小麦	谷物及相关产品	蔬菜、水果、坚果	油料作物	糖料作物	植物纤维	农作物及相关产品	加工大米	其他行业
越南	−0.24	−0.16	−0.06	−0.48	−0.29	−0.11	−0.14	−1.13	−0.15	0.00

续表

国家	水稻	小麦	谷物及相关产品	蔬菜、水果、坚果	油料作物	糖料作物	植物纤维	农作物及相关产品	加工大米	其他行业
印度尼西亚	-0.44	-0.27	-0.10	16.60	-0.30	-0.24	-0.09	-0.23	-0.26	0.02
文莱	10.66	-0.28	4.59	4.67	13.96	11.89	-0.14	-0.18	8.67	0.01
柬埔寨	-0.39	-0.27	-0.08	-0.23	-0.38	-0.11	-0.16	-0.33	-0.29	0.00
泰国	16.49	-0.30	2.08	1.29	13.49	11.84	-0.06	-0.19	-4.68	0.00
老挝	-0.58	-0.27	-0.12	-0.24	26.76	30.38	-0.06	37.76	-0.22	0.00
菲律宾	-0.62	-11.08	-0.17	-0.52	-0.56	-0.17	6.85	-0.95	-0.23	0.00
马来西亚	-0.37	-0.27	-0.13	-0.17	-0.37	-0.15	-0.09	-0.41	-0.24	0.00
新加坡	-0.46	-0.28	-0.09	-0.16	-0.36	14.34	-0.13	-0.37	-0.24	0.00
缅甸	-0.48	-0.28	-0.09	-0.26	-0.34	-0.14	-0.13	-0.43	-0.24	0.00
日本	-0.61	-0.27	-0.24	1.49	-0.30	20.24	-0.15	-0.31	-0.27	0.00
韩国	-0.33	-0.27	-0.08	8.26	-0.36	-0.14	-0.09	-0.12	-0.14	0.00
澳大利亚	-0.13	-0.17	-0.09	-0.33	22.04	-0.05	14.51	18.07	0.00	0.00
新西兰	-0.43	-0.28	-0.09	-0.34	-0.37	-0.16	-0.14	-0.35	-0.17	0.00
世界其他国家和地区	-0.42	-0.30	-0.09	-0.27	-0.31	-0.32	-0.14	-0.43	-0.17	0.00

资料来源：根据 GTAP 数据库测算。

从整体上来看，表9-32中共126个数据，其中数值为负数的数据为102个，占比为80.95%。RCEP 生效后10年相比生效后5年，中国对于部分国家和地区的出口整体上呈现下滑趋势。农产品集中在水稻，谷物及相关产品，蔬菜、水果、坚果，油料作物，糖料作物和植物纤维等类别，和情境三下中国向各国出口变动中的种类出现明显差异，增幅最大值下滑明显。这表明随着 RCEP 成员税率不断下滑，中国农产品出口效应进一步减弱。

9.5.4 RCEP 生效15年出口变动分析

中国与 RCEP 成员之间按承诺对关税进行削减第15年。通过 GTAP 模型本书对中国向各国和地区的农产品出口进行定量分析，如表9-33所示。

表9-33 情境四下中国对各国和地区的出口变动　　　　单位:%

国家	水稻	小麦	谷物及相关产品	蔬菜、水果、坚果	油料作物	糖料作物	植物纤维	农作物及相关产品	加工大米	其他行业
越南	0.12	0.14	0.1	-15.83	-0.52	-0.31	-3.18	-9.51	2.14	-0.02
印度尼西亚	3.87	42.47	0.34	43.97	43.8	39.08	0.84	53.3	3.42	0.00
文莱	18.49	0.27	7.39	6.06	33.16	28.07	0.46	160.25	17.19	-0.03
柬埔寨	0.12	-0.02	0.04	1.86	-0.68	-0.01	0.27	-0.36	6.89	-0.04
泰国	67.67	0.47	19.31	13.92	51.15	40.44	43.21	153.54	19.31	0.01
老挝	8.68	0.07	37.87	45.49	111.87	99.99	115.37	135.33	4.29	-0.05
菲律宾	5.35	15.02	1.89	4.57	2.31	0.2	43.91	4.17	3.71	0.02
马来西亚	2.71	0.04	18.91	14.14	5.52	13.11	15.96	20.15	3.56	-0.03
新加坡	1.62	0.33	0.05	2.95	-0.33	19.2	0.82	-0.77	3.25	-0.03
缅甸	0.07	0.24	0.05	1.29	-0.56	0.38	0.43	-0.35	3.78	-0.04
日本	0.1	0.45	1.95	14.19	2.38	20.7	0.31	2.94	2.08	0.01
韩国	0.03	0.07	0.02	28.76	-0.65	-0.01	0.59	100.29	1.53	-0.04
澳大利亚	0.89	26.25	0.02	0.7	84.49	0.26	35.05	43.9	1.27	-0.05
新西兰	0.94	0.26	0.14	1.24	-0.54	0.29	2.12	-0.77	2.25	0.00
世界其他国家和地区	0.45	0.56	0.11	1.21	-0.47	1.33	0.61	0.18	2.06	0.01

资料来源：根据 GTAP 数据库测算。

当 RCEP 生效后 15 年时，绝大多数国家对于农产品的进口关税税率已基本确定，中国对每个国家的农产品出口变动最大的情况和 RCEP 生效后 10 年时基本一致。

中国与 RCEP 成员之间按承诺对关税进行削减第 15 年的情况，相比第 10 年的情况，如表 9-34 所示。

表9-34 情境四下相比情景三中国向各国和地区出口的变动比值

单位:%

国家	水稻	小麦	谷物及相关产品	蔬菜、水果、坚果	油料作物	糖料作物	植物纤维	农作物及相关产品	加工大米	其他行业
越南	-0.11	-0.05	-0.03	-0.07	-0.22	-0.04	-0.05	-0.18	-0.04	0.00

续表

国家	水稻	小麦	谷物及相关产品	蔬菜、水果、坚果	油料作物	糖料作物	植物纤维	农作物及相关产品	加工大米	其他行业
印度尼西亚	-0.08	-0.07	-0.03	-0.03	-0.19	-0.04	0.00	-0.07	-0.05	0.00
文莱	-0.08	-0.10	-0.03	-0.06	-0.20	-0.05	-0.04	-0.05	-0.05	0.00
柬埔寨	-0.15	-0.10	-0.04	-0.06	-0.28	-0.04	-0.04	-0.10	-0.07	0.00
泰国	28.87	-0.10	8.82	7.58	10.50	9.32	-8.28	-6.28	16.49	0.00
老挝	-0.16	-0.11	-0.03	-0.04	21.17	-0.03	-0.02	-0.06	-0.07	0.00
菲律宾	-0.15	-0.08	-0.04	-0.06	-0.36	-0.06	9.75	-0.15	-0.06	0.00
马来西亚	-0.16	-0.10	-0.03	-0.06	-0.27	-0.08	0.01	-0.11	-0.06	0.00
新加坡	-0.15	-0.09	-0.03	-0.05	-0.26	-0.05	-0.03	-0.11	-0.06	0.00
缅甸	-0.17	-0.11	-0.04	-0.06	-0.24	-0.04	-0.03	-0.11	-0.06	0.01
日本	-0.66	-0.08	-0.17	6.78	-0.38	-0.30	-0.07	2.54	-0.30	0.01
韩国	-0.18	-0.10	-0.04	7.70	-0.26	-0.07	-0.02	-0.06	-0.07	0.00
澳大利亚	-0.13	-0.06	-0.03	-0.25	17.88	-0.04	-0.03	-0.08	-0.03	0.00
新西兰	-0.16	-0.10	-0.04	-0.07	-0.24	-0.04	-0.04	-0.11	-0.06	0.00
世界其他国家和地区	-0.17	-0.11	-0.04	-0.08	-0.23	-0.12	-0.04	-0.13	-0.06	0.00

资料来源：根据 GTAP 数据库测算。

从整体上来看，表 9-34 中共 126 个数据，其中数值为负的数据有112 个，占比为 88.89%。中国出口农产品变动幅度最大的类别主要集中在水稻，谷物及相关产品，蔬菜、水果、坚果，油料作物，糖料作物和植物纤维六种产品，和情境四下中国向各国和地区出口的变动表中的种类出现明显差异，增幅最大值继续下滑，这表明中国对各国和地区的出口整体呈现下滑趋势，且下滑速度进一步加快。

9.5.5　RCEP 生效 20 年出口变动分析

中国与 RCEP 成员之间按承诺对关税进行削减第 20 年。通过 GTAP模型，本书对中国对各国和地区的农产品出口进行定量分析，如表 9-35所示。

表 9-35　情境五下中国向各国和地区的出口变动　　单位:%

国家	水稻	小麦	谷物及相关产品	蔬菜、水果、坚果	油料作物	糖料作物	植物纤维	农作物及相关产品	加工大米	其他行业
越南	0.09	0.13	0.1	−15.84	−0.52	−0.31	−3.21	−9.52	2.14	−0.02
印度尼西亚	3.86	42.46	0.34	43.95	43.8	39.08	0.88	53.29	3.4	0
文莱	18.49	0.26	7.38	6.05	33.16	28.07	0.47	160.25	17.18	−0.03
柬埔寨	0.12	−0.03	0.04	1.85	−0.69	−0.01	0.27	−0.37	6.88	−0.04
泰国	67.66	0.46	19.31	13.91	51.14	40.43	43.22	153.53	19.3	0.01
老挝	8.66	0.06	37.86	45.47	111.86	99.98	115.38	135.32	4.28	−0.05
菲律宾	5.27	15.01	13.21	52.21	2.28	18.87	43.96	35.09	3.68	0.03
马来西亚	2.68	0.03	18.9	14.12	5.51	13.1	16.01	20.14	3.55	−0.03
新加坡	1.6	0.32	0.05	2.94	−0.34	19.2	0.83	−0.78	3.25	−0.03
缅甸	0.06	0.23	0.05	1.28	−0.57	0.38	0.43	−0.35	3.77	−0.04
日本	−0.12	0.44	1.89	19.69	2.28	20.58	0.31	2.83	1.98	0.01
韩国	0.02	0.06	0.02	31.85	−0.66	−0.02	0.59	100.28	1.52	−0.04
澳大利亚	0.87	26.24	0.02	0.68	84.49	0.26	35.05	43.9	1.27	−0.05
新西兰	0.94	0.25	0.14	1.23	−0.54	0.23	2.12	−0.77	2.24	0.00
世界其他国家和地区	0.45	0.55	0.11	1.2	−0.48	1.31	0.61	0.16	2.06	0.01

资料来源：根据 GTAP 数据库测算。

在 RCEP 正式实施 20 年之后，所有 RCEP 成员的农产品进口关税税率都已调整完毕，因此决定一国农产品出口的核心竞争点已经由关税转移至产品品质、价格、服务等其他因素。

中国与 RCEP 成员之间按承诺对关税进行削减第 20 年的情况，相比第 15 年的情况，如表 9-36 所示。

表 9-36　情境五下相比情景四中国向各国和地区出口的变动比值

单位:%

国家	水稻	小麦	谷物及相关产品	蔬菜、水果、坚果	油料作物	糖料作物	植物纤维	农作物及相关产品	加工大米	其他行业
越南	−0.03	−0.01	0.00	−0.01	0.00	0.00	−0.03	−0.01	0.00	0.00

续表

国家	水稻	小麦	谷物及相关产品	蔬菜、水果、坚果	油料作物	糖料作物	植物纤维	农作物及相关产品	加工大米	其他行业
印度尼西亚	-0.01	-0.01	0.00	-0.01	0.00	0.00	0.04	-0.01	-0.02	0.00
文莱	0.00	-0.01	-0.01	-0.01	0.00	0.00	0.01	0.00	-0.01	0.00
柬埔寨	0.00	-0.01	0.00	-0.01	-0.01	0.00	0.00	-0.01	0.00	0.00
泰国	-0.01	-0.01	0.00	-0.01	-0.01	-0.01	0.01	0.00	-0.01	0.00
老挝	-0.02	-0.01	-0.01	-0.01	0.00	-0.01	0.00	0.00	0.00	0.00
菲律宾	-0.08	-0.01	11.11	45.56	-0.03	18.63	0.03	29.68	-0.03	0.01
马来西亚	-0.03	-0.01	0.00	-0.01	0.00	0.00	0.04	0.00	0.00	0.00
新加坡	-0.02	-0.01	0.00	-0.01	-0.01	0.00	0.01	-0.01	0.00	0.00
缅甸	-0.01	-0.01	0.00	-0.01	0.00	0.00	0.00	0.00	0.00	0.00
日本	-0.22	-0.01	-0.06	4.82	-0.10	-0.10	0.00	-0.11	-0.10	0.00
韩国	-0.01	-0.01	0.00	2.40	-0.01	-0.01	0.00	0.00	0.00	0.00
澳大利亚	-0.02	-0.01	0.00	-0.02	0.00	0.00	0.00	0.00	0.00	0.00
新西兰	0.00	-0.01	0.00	-0.01	-0.01	0.00	0.00	0.00	0.00	0.00
世界其他国家和地区	0.00	-0.01	0.00	-0.01	-0.01	-0.02	0.00	-0.02	0.00	0.00

资料来源：根据 GTAP 数据库测算。

从整体上来看，表 9-36 中共 126 个数据，其中数值为负的数据有 112 个，占比为 60.32%。和 RECP 生效后 15 年相比，在种类上除了多了蔬菜、水果、坚果类产品外，其余基本没有变化。

9.6　中国与 RCEP 各成员农产品贸易预测主要结论

通过对 RCEP 生效后 1 年至 20 年，中国对不同国家的农产品贸易定量分析可知：

一是，RCEP 农产品贸易会给大部分成员带来社会福利和经济水平的提升。RCEP 成员因为农产品进口关税下降，普通居民能够受益，社会福利增加，RCEP 产生了福利转移效应。成员的福利情况也并不一致，部分成员社会福利增加量较大，如中国、越南、泰国、印度尼西亚等；部分成员因农产品进口量增大，对国内产业形成冲击，社会福利有所下降，其中韩国最为明显。初级农产品贸易的加深，在促进部分成员福利提升的同时，对一部分成员经济水平的提高也产生了一定作用，但影响偏小，对 GDP 的提升不足 0.01%。中国、越南、印度尼西亚、泰国、缅甸、日本、澳大利亚的 GDP 将有所上升，其中越南较为明显。

二是，在 RCEP 下，农产品贸易给中国带来的福利影响逐步减弱。RCEP 正式实施之后，绝大多数成员都会增加社会福利。中国无论是动物类产品、果蔬类产品还是食品加工类产品的产量和出口量都在 RCEP 成员中名列前茅，从绝对值上来看，中国成为 RCEP 实施之后，由农产品贸易带来社会福利收益最大的国家。对于中国社会福利的变化主要集中在 RCEP 生效初期，生效 5 年后的影响微乎其微。同时，农业在中国 GDP 中的占比并不大，2023 年，中国第一产业产值在当年 GDP 中的比重仅为 7.12%，因此关税的下降对于 GDP 的变化影响非常小，约为 0.01%。

三是，在 RCEP 下，中国蔬菜、水果、坚果类产品和植物纤维的产量会下降。RCEP 生效后，中国蔬菜、水果、坚果类产品和植物纤维的产量会下降，水稻、小麦、谷物及其他相关产品、油料作物、糖料作物、农作物及相关产品、加工大米以及其他行业的产量会上升。其中农作物及相关产品的产量上升最多，但其类别很多，包含 20 余项，平均到每个产品数量很少。随着 RCEP 生效期的延长，水稻、小麦、谷物及其他相关产品、糖料作物等的产量会比生效初期有所下降，而油料作物、农作物及相关产品的产量变动会随着生效期的延长而有所增长。

四是，在 RCEP 下，中国出口全面增长，进口增长仅限部分产品。RCEP 的实施会促进中国包含水稻、小麦、谷物及其他相关产品等在内的 9 种产品出口的增长，原因主要是部分国家放松了相关领域的进口关税。

在中国初级农产品关税削减中，中国对蔬菜、水果、坚果类产品实施了一次性大幅降税，因此相关产品的进口量在生效初期出现两位数增长，并将在后续保持高位运行。同时，RCEP 也会增大中国对植物纤维、农作物及相关产品等农产品的进口。

五是，RCEP 生效初期，关税税率下降有助于促进中国农产品的出口。中国对各国出口变动最大的农产品主要集中在小麦、糖料作物、植物纤维、农作物及相关产品、加工大米五大类，其中变化率较高的产品主要集中在植物纤维和农作物及相关产品。中国农产品出口变化的国别差异比较明显，对部分国家而言，关税并不是阻碍中国农产品进入的关键障碍，因此增幅很小，如文莱、马来西亚、新加坡、澳大利亚、新西兰，而农产品降税明显的国家，中国对其部分产品的出口增幅达到两位数以上，主要集中在小麦和农作物及相关产品。

六是，关税是阻碍中国农作物及相关产品和加工大米两种农产品出口的关键因素。通过将 RCEP 生效后 1 年、5 年、10 年、15 年和 20 年分别与 RCEP 生效前的中国出口数据进行对比分析可知，只有农作物及相关产品和加工大米两种产品对于大多数国家能够一直维持增长趋势。这表明在 RCEP 生效前，关税税率是限制中国农作物及相关产品和加工大米两种农产品出口的关键因素，在 RCEP 生效之后，成员降低关税税率，促进了这两种农产品的出口。

七是，中国的五种产品拥有明显的竞争优势。通过对比 RCEP 生效后 1 年、5 年、10 年、15 年和 20 年中国对各国和地区的农产品出口可知，随着时间的推移，在 RCEP 成员关税税率的降低、农产品出口处于自由竞争状态下，谷物及相关产品，蔬菜、水果、坚果，油料作物，糖料作物和植物纤维五种农产品依然能够保持长时间增长趋势，这表明中国的这五种农产品在全球市场拥有明显的竞争优势。

第三篇

RCEP 代表性国家农产品自由贸易策略篇

10 RCEP 代表性国家农产品市场自由贸易策略——日本

10.1 日本自由贸易的思维及农业谈判定位

10.1.1 日本自由贸易谈判中的思维

全球化从 19 世纪 80 年代中期开始加速，对各国和地区产生了不同程度的影响。在欧洲和北美，全球化促进了欧盟和北美自由贸易区的形成。在东亚地区，由于全球化和亚洲金融危机的影响，双边和多边的经贸联盟开始发展。而此时的日本对区域经济合作持消极态度，认为日本加入国际组织（如世界贸易组织 WTO）的主要目的是形成日本的安全保障。随着 WTO 第九轮多边贸易谈判（杜哈回合）陷入僵局，以及东盟自由贸易区（AFTA）的推进，日本开始调整其经贸思维，有意推动双边和多边自由贸易协定。2002 年，日本与新加坡签署了第一个自由贸易协定（FTA），随后与东盟成员陆续展开 FTA 的谈判。2004 年，日本政府发表了经济合作协定的基本方针，强调将东亚作为签署经济合作协定的目标，并在政治上创造有利于日本的国际环境。随后 10 余年，日本与新加坡、马来西亚、泰国、印度尼西亚、菲律宾、越南、印度、墨西哥、秘鲁、瑞士、东盟等国家或地区签署了经济合作协定（EPA）。

从日本合作的名单中可以看出，日本推动签署自由贸易协定的目的有两个：一方面是维系日本企业的生产与流通网络，另一方面是确保生产资源与市场。因此，日本除了推动商品自由化的 FTA/EPA，也强调投资自由化和保护知识产权。通过与其他国家或地区签署协议，日本扩大其企业的市场份额，促进商品的自由流通，帮助维持和发展日本企业的生产与流通网络。同时，FTA/EPA 也可以为日本提供更广阔的市场，增强国内企业的竞争力。另外，日本还重视投资自由化。通过签署投资自由化的协定，吸引外国直接投资，并保护自身企业的海外投资。此外，保护知识产权也是日本推动 FTA/EPA 的重要方面，确保其在知识产权领域的利益得到保护，促进知识产权的创新和应用。

除了经济和贸易层面，日本积极推动 FTA/EPA 还可以从国际环境和日本国内环境的角度进行进一步分析。在国际环境方面，日本推动 FTA/EPA 的决策受到了美国贸易政策的转变、日美关系的变化以及国际贸易形势的变化和区域经济一体化趋势的影响。这些外部因素促使日本采取积极的 FTA/EPA 政策。在日本国内环境方面，一方面，长期以来日本的工商团体对 FTA/EPA 施加了压力，它们希望通过扩大市场准入来提高企业的竞争力；另一方面，民间团体也发挥了改革的作用，推动政府采取更积极的 FTA/EPA 政策。此外，日本的执政官员将日本定位为"竞争国家"，这也是推动 FTA/EPA 的一个重要因素。

参与 FTA/EPA 的主要行动者包括外务省、经济产业省、农林水产省等部门[①]。日本的 FTA/EPA 从磋商谈判到最终执行，一共需经历八个步骤，如图 10-1 所示。前三个步骤属于研究阶段，主要的利益相关团体可以直接表达民众意见，中间三个步骤是谈判阶段，外务省和经济产业省负

---

① 包括外务省、经济产业省、农林水产省、首相官邸、经团联（日本经济团体联合会）、自民党中农林水产物贸易调查、JA 全中（全国农业协同组合中央常务）以及公共媒体等。

责定期公布谈判的进展，最后一个步骤是国会审查阶段（金ゼンマ，2008）。

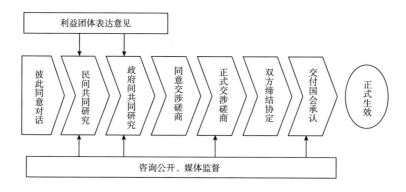

图 10-1　日本 FTA/EPA 交涉签署过程

資料来源：李世暉．日本國內的 TPP 爭論與安倍政權的對應［J］．台灣國際研究季刊，2014，10（3）：131-149.

10.1.2　农业问题是日本参加自由贸易谈判的争议焦点

对于日本来说，农业问题是自由贸易谈判的障碍。日本的农业保护政策与开放农产品市场的要求存在冲突，这使达成一致协议变得困难，即使在日本积极主导的 TPP（CPTPP）中，农业一直是影响谈判进程的"堵点"。

农业是日本的弱势产业，但日本对农业发展高度重视。在日本参与自由贸易谈判时，保留农产品关税成为重点问题。根据日本贸易振兴机构（JETRO）的数据，日本参与 TPP（CPTPP）谈判时，主要农产品关税是世界最高的，大米关税为 788%，小麦关税为 252%，乳制品关税为 82%，糖类关税为 325%，薯类关税为 1706%（李艳华，2010）。这些高关税长期以来保护了日本脆弱的农业发展，一旦按照自由贸易的要求完全取消关税，其他国家或地区的农产品将涌入日本市场，必然给日本农业带来很大冲击（曾霞，2013）。

日本学者回顾日本第一次参加 TPP 谈判时的情景（馬田啓一，

2011)，当时日本政府提交了近 9000 个品目的关税撤销初始清单，但强烈要求对大米、小麦、乳制品、肉类和糖类 5 种农产品保留关税。然而，扣除这些农产品关税，日本的贸易自由化率仅为 93.6%，仍不满足 TPP 要求的 98% 的平均水平。长期以来，日本实施的农业保护政策一直阻碍着贸易自由化的进程，使日本加入更高水平自由贸易协定时受到诟病。

10.1.3　日本农业定位限制农业自由化

农业多功能性是日本对农业的定位，指的是农业在经济、社会和环境三个方面都要具有和承担多种功能和角色。在经济功能方面，日本强调农业作为一个经济部门，为人们提供食物、纤维、能源等农产品，满足人们的日常需求。在社会功能方面，日本强调农业在社会方面具有重要作用，它保持和促进了农村地区的生活方式和社区凝聚力，维持着传统文化和乡村景观的连续性。农业还为社会提供了乡村旅游、教育、文体活动等多样化的社会服务。在环境功能方面，农业与自然环境紧密相关，它对环境的保护和可持续性利用至关重要。农业通过耕作、养殖等活动，维护和改善土壤、水资源和生物多样性。农村地区的农田和农林景观也对防止土地退化、保护生态系统等发挥重要作用（刘苗苗，2007）。日本强调农业多功能性的概念，并认为农业不仅是食品生产的产业，更是整个社会可持续发展的关键组成部分。

农业多功能性是日本在贸易谈判中坚持农产品具有特殊地位的重要原因。一般而言，高标准自由贸易协定，是完全意义上的自由贸易协定，不允许任何例外，即使是针对农产品这个敏感领域，也必须完全取消关税保护（刘洋和李燕玉，2016）。日本对农产品市场准入的开放程度相对较低，在国际贸易谈判中主张保留或减少农业关税减让的幅度和速度。

10.2　贸易自由化进程中，日本农业保护政策的演变

10.2.1　全球贸易自由化进程中，日本农业保护政策的演变

1955 年 9 月，日本加入关税及贸易总协定（GATT）。在 GATT 框架下，日本逐步放松了对国内产品补贴力度，渐渐开放国内农产品市场，但仍对敏感的粮食领域进行着高度保护，包括关税壁垒、农产品配额、农产品补贴等。

1961 年，日本颁布了《农业基本法》，目的是确立日本农业的基本原则和政策方向，促进农业的发展和保护农民的利益。此法从法律意义上为实施农业保护政策提供了依据[①]。

日本的农业保护政策在 GATT 体系下引发了争议。其他国家和地区普遍认为这些政策违反了自由贸易原则，对国际农产品贸易造成了不公平竞争。在 20 世纪七八十年代，按照名义保护率[②]指标来衡量，日本远远超过欧洲共同体和美国的保护程度（梁伟锋和王艳秀，2011）。

[①]　农业发展目标：法律明确规定了日本农业的发展目标，包括实现农产品的稳定供应、提高农产品质量和安全性、保护农业生态环境、促进农村地区的发展等。

农业生产支持：法律强调政府对农业生产的支持和保护，通过提供农业产业及农村地区的基础设施建设、技术培训、贷款和补贴等手段，促进农业生产的发展。

土地保护与管理：法律规定了对土地的保护和管理政策，包括限制农用地向非农业用途转化、鼓励土地整理和合理使用、保护农民的土地产权等。

农产品流通与销售：法律规定了农产品的流通和销售政策，包括促进农产品的市场化、建立公平的交易环境、加强农产品质量管理等。

农村社会发展：法律强调了农村社会的发展和改善，通过提供农村基础设施、社会福利、教育和文化等支持，促进农村地区的发展和提高农民的生活品质。

[②]　名义保护率（Nominal Rateof Protection，NRP）是分析贸易保护程度的一个指标，用于表示实行贸易保护之后的国内市场价格与国际市场价格的偏离。

1986 年，日本参加了乌拉圭回合谈判，这是多边贸易谈判的一部分，旨在进一步推动全球贸易自由化。农产品贸易成为该回合谈判的重要议题之一。在乌拉圭回合谈判中，美国等国际社会对日本的农业保护政策提出了批评，认为其对国际农产品贸易构成了不公平竞争。这给日本施加了压力，让其必须考虑开放国内农业市场的问题。然而，由于农业在日本社会和经济中的重要性，以及农民利益保护等多方面因素，日本在农产品贸易开放问题上保持了相对保守的立场。在长达 7 年的艰苦谈判过程中，日本与其他国家和地区进行了多次谈判和协商。最终，日本在 1993 年认同了乌拉圭回合谈判的结果。根据规定，日本同意逐步减少和消除对农产品进口的限制，并降低关税壁垒。这对日本的农业和农民来说是一项重大改变，也意味着日本农产品市场将更加开放。

　　日本于 1995 年 1 月 1 日正式加入世界贸易组织（WTO），成为该组织的创始成员之一。加入 WTO 意味着日本需要遵守 WTO 的规则在享受到与其他成员之间的贸易优惠的同时，也需要承担责任和义务。

　　在农产品方面，加入 WTO 后，日本同意逐步降低对农产品的关税。根据承诺，减税区域分为普通关税减让区和特殊关税减让区。普通关税减让区包括最大关税减让义务，适用于大多数农产品，特殊关税减让区适用于减税承诺较少的敏感农产品。日本同意对一些敏感农产品实施进口配额管理，限制其进口数量。同时，日本同意根据 WTO 对农业提供补贴，并遵守与农业补贴相关①的国际规定。

　　尽管日本承诺降低农产品关税，但保护农业仍然是日本农政的核心。1999 年，日本颁布《粮食、农业、农村基本法》（Food, Agriculture, and Rural Basic Act）法案。它的主要目标是保障国民的粮食供应稳定、鼓励农业的健康发展、维持和改善农村地区的生活环境，并实现农业与食品产业的可持续发展。此法案对日本农产品的自由贸易提出了限制：一是确立了保护日本农业和粮食生产的政策目标。这导致日本在 FTA 谈判中更加

---

　　①　日本的农业补贴包括直接支付给农民的生产补贴、面积补贴和价格支持。

关注保护敏感农产品市场的需求。二是法案确立了保留一定程度的农业补贴的合法性，以支持本国农业生产，增强竞争力。三是法案确保日本对农产品的质量与食品安全标准的持续追求，促进农业可持续发展，并保护农民权益（刘苗苗，2007）。日本在农产品贸易逐步发展情境下，颁布相关法案，表明了其对保护本国农业发展的决心。

10.2.2　区域贸易自由化中日本农业保护政策的演变

2002 年，日本签署了第一个 FTA，即与新加坡签署的《日本-新加坡经济伙伴关系协定》（JP-SEPA）。在此 FTA 中，日本仍然没有放弃农业保护这一基本点。2004 年 6 月，日本明确声明，在进行 FTA 谈判时，要注意保护农业多功能性，对敏感产品提出例外并且态度强硬。2008 年，日本与东盟签署了《日本-东盟全面经济伙伴关系协定》，其依然坚持了对农业的保护，特别是对大米、小麦、牛肉、奶类、糖类等高度敏感产品的保护。日本对东盟提出的敏感产品共计 656 个，其中农产品占 87%，高度敏感的例外产品有 226 个，其中农产品占比高达 97.3%[①]。

2010-2011 年，日本政府在《粮食、农业、农村基本法》的基础上，又制定了《粮食、农业、农村基本方案》和《基本政策和实行方针》，旨在继续维持高度的农业保护，确保农业补贴和农产品价格保护措施的实施，以保障农民的收入和农村地区的社会稳定。根据 2012 年日本农林水产省的统计数据，2011 年，日本农产品算术平均最惠国实施税率为 23.3%，远远高于欧盟的 13.9% 和美国的 5.0%。欧美没有一项农产品税率超过 200%，而日本有 101 种，其中大米、豌豆、芋类等农产品的关税

---

① 此数据来自：刘苗苗. 贸易自由化下的日本农业保护政策［J］. 商场现代化，2007（06X）：1. 其根据日本外务省 http：//www. mofa. go. jp/mofaj/、东盟 http：//www. asean. org/及 Agreement on Comprehensive Economic Partnership Among Japan and Member States of the Association of Southeast Asian Nations 的数据计算得出。

甚至远远超过了 500%①。

2013 年，日本参加跨太平洋伙伴关系协定（TPP）谈判②，日本的加入使 TPP 成为一个更具规模和影响力的自由贸易协定。作为世界第三大经济体，日本的加入进一步巩固了 TPP 的地位，并扩大了协定的潜在影响范围。TPP 是一个多边的、高水平的、开放的自由贸易协定，其目标是"商品贸易 100%自由化"，要求日本对所有的进口商品取消关税，不能出现例外，这对日本农业的冲击非常巨大。谈判时，日本提交了近 9000 个品目的关税撤销清单，但要求对大米、小麦、乳制品、猪牛肉类、糖类五大类 580 个品目作为例外处理。日本在谈判中没有得到其他国家的认可。在随后的日美交涉中，日本提出将此前的 580 个品目降为 420 个，该方案得到了美国的同意，但遭到了其他国家和地区的反对。日本此后又提出继续减少例外处理品目的数量，但其他国家和地区强烈要求日本取消包括大米在内的所有农产品关税。直到 2015 年 4 月，日本以增加零关税进口配额数量、分阶段削减关税、采取从量税等作为让步，加上其他的政治、外交、军事等方面的考量，使 TPP 谈判达成一致。

TPP 的谈判于 2015 年 10 月 5 日达成一项全面性协议，但在正式生效之前还需要经过各成员的国内批准程序。然而，在 2017 年 1 月，美国新上任的总统特朗普宣布美国将退出 TPP，这导致 TPP 出现变数。2020 年 11 月 15 日，TPP 的继任协定——跨太平洋伙伴全面与进步协定（CPTPP）正式生效。CPTPP 是在原 TPP 基础上进行的修订版协定，不包括美国，但保留了 TPP 的大部分内容。

总体来看，几十年来，日本采用高关税、非关税贸易壁垒、政府补贴

① 资料来源：刘苗苗. 贸易自由化下的日本农业保护政策 [J]. 商场现代化，2007 (06X)：1. 其根据日本农林水产省 2012 年统计年报测算，源网址为：http://www.maff.go.jp/e/index.html.

② 跨太平洋伙伴关系协定（TPP）的进程始于 2005 年。最初，TPP 的谈判起初只涉及新加坡、智利、新西兰和布鲁内四个国家的自由贸易协定。随着时间的推移，更多国家逐步加入了 TPP 谈判，并且范围逐渐扩大。最终，共有 12 个国家参与了 TPP 的谈判，包括澳大利亚、加拿大、智利、马来西亚、墨西哥、新加坡、秘鲁、越南、日本、新西兰、美国和文莱。

等手段，对农业进行支持与保护是始终不变的主题。即使参与了乌拉圭回合谈判、多哈回合谈判、东盟 EPA、CPTPP 等，但与其他国家和地区灵活调整农业保护政策相比，日本一贯维持着高度的农业保护。

10.3   日本学者评价贸易协定对农业的影响
——以 TPP 测算为例

日本学者对 TPP 的讨论相对较多，是因为 TPP 是一个由日本积极推动和参与的区域贸易协定，是一个涵盖亚太地区众多经济体的高标准自由贸易协定。与此相比，RCEP 是由东盟发起的贸易协定，并且时间点远在 TPP 之后，其标准也未超越 TPP。通过日本学者对 TPP 的讨论，可以反映出日本对农业自由贸易协定的看法。

10.3.1   短期影响

与其他发达国家相比，日本农业的竞争力较弱，因此，日本政府长期以来通过高额关税和财政补贴来维持农业的发展。2013 年，为日本加入跨太平洋伙伴关系协定（TPP）进行谈判，日本农产品的平均关税及最高关税均高于欧盟、美国，并且高出的幅度很大，如表 10-1 所示。

表 10-1   欧盟、美国、日本主要农产品关税税率对照（2013 年）

单位:%

产品类别	欧盟		美国		日本	
	平均税率	最高税率	平均税率	最高税率	平均税率	最高税率
畜产品	23.2	162.0	2.5	26.0	12.3	359.0
乳制品	49.4	163.0	16.2	126.0	147.5	558.0
水果、蔬菜	11.3	161.0	4.9	132.0	12.2	415.0

续表

产品类别	欧盟		美国		日本	
	平均税率	最高税率	平均税率	最高税率	平均税率	最高税率
砂糖、甜食	27.5	118.0	9.1	79.0	23.5	325.0
食用调料	17.5	111.0	4.1	98.0	60.8	637.0
咖啡、茶类	6.6	55.0	3.6	69.0	15.6	191.0
油籽、食用油	5.5	94.0	4.2	164.0	10.6	561.0

资料来源：熊李力，龙丝露. 日本加入 TPP 谈判的动机及其影响 [J]. 现代国际关系，2013 (9)：44-51.

TPP 与传统的经济合作协定（EPA）和自由贸易协定（FTA）有所不同，在原则上没有任何敏感领域，一旦日本加入 TPP、取消农业产品的保护关税，其他成员的农产品将进入日本市场，而日本农业几乎没有应对的能力。根据 2013 年内阁府的测算，参加 TPP 将给日本经济整体带来较大的增长。因此，内阁府认为加入 TPP 对日本经济整体是有利的。而经济产业省的测算得出的结论是，在日本不参加 TPP 的情况下，如果韩国与美国、中国和欧盟签订了自由贸易协定（FTA），到 2020 年，日本的 GDP 可能至少减少 10.5 万亿日元，就业岗位可能减少 81.2 万个。因此，经济产业省认为在当前日本没有与中国、美国、欧盟签订 FTA 的前提下，加入 TPP 是有利的。农林水产省的测算结果与上述两个部门不同。农林水产省从农业经济的角度出发，提出了一些负面影响。研究指出，如果废除关税，33 个农林水产类商品将最先受到冲击，到 2020 年这类商品的 GDP 可能减少 7.9 万亿日元，农业损失可能超过 4.0 万亿日元。如果将农业损失延伸到下游产业链，如化肥、农药和物流等行业，这些行业的 GDP 总量可能减少 8.4 万亿日元。此外，废除关税还可能对日本农业的多功能性产生巨大的负面效应，导致农地面积从目前的 460 万公顷下降到 230 万公顷，农业就业人口减少 300 万人，粮食自给率从当前的 40% 下降到

13%①。内阁府、经济产业省、农林水产省所预测的经济效益如表 10-2 所示。

表 10-2　2013 年日本三大部门所预测的 TPP 经济效益

部门	前提条件	结果	特点
内阁府	参加 TPP，对 TPP 所要求的产品全部废除关税	至 2020 年，GDP 将实际增加 2.4 万~3.2 万亿日元，对 GDP 的贡献率达到 0.48%~0.65%	以当前已经参加 TPP 谈判的 9 个国家为比照对象，计算加入 TPP 对日本经济的整体影响
经济产业省	日本不参加 TPP，也没有与中国、欧盟签订 FTA，而韩国与美国、中国及欧盟签订了 FTA	至 2020 年，GDP 将会减少 10.5 万亿日元，就业岗位将减少 81.2 万个	计算日本汽车、机电、机械等产业在美国、欧盟及中国的市场份额以及对日本经济的影响
农林水产省	对大米、小麦等 33 种主要农产品在 TPP 框架下废除关税	GDP 将会减少 7.9 万亿日元，农业损失将会超过 4 万亿日元	计算 33 种主要农产品对日本经济的整体影响

注：100 日元约合 5.60 元人民币（2016 年时）。

资料来源：原田泰. TPP の経済効果についての政府統一試算について［EB/OL］. (2013-03-20) 東京財団政策研究所，https：//www. tkfd. or. jp/research/detail. php？id=2320.

　　农林水产省进一步指出，在作物种类上，大米、小麦和糖类受到的冲击最大。如果日本加入 TPP 并实施完全自由化的大米贸易，未来 10 年将有 90% 的大米消费由国外供应；小麦的生产额将减少 800 亿日元，99% 的小麦消费将被进口所取代；由于糖类产品没有品质差异，将完全被进口所取代；在肉类产品中，考虑到品质差异，日本高端牛肉和猪肉品牌仍有一定的生存空间，但低等级的肉类产品将完全被进口替代；鸡蛋和乳制品的前景也不乐观，损失将继续扩大（大魏聪哲，2013）。具体的测算结果如表 10-3 所示。

---

　　① 资料来源：原田泰. TPP の経済効果についての政府統一試算について［EB/OL］. (2013-03-20) 東京財団政策研究所，https：//www. tkfd. or. jp/research/detail. php？id=2320.

表 10-3　日本加入 TPP 对其国内主要农产品造成影响的测算结果

商品名	生产量减少比率（%）	生产量减少金额（亿日元）	计算方式
大米	90.0	19700	除了新潟县生产的优质、有机大米之外，其他各地的大米皆遭到国外产品冲击
猪肉	70.0	4600	除高端品牌猪肉以外，其他的皆遭到进口猪肉替换
牛奶、乳制品	56.0	4500	除了新鲜的奶油及北海道的生牛乳之外，其余皆会遭到替换；奶油、脱脂奶粉、芝士等乳制品会全部遭到替换
牛肉	75.0	4500	三等以下牛肉皆遭进口牛肉替换
鸡肉	20.0	1900	大约有 50% 的鸡肉遭到替换
鸡蛋	17.5	1500	50% 非家庭用鸡蛋会遭到进口鸡蛋的替换
小麦	99.0	800	除了高品质小麦及高级精面粉，其他皆会遭到替换
糖类	100.0	1500	没有品质差异，全部遭到替换
番茄	100.0	300	没有品质差异，全部遭到替换

资料来源：大魏聪哲. 日本加入 TPP 對農業之影響與因應 [J]. 经济前瞻，2013（14）：78-79.

10.3.2　长期影响

10.3.2.1　促进日本农业改革

在日本，反对加入 TPP 的主要是一些保守主义者。然而，从实际情况来看，无论日本是否加入 TPP，农业改革都是不可避免的。要实现日本农业的持续发展，推进结构性改革是必要的。当前，日本农业依赖财政补贴的程度较高，自身的"造血"能力较差。在巨大的财政压力下，日本国内对农业补贴的反对声音也越来越高。此外，深化自由贸易，各国和地区都要求日本开放农产品市场，实施公平自由贸易。农业保护已经成为日本自由贸易的最大障碍（浦田秀次郎，2011），日本农业改革势在必行。

日本学者普遍认为，加入 TPP 后，短期内可能会给日本农业发展带来困难，但从长远来看，加入 TPP 也是促进农业改革的一个机遇。加入 TPP 将刺激日本推进农业结构体制改革，激发农民使用新技术，提高农产品产量和竞争力，对实现农业的可持续发展、推进农业结构性改革是不可或缺的。

10.3.2.2　迫使日本农产品开拓海外市场

近年来，日本主要农产品产量已经出现下降，这种趋势相对于 20 世纪 90 年代而言更加明显。同时，随着人口出生率的下降和老龄化问题的加剧，日本主要农产品的产量还在进一步减少。如果日本农业一味坚持国内市场，其农业经济将陷入"死胡同"。因此，加入 TPP 对于一直强调以贸易立国、坚持出口导向战略的日本来说是推进农业改革和发展的重要机遇。

日本的经济结构存在不平衡的问题。日本的工业和制造业非常发达，具有强大的竞争力，但农业和服务业在国际市场上的优势并不明显。加入 TPP 将导致工业受益、农业受到冲击。然而，日本希望利用这个机会将农业推进更广阔的竞争市场，推动日本农业的持续发展。此外，在当前食品安全形势日益严峻的背景下，日本农业一直致力于发展各类高端农产品。加入 TPP 将使这些高端农产品在海外市场上具备更强的竞争力，促进日本的高端特色农业发展，并提高其他农产品在国际市场上的竞争力和市场份额。

日本学者认为，加入 TPP 对日本来说是推动农业改革和发展的重要机遇。在国内市场需求不足的情况下，开拓海外市场是保持农业持续发展的必然选择。通过加入 TPP，日本可以将农业推向更为广阔的竞争市场，引入先进的生产要素，发展高端特色农业，提高农产品的国际竞争力。

10.4 阻碍日本农业自由贸易谈判的因素

10.4.1 经济因素

日本农业面临诸多经济问题。截至 2021 年，日本农业总产值占国内生产总值比例约为 3.5%，但劳动力和耕地面积等关键要素明显减少。这导致日本农业的重要性逐渐下降。除要素减少外，日本农业国际竞争力低下，依赖土地产出难以确保农民的利益，补贴成为农民收入的重要来源。历届政府为保护农业不得不依赖补贴。例如，日本实施了大米保护价政策、旱田作物补贴以及品种品质和利用绿肥轮作等附加补贴。

日本粮食自给率相对较低也是阻碍日本加入双边或多边贸易协定的一个重要影响因素。日本粮食自给率相对较低主要是由于日本国土面积狭小，可耕地面积有限，但人口相对较多。自 1965 年以来，历届政府一直致力于提高粮食自给率，农业保护政策在很大程度上也是基于这个目标。然而，日本社会从 20 世纪 70 年代开始进入老龄化阶段，农村劳动力严重不足，再加上工业发达，从事农业的人口越来越少，导致粮食自给率持续下降。根据日本农林水产省的数据，截至 2021 年，日本的农业自给率为 39% 左右，这意味着日本只能满足国内消费需求的 39%。日本农业经历了长期的结构调整，农业人口逐渐减少，土地面积减少，使农业生产规模相对较小。同时，日本农业的劳动力成本较高，也面临着如土地资源有限和气候不稳定等问题，这导致了生产效率的相对下降，影响了农业自给率的提高。由于国内产出不能满足消费者需求的增长，日本对农产品进口采取"有保有放"的策略，即对主要由本国出产、对于粮食安全具有核心作用的农产品实行严格的进口限制，国内无法满足国内需求的农产品必须通过进口来弥补。日本主要依赖进口的农产品包括大豆、小麦、肉类、蔬菜和水果等。

10.4.2　政治因素

在日本，农业是一个受到政治保护的产业。日本国内要求保护农业的政治因素主要来自于国会的农林族议员、农林水产省官员和农协会员。这三者的势力组成了"铁三角"，互相依仗（徐文君等，2012）。政治家们会承诺为农民争取利益，以此来获得农民的支持。一旦当选执政，他们会通过实施农业保护政策提高农民的收入。这些政策包括使用工业生产的利润来补贴农业保护所需的资金，实现对农村、农业和农民的倾斜性政策。尽管不同政党在农业政策上可能存在一些差异，但对于保护农民和发展农业，各个政党的共识度相对较高。这是因为农业在日本的战略地位和社会意义都非常重要，政府和政党都意识到农业的保护和发展对于国家经济和社会稳定具有重要作用。

各党派对日本是否参加双边或多边贸易协定谈判存在分歧。执政党自民党在 2012 年的众议院选举中与公明党联合执政，并在选举纲领中明确表态，"反对无条件参加撤销农产品关税的谈判"。然而，在安倍上台后，态度转变，明确表示参加自由贸易谈判，但同时希望在农产品领域尽可能保护自身利益。在自民党内部也存在对自由贸易谈判的分歧。长期以来，农业领域一直是自民党的传统支持领域，也是选票的主要来源。因此，党内的一部分人代表着农民或农业集团的利益，对参加自由贸易谈判持反对态度。这种分歧对日本政府的经济决策产生了影响，使日本政府在 TPP 谈判中对农业问题的态度一直举棋不定。如 2012 年时，日本主要政党对参加 TPP 谈判的态度（吴太行和周永生，2012），如表 10-4 所示。

表 10-4　2012 年日本主要政党对参加 TPP 谈判的态度

类别	政党	对参加 TPP 谈判的态度
传统政党	民主党	与中日韩 FTA 同时推进，在保证国家利益的前提下参与 TPP 谈判
	自民党	同意参加 TPP 谈判，但反对以无条件撤销关税为前提的 TPP 谈判
	公明党	在没有国民参与讨论下的 TPP 谈判是不可行的
	共产党	反对
	社民党	反对
2009 年以后成立的新政党	生活党	反对
	日本维新会	支持参加 TPP 谈判，但违反国家利益可随时退出
	众人之党	支持参加谈判
	绿之风党	反对

注：传统政党是指日本在第二次世界大战民主化改革中立宪议会政治的主要参与者，也是日本政坛的主要政党，在议会中占据一定席位。即便是处于在野地位，其意见执政各党派也是很重视的。

资料来源：吴太行，周永生．野田内阁关于日本参加 TPP 谈判的政略［J］．日本学刊，2012（4）：50-63.

10.4.3　历史文化因素

在第二次世界大战中，日本面临着严重的粮食危机。战争和自然灾害导致农业产出水平严重下降，粮食供应链遭到破坏，粮食来源渠道受阻。战后，数百万军队和同胞回国，粮食需求量激增，供应短缺严重，导致日本陷入历史上最严重的粮食危机。在战争期间亲身经历了粮食短缺的困境，战后初期目睹了粮食危机的严重性，这些经历以及农本位主义思想的长期根植，使日本即使已经实现了经济的繁荣，从农业国转变为工业国，但对粮食安全依然保持着高度警惕。日本政府实施了一系列的措施来保障国家的粮食供应，例如颁布了《农地调整法》和《粮食管理法》等法律，并推行农业现代化和科技创新，提高农业生产效率。

此外，考虑到全球气候变化、水资源短缺以及日益频繁的自然灾害对粮食生产的不利影响，日本政府长期以来非常注重粮食安全保障。然而，由于日本的粮食自给率相对较低，每年仍需要大量从国外进口食物，这让国民对粮食安全问题产生了忧虑。

10.5   自由贸易框架下日本农业改革的方向

10.5.1   确定农产品贸易发展组合战略

日本政府通过推动优质农产品的出口促进农产品贸易。在小泉纯一郎担任首相期间，提出了扩大农产品出口的战略，并于 2004 年成立了专门机构来推动出口。此后，日本政府通过《21 世纪新农政 2006》和《21 世纪新农政 2007》等政策文件，加强对主要出口产品的重点支持。为确保出口产品质量，日本引入了危害分析与关键控制点（HACCP）质量认证体系，采用名牌产品战略。

为进一步扩大日本农产品在海外市场的认知度，日本采取以"文化输出"为主的措施，通过广泛宣传"日本料理"来推广其农产品，并提高其在国际市场的知名度。促进农产品出口是日本农业战略的一个重大转折点，也标志着日本政府从"保守型"农业政策向"进攻型"农业政策的调整。各届执政党都致力于促进农产品出口，并将其纳入国家战略。

从战略安全的角度考虑，尽管日本政府一直在推进优质农产品战略，但也必须长期坚持基本的口粮自给安全底线。在农产品进出口战略中，日本实行"进口替代+口粮自给+优质产品出口"的贸易结构，以平衡各利益方的利益关系，并为本国贸易制定灵活的政策区间。

10.5.2   主动开放促进农业接纳自由贸易

长期以来，日本一直实行农业保护政策，但这种保护政策并没有取得理想的效果，国内农业依然面临很多困境。农业从业人员不断减少且向城市流动，农民收入和农业经济收益率呈下降趋势。因此，日本政府也在转换另一种角度：开放农业市场，实现农业的开放性市场。例如，根据 2010 年 11 月 9 日制定的《关于综合性经济伙伴的基本方针》，安倍政府提出了一种以攻为守的"进攻型"农业战略，即主动向国际市场"开放"农产品市场，这意味着放弃了"保守型"农业战略下的"封闭"农产品市场状态。这一战略主要通过政府立法支持、扩大农业生产规模、允许企业参与农业生产、促进粮食和农林渔业等绿色优质农产品的进出口等措施，提高农业经营效率，树立农业的"多功能性"下的比较优势，并构建更合理的进出口战略。面对各界对自由贸易冲击国内农业的各种建议，日本政府让农户及其利益团体亲身参与，通过农协统一各种想法，并从农户的角度出发制定具体的应对方案。

10.5.3 转变农业经营体制推进集约化

克服农业经营效率不高的现状是日本农业政策的主要目标之一。日本农业需要进行改革，转变农业生产经营体制，让农业为国家经济的长远发展服务。

由于日本长期以来的少子化和农业就业人口高龄化问题，原有的小规模兼业农户难以转变为大规模专业经营农户，这阻碍了农业规模化和专业化的发展。日本改革的主要方向是促进农村土地的流通与集中，使农业实现规模化和集约化。政府采取政策性补贴、低利贷款、农业技术转移和研发补助等方式，重点支持专业农户和具有竞争力的农业企业。

日本政府一直强调农业生产集约化的重要性，认为加快农业生产集约化的进程是提高农业竞争力的关键。因此，只有向规模化种植和提高农业附加值的方向转变，才能扩大规模、降低生产成本、提高农业生产率。

10.5.4 日本农产品的高端化与差异化

日本对农产品质量的要求严苛，通过专门机构监管农产品质量，并确保市场中的农产品具备溯源能力。农产品的分级包装要求也很严格，限制粗糙的初级农产品进入市场，以确保消费者能购买到满足需求的农产品。

农药残留也会受到检测，并要求农户详细记录生产过程中的种植日期、化肥农药使用量及使用时间。最后，这些记录还将对比购买各种生产资料的情况，并公开给消费者。此外，日本也积极发展绿色农业，并将连续三年以上没有使用化肥和农药的农产品称为有机食品。这些措施确保了日本农产品的高品质和符合食品安全要求，是其在市场竞争中的一大优势。

日本利用这一优势，走高端农产品路线，全面发展各种绿色农业，生产有机农产品，迎合人们对高品质生活的需求。以日本大米为例，日本的大米一直以高品质著称，尽管价格偏高，但其品质和良好口碑得到了国内外消费者的认同和欢迎。加入自由贸易协定降低关税后，一部分国外大米将流入日本市场，但与此同时，其他国家和地区将进口日本的高品质大米。从这个角度出发，在自由贸易下，日本大米的出口量可能会增加。许多学者认为，应对自由贸易协定对农业的冲击，关键是为农业寻求广阔的市场。通过提升农产品质量、做好宣传和包装、专注于高端市场，日本可以在国际市场上找到立足之地。

10.5.5 农业与其他产业结合发展六次产业化

日本加入自由贸易的协定会影响农户利益。日本农产品缺少政府相关补贴，农户的收益会直线减少。要保障农户的经济收入，使其愿意继续农业种植，不至于荒废耕地，关键就是要让农户看到效益。为此，日本提出鼓励发展六次产业化，促进农业发展，从而保障农户收入的整体稳定。

发展六次产业化是指将农业与其他产业相结合，通过农业加工和农产品附加值的提升来增加农户的收益。六次产业化包括农业、农机具制造、农产品加工、物流运输、销售和服务等环节，通过垂直整合和横向延伸，将农产品的附加值最大化。这种发展模式能够提高农产品的附加值和利润，提高农户的收入水平，使农业成为具备更高经济效益的行业。农协作为重要的利益团体，积极引导农户发展六次产业化，提升农业的经济附加值。在此过程中，农协也可以获得经济效益和巩固其社会影响力。通过发展六次产业化，政府可以通过对该产业的各种扶持来间接保护日本农业。

11 RCEP 代表性国家农产品市场自由贸易策略——韩国

韩国的农业具有其特色。由于历史、自然和资源条件等因素，韩国的农业发展条件并不理想。韩国的国土面积约为 10.329 万平方公里，略小于中国浙江省的陆地面积（10.55 万平方公里），其国土的三分之二为山地和丘陵，耕地面积仅占国土面积的 17%，是世界上人均耕地面积最少的国家之一。在过去几十年里，韩国的农业发生了重大变革。韩国农业注重发挥优势、突出特色、精益求精，并致力于追求卓越的发展模式。近年来，随着韩国经济和科技实力的增强以及国际竞争力的提升，韩国农业蓬勃发展，不仅带来了农业收入增长，还通过快速拓展农产品出口市场，塑造了新的国际形象。韩国的农业在自由贸易氛围下的持续发展引人关注，具有启示和借鉴意义。

11.1 韩国的农业贸易自由化的发展历程

在全球化和经济发展的背景下，韩国不断优化和调整农业贸易政策。根据金度勋（2021）对韩国农业贸易自由化的研究，韩国农业贸易自由化发展在不断推进。

第一阶段：

自 20 世纪 70 年代中期起，韩国政府一直实行保护主义农业政策，直到 70 年代后期开始转变为"开放农政"，推动农、水产品的进口。在"开放农政"理念的指导下，到 20 世纪 80 年代，韩国农业政策将"以开放为手段进行数量调整，以维持较低的农产品价格"确立为核心原则。1978 年 12 月，韩国制定了针对除 119 种农、水产品以外的 225 种产品的进口自由化计划，并自 1984 年起实施了进口自由化示范计划。随后，根据该计划，韩国分阶段推行进口贸易自由化。以农、水产品为例，1984 年开放了 29 个品种，1985 年开放了 37 个品种，1986 年开放了 21 个品种，1987 年开放了 8 个品种，1988 年开放了 43 个品种①，截至 1989 年 1 月，韩国的农产品自由化率约为 75%。

第二阶段：

根据乌拉圭回合谈判的《农业协议》（以下简称《协议》），韩国的农产品市场在 1986 年至 1993 年迎来了新一轮开放。该《协议》的结果总结为两点：首先是无例外的关税化，即废除所有非关税壁垒，但允许使用关税进行贸易保护。各成员的数量限制、调整税率、进口禁止或其他非关税农业保护措施均被设定相同水平的进口关税代替。其次是所有农产品的关税都应减少。所有成员都应降低农产品的关税，包括因实施关税化而设立的新关税。这些规定根据发达国家、发展中国家和最不发达国家等情况实行不同的适用原则。

根据关税化的总原则，韩国将大米、牛肉、柑橘、辣椒、大蒜等 15 种主要农产品列为非贸易事项，并被要求实施关税化，废除原有的国营贸易制度等保护措施，只能通过关税进行保护。然而，考虑到当时韩国作为发展中国家的地位，协议要求在接下来的十年内，对所有农产品的平

---

①　资料来源：가장많이본뉴스．［解說］美國의開放압력에"불부터끄자"［N］．부산일보，입력：1989-04-08.

均关税降低 24%，特定品种至少降低 10% 以上。

根据《协议》的规定，关税化方面增设了承认特殊例外品种的特殊条款。《协议》指出，涉及粮食安全的非贸易事项将获得特殊待遇，不受关税化的限制，但需要扩大市场准入机会。对于韩国而言，大米符合这一条款的条件，获得了延迟 10 年实施关税化的特殊待遇①。除了大米之外的其他 14 个多功能性和非贸易关注（NTC）品种，如大麦、地瓜、土豆、大豆、玉米等，其关税等值在 10 年内逐步降低 10%。

在自由化进程方面，韩国牛肉在 2001 年实现了自由化，猪肉、鸡肉、橙子在 1997 年 7 月实现自由化，乳制品在 1995 年实现自由化，随后辣椒、大蒜、洋葱、芝麻通过"上限约束"实现了准关税化。因此，除了大米外，韩国所有其他农产品均已实施了关税化。最终，2015 年，韩国对大米实行了关税化，完成了根据《协议》的贸易自由化进程。

第三阶段：

乌拉圭回合谈判的《农业协议》到期后，世界贸易组织（WTO）于 2001 年 11 月启动了新一轮的多哈发展议程（DDA）。然而，由于 153 个成员在 10 个谈判领域难以达成一致意见，DDA 谈判陷入了僵局。在 DDA 谈判期间，各国和地区以区域贸易协定的名义寻找贸易伙伴。

韩国政府于 2003 年制定了"自由贸易协定路线"，并于 2004 年成立了"自由贸易协定促进委员会"，在 2005 年提出将韩国定位为"先进贸易国家"的目标，并制定了自由贸易政策（Han，2014）。韩国自由贸易政策目标包括四个方面：与大型发达经济体或经济集团以及新兴市场国家达成自由贸易协定；追求高度自由化和广泛覆盖范围的自由贸易协定；采取"多轨道"方式进行自由贸易协定谈判（必要时可同时与多个国家或地区展开谈判）；在谈判过程中与公共和私营部门进行广泛的外联。

在 21 世纪初期，韩国与智利、新加坡、欧洲自由贸易联盟

---

① 在特殊待遇品种中，发展中国家传统饮食生活中最重要的农产品在履行期限第 1 年设定与国内消费量 1% 相应的义务进口配额，到第 5 年为止每年增加 0.25%，第 6 年开始每年增加 0.5%，第 10 年达到 4%。

（EFTA）等国家和经济组织进行协商时，双方在商品贸易关税减让方面达成了高水平协议。然而，在农产品领域，大米、牛肉、水果等主要农产品大多要么被排除在减让范围之外，要么通过维持配额制度、事后协商等方式保持保护措施，导致农产品自由化率以品种数计算仅为60%~70%。

在21世纪中期，韩国的农产品保护政策开始发生转变，特别是通过与美国、欧盟等发达经济体签订自由贸易协定（FTA）。在与美国签署的FTA中，韩国决定除了大米（及类似产品）、大豆、土豆等极少数品种外，取消所有其他农产品的关税。随后，与欧盟签署的FTA中，韩国也选择取消了大部分农产品的关税。两个FTA的农产品自由化率分别达到了98%和99.8%。随后，韩国又与澳大利亚、加拿大、新西兰等农业出口大国签署了FTA，使其农产品的平均自由化率达到了87.5%。

总体来看，韩国在农产品FTA谈判中，其原则是认为以逐步市场开放能够保护各国和地区敏感产品为基本立场，积极参与谈判，设立保护措施来保护国内脆弱领域。

11.2 韩国贸易自由化思路与FTA签订情况

韩国积极推动自由贸易协定（FTA），认为签订FTA可以从两个方面产生积极影响。首先，通过削减关税和非关税贸易壁垒，主要产品能够更轻松地进入海外市场，企业的竞争力得到提升，各种产品也以更低的价格进口，从而提高国民消费者的福利。其次，签订FTA为引入世界通用或先导性的贸易规范提供了机会，有助于改善国内制度。目前，韩国对外经济规模占国内生产总值（GDP）的比重超过80%，属于开放型国家。为了应对全球自由贸易协定的扩散趋势，确保稳定的海外市场并通过开放来加强韩国经济竞争力，韩国积极推进FTA，已经同59个国家和地区签署了21项自由贸易协定，如表11-1所示。

表 11-1　韩国已经签订 FTA（59 个国家 21 件）

对方国家或地区	推进情况				意义
	开始	达成协议	批准	生效	
智利	1999 年 12 月	2002 年 10 月	2004 年 2 月	2004 年 4 月	首个 FTA，中南美市场桥头堡
新加坡	2004 年 1 月	2004 年 11 月	2005 年 12 月	2006 年 3 月	东盟市场的桥头堡
EFTA①	2005 年 1 月	2005 年 7 月	2006 年 6 月	2006 年 9 月	欧洲市场的桥头堡
ASEAN②	2005 年 2 月	2006 年 4 月	2007 年 4 月	2007 年 6 月	与巨大经济圈签署的首个 FTA
		2007 年 6 月	2009 年 5 月	2009 年 5 月	
		2007 年 11 月	—	2009 年 9 月	
印度	2006 年 3 月	2008 年 9 月	2009 年 11 月	2010 年 1 月	BRICs 国家，巨大市场
EU③	2007 年 5 月	2009 年 7 月	2011 年 5 月	2011 年 7 月 1 日适用 4 年零 5 个月	巨大的先进经济圈
秘鲁	2009 年 3 月	2010 年 8 月	2011 年 6 月	2011 年 8 月 1 日	资源富国进军拉美的桥头堡
美国	2006 年 6 月	2007 年 4 月	2011 年 11 月	2012 年 3 月 15 日	世界最大经济圈（GDP）
	2018 年 1 月（修订协商）	2010 年 12 月	2018 年 12 月	2019 年 1 月 1 日	
图尔基耶	2010 年 4 月	2012 年 3 月	2012 年 11 月	2013 年 5 月 1 日	进军欧洲、中亚的桥头堡
		2014 年 7 月	2015 年 11 月	2018 年 8 月 1 日	
澳大利亚	2009 年 5 月	2013 年 12 月	2014 年 12 月	2014 年 12 月 12 日	资源富国，大洋洲主要市场
加拿大	2005 年 7 月	2014 年 3 月	2014 年 12 月	2015 年 1 月 1 日	北美先进市场
中国	2012 年 5 月	2014 年 11 月	2015 年 11 月	2015 年 12 月 20 日	第一大贸易对象国（以"2022 年为准"）
新西兰	2009 年 6 月	2014 年 11 月	2015 年 11 月	2015 年 12 月 20 日	大洋洲主要市场
越南	2012 年 8 月	2014 年 12 月	2015 年 11 月	2015 年 12 月 20 日	第四大投资对象国（以"2022 年为准"）

续表

对方国家或地区	推进情况				意义
	开始	达成协议	批准	生效	
哥伦比亚	2009 年 12 月	2012 年 6 月	2014 年 4 月	2016 年 7 月 15 日	资源富国，中南美新兴市场
中美五国④	2015 年 6 月	2016 年 11 月	2019 年 8 月	2021 年 3 月 1 日	创造中美新市场
英国	2017 年 2 月	2019 年 6 月	2019 年 10 月	2021 年 1 月 1 日	英国"脱欧"后韩英通商关系持续
RCEP⑤	2012 年 11 月	2019 年 11 月	2021 年 12 月	2022 年 2 月 1 日	为东亚经济一体化做出贡献
以色列	2016 年 5 月	2019 年 8 月	2022 年 9 月	2022 年 12 月 1 日	创业国家增长模式
柬埔寨	2020 年 7 月	2021 年 2 月	2022 年 9 月	2022 年 12 月 1 日	为扩大东南亚市场做出贡献
印度尼西亚	2012 年 3 月	2019 年 10 月	2021 年 6 月	2023 年 1 月 1 日	为扩大东南亚市场做出贡献

注：①EFTA（欧洲自由贸易联盟）（四国）：瑞士、挪威、冰岛、列支敦士登。

②东盟（10 个国家）：文莱、柬埔寨、印度尼西亚、老挝、马来西亚、缅甸、菲律宾、新加坡、越南、泰国。

③欧盟（27 个国家）：奥地利、比利时、捷克、塞浦路斯、丹麦、爱沙尼亚、芬兰、法国、德国、希腊、匈牙利、爱尔兰、意大利、拉脱维亚、立陶宛、卢森堡、马耳他、荷兰、波兰、葡萄牙、斯洛伐克、斯洛文尼亚、西班牙、瑞典、保加利亚、罗马尼亚、克罗地亚。

④中美（5 个国家）：巴拿马、哥斯达黎加、洪都拉斯、萨尔瓦多、尼加拉瓜。

⑤RCEP（区域全面经济伙伴关系协定）（15 个国家）：韩国、东盟十国、中国、日本、澳大利亚、新西兰。

资料来源：资料翻译自韩国 FTA 网站，https：//www.fta.go.kr/main/situation/fta/ov/，统计时间截至 2023 年 12 月。

韩国已经签订但尚未生效的协议有 5 个，与其他新兴国家的 FTA 也在持续推进中，正在谈判中的 FTA 有 9 个，重新启动的 FTA 有 6 个，如表 11-2 所示。

表 11-2　韩国已经达成、正在谈判签订的 FTA

区分	对方国家和地区	推进情况	意义
签名、达成协议	菲律宾	2019 年 6 月开始协商 2019 年 6 月至 2020 年 1 月举行正式协商； 2021 年 10 月 26 日协商达成，协议宣言； 2023 年 9 月 7 日正式签名	为扩大东南亚市场做出贡献
	UAE	2023 年 9 月第一次正式协商； 2023 年 10 月第二次正式谈判； 2023 年 10 月 14 日协商达成，协议宣言	资源富国进军中东市场
	厄瓜多尔	2015 年 8 月宣布开始谈判； 2016 年 1 月至 2016 年 11 月举行 5 次正式协商； 2022 年 3 月宣布重启谈判； 2022 年 7 月至 2023 年 4 月举行第 6~9 次协商； 2023 年 10 月 11 日宣布达成协议并签字	资源富国，进军拉美市场桥头堡
	危地马拉的韩中美 FTA 加入协商	2021 年 10 月开始协商； 2021 年 11 月至 2023 年 4 月召开 4 次首席代表会议； 2023 年 9 月 5 日加入妥协仪式	中美最大贸易伙伴，进军北美、南美桥头堡
	GCC①	2007-2010 年举行 3 次协商； 2021 年 1 月重启谈判协议； 2022 年 3 月至 2023 年 10 月举行第 4 次至第 8 次协商； 2023 年 12 月 28 日达成协议	资源富国，进军中东市场的桥头堡
谈判进行	蒙古国	2023 年 9 月谈判开始前完成国内程序； 2023 年 12 月举行第一次正式协商	亚洲代表性资源富国
	乌兹别克斯坦	2021 年 1 月宣布开始谈判； 2021 年 4 月至 2021 年 11 月举行 2 次正式协商	中亚最大市场
	MERCOSUR②	2018 年 5 月宣布开始谈判； 2018 年 9 月至 2021 年 8 月举行 7 次正式协商； 2023 年 10 月至 2023 年 11 月召开首席代表会议	南美最大市场
	俄罗斯	2019 年 6 月韩国-俄罗斯宣布启动服务、投资 FTA 谈判； 2019 年 6 月至 2020 年 6 月举行 5 次正式协商	进军欧亚市场的桥头堡
	韩中日	2012 年 11 月 20 日宣布开始谈判； 2013 年 3 月至 2019 年 11 月举行 16 次正式协商	奠定东北亚经济一体化基础

续表

区分	对方国家和地区	推进情况	意义
谈判进行	马来西亚	2019 年 6 月宣布开始谈判； 2019 年 7 月至 2019 年 9 月举行 3 次正式协商； 2023 年 7 月至 2023 年 11 月召开 2 次首席代表会议	为扩大东南亚市场做出贡献
	韩国-印度 CEPA 升级	2016 年 10 月至 2022 年 11 月举行 9 次改善协商	主力出口品种数量、原产地标准改善
	韩国-智利 FTA 升级	2018 年 11 月至 2023 年 11 月举行 8 次改善协商	反映通常环境的变化
	韩中 FTA 服务、投资后续协商	2018 年 3 月至 2020 年 10 月举行 9 次服务、投资后续协商； 2020 年 12 月至 2023 年 6 月召开 4 次首席代表会议	第一大服务出口国
恢复或启动谈判	韩国-东盟追加自由化	2010 年 10 月至 2022 年 7 月召开 19 次履行委员会	扩大贸易，反映贸易环境变化
	格鲁吉亚	2023 年 9 月谈判开始前完成国内程序； 2023 年 11 月宣布开始谈判	高加索地区有潜力的国家
	墨西哥	2005 年 9 月韩美 SECA 推进协议； 2006 年 2 月至 2008 年 6 月 SECA 3 次、FTA 2 次协商后中断； 2022 年 3 月宣布重启谈判	拉美主要贸易伙伴
恢复或启动谈判	英国	2022 年 2 月韩英 FTA 贸易危机期改善协商开始推进协议； 2022 年 10 月召开听证会； 2023 年 11 月宣布开始改善协商	确保欧洲地区的桥头堡
	埃及	2022 年 1 月共同研究 MoU 签名	确保欧洲地区的桥头堡
	PA③	2018 年 5 月国会报告； 2020 年 12 月加入 PA 准成员，ToR 协议	拉美新兴市场

注：①海湾合作委员会（GCC）（6 个国家）：沙特阿拉伯、卡塔尔、科威特、巴林、阿曼、阿拉伯联合酋长国。

②MERCOSUR（南美共同市场）（4 个国家）：阿根廷、巴西、巴拉圭、乌拉圭。

③PA（太平洋联盟）（4 个国家）：哥伦比亚、墨西哥、秘鲁、智利。

资料来源：资料翻译自韩国 FTA 网站，https：//www.fta.go.kr/main/situation/fta/ov/，统计时间截至 2023 年 12 月。

11.3 韩国农业发展重点

11.3.1 以错位市场竞争应对贸易自由化

韩国自 21 世纪初以来积极跟随全球贸易自由化趋势，与多个国家和地区签订自由贸易协定。截至 2023 年 12 月，韩国已与 59 个国家和地区签署了 21 个自由贸易协定，其中包括与美国、中国等国家和地区的合作。RCEP 为韩国拓宽出口提供了更便利和更有利的条件。韩国一方面积极促进农产品出口，另一方面也继续根据本国消费需求，进口农产品。韩国每年大量进口牛肉、猪肉、大豆、玉米、乳制品、坚果和豆油等产品，注重韩国特色农产品的发展，进行错位市场竞争，以尽量减少与其他国家和地区特别是世界大国的贸易摩擦。韩国农产品专注于小而精的发展策略，旨在巩固农业和粮食产业基础，同时积极发展体现本国农业特色的高价值产品。

11.3.2 农食品部牵头计划性与海外平台对接推动出口

韩国致力于打造精品水果、泡菜、人参、韩式酱料等特色农产品，并侧重发酵食品和方便食品。除了专注于提升农产品品质，韩国还特别注重将特色农产品推广至海外市场。韩国将特色农产品与"韩流"文化产业相结合，将这些产品打造成热门产品，以吸引海外消费者。这种战略有助于提升韩国特色农产品在国际市场的知名度和竞争力。

韩国农林畜产食品部在推动农产品出口方面采取有计划、有组织的工作方式，积极促进产品与海外平台的对接。除了加强传统农产品出口和营销业务外，韩国还着力拓展线上农产品的推广和销售业务，包括中国多个电子商务平台、东南亚国家和美欧国家的在线营销渠道等，提升韩国农产品的国际知名度和市场竞争力，推动农产品出口的发展。

11.3.3 政府鼓励青年归农应用智能农业技术

韩国积极开展智慧农业研发项目，通过整合先进的信息通信技术（ICT），在整个农业价值链中实现智能化。为了成功实施智能农业项目，韩国政府制定了循序渐进的政策，包括 2013 年的 ICT 融合拓展计划和 2018 年的智能农场扩展计划。

韩国政府着力推动智能农业发展，支持青年务农人员发展鼓励青年返乡创业，韩国农林畜产食品部实施了"青年农业人才培育政策"，对符合条件的 18～40 岁青年，在返乡从事农业的前 3 年内，每月提供最多 100 万韩元的补贴。此外，韩国将建立 1000 亿韩元规模的青年务农人员专用基金，鼓励青年农民利用新技术培育新作物，并发展食品科技企业，以促进农业的创新和现代化。这些举措有助于吸引更多年轻人回归农村，积极应用智能农业技术。韩国的智慧农业覆盖了种子开发、生产、管理、加工、分销和消费等环节，运用物联网、机器人、无人机和人工智能等先进技术，通过基于数据决策来远程监控农产品，优化人力和资源配置，提高生产效率。

12　RCEP 代表性国家农产品市场自由贸易策略——泰国

12.1　泰国农业生产的管理体系

农业合作社在泰国农业经济的发展过程中发挥着重要作用，为农民提供了在选种、农业技术、廉价化肥供应、产品深加工和销售等方面的支持。

自 20 世纪 20 年代开展合作化运动以来，泰国已建立约 4000 个农业专业合作社，包括农业合作社、渔业合作社、信用合作社、服务合作社、储蓄合作社以及土地改革合作社。合作社涵盖了 600 多万名社员，近一半的农民加入了农业合作社，共同分享资源和信息，提高生产效率和降低成本。

这些合作社是农民自发组织的，政府在其中扮演着支持和监督的角色。泰国的农业专业合作社主要为社员提供四项服务：提供农业投入品、确保农机具供应、提供市场服务以及其他农业延伸服务。通过这些服务，农民可以获得更便宜、更有效率的农业生产资料和设备，同时也能够获得更好的市场接入和销售渠道。泰国政府通过支持农业专业合作社的发展，推动了农业现代化和规模化生产的进程。

泰国政府重视科学研究，大学和政府研究机构是国内科研的主要力量（陈波，2009）。研究机构的成果由农业发展厅向农户推广，通过举办培训班等方式有计划地培训农民。泰国的农业科技管理推广工作覆盖全国，机构设立在各地，主要致力于培养青年专业人才和开展农业研究。泰国政府还积极推动"农村网"发展，邀请专家提供农业相关信息，为农民提供技术培训和信息服务，提高农业生产效率，增加农民收入。

12.2 泰国推动农产品出口的相关研究 ——以有机香米为例

泰国是亚洲主要的大米生产国，大米是泰国人的主食，也是泰国主要的农业作物之一。泰国的有机大米在国际市场上具有重要地位。借鉴 Jit-banterngpan（2020）关于泰国有机香米产业发展的研究，厘清泰国有机香米产业发展的政策与机制。

泰国支持有机香米发展的政策主要有以下四个：

（1）有机认证和标准制定。泰国政府通过设立严格的有机认证标准，致力于规范有机农业的生产和认证过程，从而确保有机产品的质量和可追溯性。这一举措不仅加强了对国内市场的监管，而且强化了泰国品牌在国际市场上的可信度和声誉，为泰国农产品赢得更多国际客户和合作伙伴奠定了基础。

（2）农业生产稳定性政策。泰国政府每年都向主要农业产区大量投资，并给予有计划的灵活支持。例如，2023 年 7 月，为了对可能面临干旱的农民实施帮助，泰国各相关部门曾共同商议利用现有的循环基金机制，帮助农民补充资金，同时，明确对农业实施不间断的帮扶，在新旧政府交替之际，农民援助基金、农民和穷人贷款循环基金、农民帮扶共同基金、环境基金和灌溉营运资金等可利用现有的农民关怀计划。

（3）农业金融政策。泰国政府实行出口信贷优惠政策，支持有机香米的出口。通过在世界各地开泰国餐馆等销售渠道可以有效扩大泰国有机香米的国际市场。泰国政府制定多种支持惠农信贷政策，如规定所有商业银行必须将 14% 的信贷资金投向农业，农业银行和一些从事金融服务的农业合作社必须以平均成本价格确定农业生产贷款利息。

（4）市场推广和扶持政策。政府加强有机产品的市场推广和宣传工作，通过参加国内外农业展览、推动有机农产品销售、开展营销活动等方式，提升有机大米的知名度。泰国对有机香米实行价格保护政策。根据有机香米市场行情，泰国政府对以稻米为主的主要农产品实行最低保护价格，通过银行对季节性滞销产品发放贷款，同时政府设立储备粮抵押贷款政策，帮助农民在销售旺季前进行粮食储备，待市场价格上升时再出售。

泰国在推动有机香米等重要农产品发展的过程中，采用了合作化经营与延长产业链条的机制。泰国有机香米产业链是由农业合作社将农户集中起来，形成推动大米产业发展的模式。根据国内外市场环境和消费者需求，这一产业链从种植阶段延伸至国内消费者和国际市场，同时不断完善各个合作环节，以实现有机香米产业链的升级，依托泰国旅游产业的发展，重点投资于半加工食品、米制快餐、香米肥皂和香米化妆品等精细农产品制造业。在这个过程中，每个环节的收益、产品和服务价值都得到增值，并确保整个产业链上下都能实现增值，从而激发链条成员的参与动力。

12.3 泰国"农业4.0"发展战略

泰国政府秉持第九世国王普密蓬·阿杜德提出的"适度经济"理念，

结合东西方经济模式的优势，循序渐进地推动农业转型。泰国产业发展战略经历了不同阶段：1.0 时期重点在使用廉价劳动力的轻工业上；2.0 时期重点在跨越发展、吸引外资的轻工业上；3.0 时期重点推行创新驱动和高附加值经济的产业计划上。2016 年，巴育总理提出未来 20 年的经济社会战略目标，强调"泰国 4.0"政策改革，倡导"少做多获"的快速转型经济发展模式，并提出由"商品"生产向产品"创新"转变。

泰国"农业 4.0"发展战略旨在推动农业现代化、智能化和可持续发展，提升农业产业竞争力，实现农民增收致富，促进农业与经济社会的可持续发展。主要包括三部分内容：

一是，提高农民的有机知识，加大科研投入。加强有机知识普及与推广种植有机农作物的知识传播。向农民普及有机产品知识，使他们在生产中学习和使用有机产品，并能够得到相关技术指导，促进有机农业研究和生产稳步发展。培养有机农业研究人员和农民，专注于提升农民的潜力，增强农民群体生产可持续增值产品的实力。增强科研投入，促进有机农业知识创新以及研究成果转化，注重知识和创新成果的引入。同时，加大有机知识的传播力度，提高新一代农民的有机农业科研能力，促进有机农业整个供应链的研究、开发和创新。

二是，完善基础设施，推动数字化技术应用与智慧农业推广。泰国"农业 4.0"战略致力于推动数字化技术在农业领域的广泛应用，这些技术的运用将帮助农民实现精准农业管理，提高生产效率，降低成本，减少资源浪费，提升农产品质量。通过智能农业设施和技术的应用，实现农田监测管理、精准施肥、智能灌溉、病虫害预防等，提高农业生产的水平和效益。

三是，加强有机农业认证标准和体系建设，促进农产品质量提升。通过"农业 4.0"战略，泰国将推动农产品质量的提升，包括强化质量监管体系、提升产品加工技术水平、推动产品标准化和认证等，提高农产品的竞争力和市场占有率。为了稳固泰国农业出口在世界上的地位，泰国政府重视建立从"农田到餐桌"的食品安全监控体系和安全追溯体系。有机农产品标准的制定、有机农业认证体系和认证制度的建立以及相应标准规范的执行是泰国农产品走向世界、开拓国际市场的基础。

12.4 泰国农业发展重点

泰国重视农业的发展，不断提升在东盟自由贸易区、"一带一路"倡议乃至全球市场上的作用和地位。泰国未来农业发展重点和发展方向，主要包括四个方面：

12.4.1 继续巩固农业基础地位

泰国政府领导更迭频繁，国家政治环境变化迅速，但历届领导都高度重视农业的地位，坚持优先发展农业，并在此基础上推进工业化进程。泰国政府未来预计将继续遵循"农业资源促进型发展"模式，充分利用泰国丰富的自然资源优势，制定并实施符合泰国国情的农业发展战略，同时形成一系列连续性的制度政策。在推动工业化发展的同时，泰国政府将继续巩固农业的基础地位。

12.4.2 创造适应农业发展新环境

泰国政府实施了一系列支持中小农户发展农业的政策，如延长贷款期限、减少或免除部分困难小农户的贷款利息，这些举措鼓励了中小农户投入农业生产，激发和提升了生产的积极性和信心。此外，泰国还将降低农业税收、推出政策提升中小农户的农业种植技术和种质，提高农产品产出水平和质量水平，加强对泰国农业制造业的支持政策，同时也将针对农产品加工业出台一系列优惠政策，不断创造符合泰国农业发展的良好环境。

12.4.3 大力发展农业机械化

泰国政府长期以来一直高度重视农业机械的发展，并将继续借助农业机械化委员会平台，出台一系列支持泰国农业机械化的政策，旨在大力提升泰国农业机械化水平。根据泰国政府机械化制定的方向，泰国政府将会在泰国农业机械研发深度和广度方面、农业机械生产产品标准化方面、农业机械营销方面以及农业机械使用培训方面进一步给予政策支持，同时还会对农业机械购买、生产方面给予贷款优惠等政策支持。

12.4.4 不断提升农产品国际竞争水平

泰国政府发挥本国资源优势，提升本国已有优势资源的利用效率和水平，加快农产品及农业生产资料加工产业发展，提高农产品的质量优势，进一步提升泰国农产品在国际市场上的竞争地位，创设良好的投资环境，制定优惠的投资之策，不断完善投资保护机制，引进国外先进技术和生产资料用于发展本国的农产品产销产业，开放泰国市场，加强国内外农业资源技术优势互补合作，不断加强泰国农产品在东盟自由贸易区、"一带一路"倡议以及全球市场的竞争水平和地位。

参考文献

［1］ Ahmed Y, Delin H, Reeberg B G, et al. Is the RCEP a Cornerstone or just collaboration? Regional general equilibrium model based on GAMS ［J］. Journal of Korea Trade, 2020, 24: 171-207.

［2］ Aigner D, Lovell C A K, Schmidt P. Formulation and estimation of stochastic frontier production function models ［J］. Journal of Econometrics, 1977, 6 (1): 21-37.

［3］ Anderson J E, van Wincoop E. Gravity with gravitas: A solution to the border puzzle ［J］. American Economic Review, 2003, 93 (1): 170-192.

［4］ Anderson J E. A theoretical foundation for the gravity equation ［J］. The American Economic Review, 1979, 69 (1): 106-116.

［5］ Armstrong S P. Measuring trade and trade potential: A survey ［J］. Crawford School Asia Pacific Economic Paper, 2007 (368).

［6］ Chaney T. The gravity equation in international trade: An explanation ［J］. Journal of Political Economy, 2018, 126 (1): 150-177.

［7］ Doan T N, Xing Y. Trade efficiency, free trade agreements and rules of origin ［J］. Journal of Asian Economics, 2018, 55: 33-41.

［8］ Han D B. Progress, potential impacts of trade agreements: Trade modeling issues and implication for Korean agriculture ［C］//2014 International Conference on Food Security and Rural Development. Nanjing Agricultural University，2014.

［9］Kahouli B，Maktouf S. The determinants of FDI and the impact of the economic crisis on the implementation of RTAs：A static and dynamic gravity model ［J］. International Business Review，2015，24（3）：518-529.

［10］National Statistical Office Ministry of Information and Communication Technology. Survey of working conditions of the population ［EB/OL］. ［2020-04-03］. http：//connection. ebscohost. com/.

［11］Peter Drysdale. Japan，Aastralia and New Zealand：The Pros Pects for Westorn Integration. Economic Record，September，1967.

［12］Plummer M G，Cheong D，Hamanaka S. Methodology for impact assessment of free trade agreements ［M］. Asian Development Bank，2011.

［13］Yamazawa I. Intensity analysis of world trade flow ［J］. Hitotsubashi Journal of Economics，1970，10（2）：61-90.

［14］Jitbanterngpan S. 泰国 4.0 战略背景下有机香米产业发展研究 ［D］. 中国农业科学院，2020.

［15］班小辉.《中欧全面投资协定》软性劳工条款的风险及应对——以欧韩 FTA 争端案为视角 ［J］. 国际商务研究，2024，45（2）：100-110.

［16］陈波. 泰国农业推广体系和农民培训情况介绍 ［J］. 农业科技管理，2009（4）：89-91.

［17］陈晓娟. 基于 GTAP 的中韩 FTA 对中国农产品贸易影响的模拟分析 ［J］. 山东财经大学学报，2015，27（3）：10-19.

［18］大魏聪哲. 日本加入 TPP 对农业之影响与因应 ［J］. 经济前瞻，2013（14）：78-79.

［19］丁振京. 印度和泰国农业政策性金融概况 ［J］. 农业发展与金融，2005（1）：5.

［20］冯晓玲，陈雪. 美韩 FTA 下中国农产品对韩出口变动分析

[J]. 世界经济研究，2015（1）：91-101.

[21] 公丕萍，宋周莺，刘卫东. 中国与俄罗斯及中亚地区的贸易格局分析 [J]. 地理研究，2015，34（5）：812-824.

[22] 金度勋. 国内否决者与对外贸易政策的制定 [D]. 北京大学，2021.

[23] 李新兴，蔡海龙，蔡松锋，等. RCEP 未来发展前景及潜在影响研究——基于 GTAP 模型 [J]. 宏观经济研究，2020（7）：165-175..

[24] 李艳华. 从美国和日本农业保护政策中得到的启示 [J]. 中国农村科技，2010（4）：48-51.

[25] 梁伟锋，王艳秀. 日美农业贸易保护的特点、绩效比较及其启示 [J]. 经济与管理，2011，25（3）：89-92.

[26] 刘苗苗. 贸易自由化下的日本农业保护政策 [J]. 商场现代化，2007（18）：15.

[27] 刘湘溶，江琦. 关于共同富裕的几个理论问题 [J]. 湖南师范大学社会科学学报，2023，52（4）：12-18.

[28] 刘洋，李燕玉. 日本 TPP 谈判中的农业问题研究 [J]. 世界农业，2016（3）：76-81.

[29] 申海成. FTA 背景下中国对韩国农产品出口贸易分析 [J]. 中国物价，2014（12）：71-74.

[30] 王亮，吴浜源. 丝绸之路经济带的贸易潜力——基于"自然贸易伙伴"假说和随机前沿引力模型的分析 [J]. 经济学家，2016（4）：33-41.

[31] 王怡雯，曹斌. 韩国农业协同组合的综合改革与启示 [J]. 中国农民合作社，2023（8）：58-61.

[32] 魏景赋，李明哲. 印度视角的 RCEP 贸易损益模拟研究——基于 GTAP 模型的实证分析 [J]. 国际商务研究，2024，45（2）：51-64.

[33] 魏景赋，阴艺轩. RCEP 关税削减对中国制造业的贸易影响研究——基于承诺表的 GTAP 模拟预测 [J]. 哈尔滨商业大学学报（社会科

学版），2022（2）：114-128.

［34］吴太行，周永生．野田内阁关于日本参加 TPP 谈判的政略［J］.日本学刊，2012（4）：50-63.

［35］吴章勋，郑云．政策演变视角下日本农业保护的历史演进与动因［J］.世界农业，2016（2）：4.

［36］武敬云．"金砖国家"的贸易互补性和竞争性分析［J］.国际商务（对外经济贸易大学学报），2012（2）：21-30.

［37］肖伟．RCEP 框架下中日农产品贸易潜力研究［D］.山东财经大学，2022.

［38］熊李力，龙丝露．日本加入 TPP 谈判的动机及其影响［J］.现代国际关系，2013（9）：44-51.

［39］徐文君，周玮，徐春祥．国内外转基因作物及其安全性评价进展［J］.江苏农业科学，2012，40（8）：277-279.

［40］许玉洁，刘曙光，王嘉奕．RCEP 生效对宏观经济和制造业发展的影响研究——基于 GTAP 模型分析方法［J］.经济问题探索，2021（11）：45-57.

［41］杨宁．韩国 FTA 农产品关税减让模式下中国对韩农产品出口的挑战及对策［J］.世界农业，2015（6）：45-48.

［42］于津平．中国与东亚主要国家和地区间的比较优势与贸易互补性［J］.世界经济，2003（5）：33-40.

［43］曾霞．参与 TPP 谈判对日本的冲击及其应对措施探析［J］.现代日本经济，2013（6）：49-56.

［44］曾勇，彭水军，黄峰．中日韩自贸区的贸易增加值效应及福利影响——基于 SbA-GTAP 模型的分析［J］.国际贸易问题，2024（2）：141-157.

［45］张静中，王文君．"一带一路"背景下中国-西亚自贸区经济效应前瞻性研究——基于动态 GTAP 的实证分析［J］.世界经济研究，2016（8）：70-78+100+136.

［46］张晓涛，王淳．以自贸区为发展方向的金砖国家经贸合作——基于相互贸易关系视角的分析［J］．宏观经济研究，2017（4）：156-167.

［47］가장많이본뉴스．［解說]美國의 開放압력에 "불부터 끄자"［N］. 부산일보 , 입력：1989-04-08.

［48］유현석．한−칠레 자유무역협정 협상의 국내정치：국내협상의 이해집단과 국내제도를 중심으로：국내협상의 이해집단과 국내제도를중심으로 ［J］. 한국정치학회보, 2002, 36（3）：175-197.

［49］이승주 ．FTA 정책형성의국내정치적기원：한국·일본·싱가포르의사례를중심으로：한국·일본·싱가포르의사례를중심으로 ［J］. 21세기정치학회보, 2010, 20（2）：101-123.

［50］조진만．자유무역협정（FTA）과한국의국회：제도적설정과현실적운영의문제를중심으로［J］. 의정연구, 2011, 32：105-134.

［51］조화순, 이덕영．한−미 FTA 국회비준과정의정치학적분석：통상정책결정의아이디어와정책연합형성：통상정책결정의아이디어와정책연합형성 ［J］. 한국정치학회보, 2013, 47（3）：235-255.

［52］최태욱 ．한국의 FTA 정책결정과정 ［J］. 한국과국제정치, 2006, 22（2）：87-118.

［53］金ゼンマ．日本のFTA政策をめぐる国内政治：JSEPA交渉プロセスの分析［J］. 一橋法学, 2008, 7（3）：683-719.

［54］馬田啓一．日本の新通商戦略と農業問題：TPPへの視点［J］. 国際貿易投資研究所（季刊国際貿易と投資），2011（86）.

［55］内田龍之介．TPP交渉と農政改革——政権復帰後における農林族議員の行動変化［J］. 政策創造研究, 2015, 9：231-257.

［56］浦田秀次郎．日本のアジア太平洋経済戦略——TPPへの対応［J］. 日本貿易会月報, 2011（11）：41.